财税法治研究文库 8

总主编◎张怡

生态补偿财政法律制度研究

蒋亚娟 等◎著

国家社会科学基金项目『生态补偿财政法律制度研究』
（项目编号：16BFX172）成果

法律出版社 LAW PRESS·CHINA
北京

图书在版编目(CIP)数据

生态补偿财政法律制度研究 / 蒋亚娟等著. -- 北京 : 法律出版社, 2022

(财税法治研究文库 / 张怡总主编)

ISBN 978 - 7 - 5197 - 6657 - 3

Ⅰ. ①生… Ⅱ. ①蒋… Ⅲ. ①生态环境－补偿性财政政策－环境保护法－研究－中国 Ⅳ. ①D922.684

中国版本图书馆 CIP 数据核字(2022)第065264号

生态补偿财政法律制度研究

SHENGTAI BUCHANG CAIZHENG FALÜ ZHIDU YANJIU

蒋亚娟 等著

策划编辑 陈 妮

责任编辑 毛镜澄 任 娜

装帧设计 臧晓飞

出版发行 法律出版社

编辑统筹 法治与经济出版分社

责任校对 裴 黎

责任印制 吕亚莉

经　　销 新华书店

开本 710毫米×1000毫米 1/16

印张 16.25 **字数** 267千

版本 2022年11月第1版

印次 2022年11月第1次印刷

印刷 北京虎彩文化传播有限公司

地址:北京市丰台区莲花池西里7号(100073)

网址:www.lawpress.com.cn

投稿邮箱:info@lawpress.com.cn

举报盗版邮箱:jbwq@lawpress.com.cn

销售电话:010 - 83938349

客服电话:010 - 83938350

咨询电话:010 - 63939796

书号:ISBN 978 - 7 - 5197 - 6657 - 3

定价:88.00元

凡购买本社图书,如有印装错误,我社负责退换。电话:010 - 83938349

总 序

“深化财税体制改革”一直是我国打破闭关锁国枷锁，实行改革开放持续探索的扛鼎之题。盖因“财政是国家治理的基础和重要支柱”，其基础和重要支柱的结构及资源的配置，乃是决定国家大厦岿然的关键。由此，党的十八届三中全会强调：“科学的财税体制是优化资源配置、维护市场统一、促进社会公平、实现国家长治久安的制度保障。”何为“科学的财税体制”？这确实是一个值得理论界和实务界共同深思的问题。诚然，“国家治理”相较于“国家管理”，更加突出法治在国家治理中的作用，但财税法治化实现的方略与路径任重道远。

首先，财税法治有待财税法基础理论的夯筑。财税法基础理论源自宪法思想的指导。从我国历史上来看，古往今来的改革总是以“变法”“修律”的方式进行，而“变法”和“修律”的重点亦垂青于财税问题。诸如商鞅变法中的统一租税制度改革，再如王安石变法中的“青苗法”和“方田均税法”，而明代的“一条鞭法”则更甚更显。苏轼曾言：“财政，为国之命而万事之本。国之所以存亡，事之所以成败，常必由之。”

其次，财税法治有赖于财税法的理论承接与社会现实回应。从我国改革开放的多年实践来看，现代化的浪潮推动了我国财税体制从传统的“国家财政论”到“公共财政理论”的历史嬗变，使我国公共事业的建设发展取得了前所未有的进步。尤其是在“利改税”和“分税制”等一系列税收法律制度建设与调整中，我国税法功能由弱到强，由粗陋到渐成体系并日臻完善,基本形成了社会主义初级阶段比较完整的税收法律理论和制度体系。概言之,"优化资源配置、维护市场统一"以确保财税法治的经济功能;"促进社会公平"以强化财税法治公平、正义和公开原则的社会功能;"实现国家长治久安"以彰显财税法治的政治功能;完善环境税、资源税等税种和税法,以实现财税法治的生态功能;拓展财税法治文化,以因应社会文化现代化发展的全新内容。从财税的深度而论,国家从市场主体和公民私人财富中获得财产的行为,虽然有其无可辩驳的法理依据,然而就其现代财税法治理念而言,国家对市场主体和公民财产权利的有限限制,当然涵盖了国家和公民社会生态不可或缺的"社会契约"前提的存在,涉及国家与社会的界限、国家与市场和公民个人之间的关系;而财税支出涉及国家如何使用公共资金的问题,财税监督又涉及国家、市场、社会和公民个人之间的互动关系。由此可见,财税法治从广度和深度上决定了国家治理所依附的财富及力量之泉源。

综上,即是我们广聚财税法治研究成果,倾力打造财税法治精品,编辑出版西南政法大学《财税法治研究文库》之初衷。

《财税法治研究文库》由西南政法大学财税法学研究团队主持编辑出版,由中国法学会财税法学研究会副会长张怡教授担任总主编。收入文库的成果将涵盖财税法基础理论研究成果,财税法实体法和程序法理论与实务研究成果,财税法学与宪法学、行政法学、刑法学、民商法学、国际法学、程序法学等法学领域交叉研究成果,以及财税法学与制度经济学、管理学领域交叉研究成果。在张怡教授的带领下,我校已在衡平税法、民生财政、人本税法等领域取得了具有较高学术声誉的研究成果。更进一步,我们将围绕国家发展战略和社会重大现实问题展开多学科跨专业的深入研究,期望通过《财税法治研究文库》的编辑出版,加强财税法学界之间的学术交流与合作,为国家治理现代化、法治中国建设奉献出高质量的智识成果。西南政法大学在努力实现"国内一流、国际知名"发展目标的征途上,这支财税法学研究团队也将以"惟精惟一"的学术态度,怀揣"家国情怀",努力成就一方"名山之业"!

是为序!

付子堂*

2016年5月19日

* 西南政法大学校长、党委副书记,法学教授、博士研究生导师,法学博士。

前　言

财政是庶政之母，环境是生存之基。生态问题在本质上是经济问题，但同时又是法律问题。因此，生态问题的有效解决必须借助经济手段和法律手段。生态补偿财政法律制度的作用在于，通过调整相关利益方在生态及其经济利益上的分配关系，使保护者得到应有的经济激励、受害者得到应有的经济赔偿。只有通过法制创新，充分发挥生态财政制度的激励作用，生态问题才能逐步得到解决；只有落实“污染者付费，受益者补偿，破坏者恢复”原则，建立多层次的生态环境系统服务付费机制，才能保障生态保护建设、生态修复与恢复治理工程和财政转移支付等生态补偿的资金来源，促进经济与环境协调发展。与此同时，我国正处于工业化、城市化的快速发展时期，生态修复和污染防治任务很重，只有建构受益主体和受损主体利益的法律协调机制，才能维护发展公平和环境正义。

生态补偿财政法律制度是介于环境法和财政法之间的交叉领域，虽然其核心内容仍涉及财政收入、财政管理和财政支出；但是由于环境保护的目的，又与一般财政制度在法律目的、原则、规则上存在诸多差异，需要从环境财政法的视角进行理念整合、制度协调和专门的立法设计。生态补偿财政法律关系既有经济性，也有生态性，应当系统建构生态补偿的财政政策。不仅要完善现行制度，以实现政府间补偿资金的流动；还要将该财政制度与环境行政管制、公众参与等环境法制度进行耦合。在建立生态补偿机制时，应发挥财政法律制度在资源配置中的作用，明确政府的主体责任,完善生态领域的公共服务。生态补偿的财政法治理既要防范市场失灵,又要防范政府失灵。

国外关于生态补偿的概念是"生态环境服务付费"(payment for environmental services)或者"生态系统服务付费"(payment for ecosystem services),是指对生态系统服务的管理者或提供者的补偿。近年来国外相关研究可以划分为四个层面:

其一,生态补偿基础理论研究。学者研究了生态补偿模式的类型与理论基础[库珀鲁斯(Cuperus),1996 年;基恩·O. 梅利厄斯(Jean O. Melious),1999 年;杰森·斯科特·约翰斯顿(Jason Scott Johnston),2002 年;斯特凡诺·帕焦拉(Stefano Pagiola),2008 年];基于生态服务市场化的理论[詹姆斯·萨尔兹曼(James Salzman),2005 年;帕焦拉(Pagiola),2005 年];研究生态服务的货币化补偿额度[韦斯特曼(Westman W.),1977 年;斯文·旺德·亚当(Sven Wunder Adam),2005 年;I. 戴维斯(I. Davis),2010 年]。研究结果表明,生态补偿对于贯彻污染者付费原则和平衡不同主体的环境权利与义务具有积极价值[詹姆斯·博伊德(James Boyd),2001 年]。国外部分学者认为,运用市场机制的生态补偿模式更好[帕焦拉(Pagiola),2007 年;旺德(Wunder),2008 年]。

其二,生态补偿要素研究。这类研究关注生态补偿如何具体操作,如何确定补偿主体、补偿标准、补偿程序等。其研究受科斯定理和生态服务价值理论的深刻影响,研究中倾向将生态环境商品化,认为:生态补偿主要是对生态产品提供者的补偿[托马斯·C. 布朗(Thomas C. Brown),2007 年];政府、企业、个人应该进行谈判协商以实现公平[布莱恩·C. 斯蒂德(Brian C. Steed),2007 年];补偿价格应当主要参考被补偿人的意愿,补偿标准应当差异化[A. H. 本杰明(A. H. Benjamin),2013 年]。

其三,生态补偿实践研究。学者的研究表明,各国在多个环境保护领域开展了生态环境功能服务付费[特拉维斯·格林沃尔特(Travis Greenwalt),2009 年;佩特拉·E. 林德豪特(Petra E. Lindhout),2012 年],采用了政府公共补偿、环境税费、限额交易、自愿补偿、信托基金与捐赠基金等多种生态补偿方式[莎拉·E. 威尔逊(Sarah E. Wilson),1984 年;詹姆斯·P. 卡夫(James P. Karf),1989 年;泰斯·瑟卡尔·达尔米纳·洛索(Thais Cercal Dalmina Losso)、詹姆斯·司布真(James Spurgeon),2008 年]。然而,政府及财政政策在生态服务供给中的主导作用并未改变。近些年来,国外开始关注生态补偿市场模式的弊端,研究运用生态补偿政府干预措施克服市场失灵[凯伦·贝内特(Karen Bennett),2010 年;J.

B. 鲁尔(J. B. Ruhl),2015 年]。部分学者提出运用横向转移支付的方式扩大资金来源[法尔克(Falk),2006 年;①瑞纳(Ring),2008 年②];部分学者认为,可以通过税收的方式扩大来源[经济合作与发展组织(Organization for Economic Cooperation and Development,OECD),1996 年;鲍莫尔、奥茨,③2003 年]。国外生态补偿形式多样,德国④、日本⑤、哥斯达黎加⑥等国通过横向财政转移支付、税收和市场交易等方式进行了相关实践。

其四,生态补偿标准研究。帕焦拉(Pagiola)(2005 年)提出基于预期机会成本、实施成本、交易成本的环境补偿标准。⑦ 大部分国外学者都运用一定的核算方式进行实践[珍妮特(Janet),2007 年;⑧尼古拉斯(Nicolas),2007 年;⑨罗西奥(Rocio),2012 年⑩]。国外对生态补偿标准的研究计算大多运用机会成本法,但在实践中美国⑪、德国⑫等国家对该标准进行调整,创造性地引入竞争机制,使补偿标准更加灵活。

---

① See Falk A., Kosfeld M., *The Hidden Costs of Control*, American Economic Review, Vol. 96:5, p. 1611 - 1630(2006).

② See Irene Ring, *Integrating Local Ecological Services into Intergovernmental Fiscal Transfers: The Case of the Ecological ICMS in Brazil*, Land Use Policy, Vol. 25:4, p. 485 - 497(2008).

③ 参见[美]威廉·J. 鲍莫尔、[美]华莱士·E. 奥茨:《环境经济理论与政策设计》,严旭阳等译,经济科学出版社 2003 年版,第 205 页。

④ 参见李果仁:《国外生态补偿政策的借鉴与启示》,载《中国财政》2009 年第 13 期。

⑤ 参见史丹、吴仲斌、杜辉:《国外生态环境补偿财税政策的实践与借鉴》,载《经济研究参考》2014 年第 27 期。

⑥ 参见中国 21 世纪议程管理中心可持续发展战略研究组:《生态补偿:国际经验与中国实践》,社会科学文献出版社 2007 年版,第 209 页。

⑦ See Stefano Pagiola, *Assessing the Efficiency of Payments for Environmental Services Programs: A Framework for Analysis*, World Bank, Washinton, 2005.

⑧ See Amponin J. A. R, M. E. C. Bennagen, S. Hess, J. Di, S_dela Cruz, *Willingness to Pay for Watershed Protection by Domestic Water Users in Tuguegarao City, Philippines*, PREM Working Paper, 2007, No. 07/06. Amsterdam: IES.

⑨ See Nicolas K., Marinez-Tuna M., Muradian R., et al., *Payment for Environmental Services in Watershed: Insights from a Comparative Study of Three Cases in Central America*, Ecological Economics, Vol. 61:(2/3), p. 446 - 455(2007).

⑩ See Racio Moreno-Sanchez, Jorge Higinio Maldonado, Sven Wunder, Carlos Borda-Almanza, *Heterogeneous Users and Willingness to Pay in an ongoing Payment for Watershed Protection Initiative in the Colombian Andes*, Ecological Economics, Vol. 75:3, p. 124 - 134(2012).

⑪ 参见郭广荣、李维长、王登举:《不同国家森林生态效益的补偿方案研究》,载《绿色中国》2005 年第 7 期。

⑫ 参见史丹、吴仲斌、杜辉:《国外生态环境补偿财税政策的实践与借鉴》,载《经济研究参考》2014 年第 27 期。

国内有关生态补偿财政法律制度的研究大致可以划分为以下层面：

其一，生态补偿法学理论研究。自 1978 年以来，我国学者对生态补偿的法学基础研究可以分为三个阶段：(1) 奠基阶段。在众多学界前辈（马骧聪、蔡守秋、陈汉光、王树义、曹明德等）的努力下，环境法一改传统法学理论中视环境为中介物的观点和看法，将法学上的利益扩大到人类共享的生态利益，并开始关注生态补偿，提出"污染者付费"的环境法基本原则。(2) 成型阶段。2005 年之后，以典型突发生态事件为研究契机，学界就我国生态权益救济和补偿达成共识（杜群，2005 年；李培良，2005 年；竺效，2007 年；梅宏，2007 年），在"污染者付费"原则和国外生态系统服务付费制度的基础上，提出"受益者补偿，破坏者恢复"的生态补偿方案（王金南，2008 年；孔志峰，2007 年；黄润源，2009 年）。(3) 发展阶段。2010 年以来，学界研究视野转向生态损害的社会化救济（张梓太，2012 年；陈红梅，2013 年），研究财政投入与公众参与相结合、财政投入为主的方式（陈少英，2010 年；柯坚，2012 年；史玉成，2013 年；汪劲，2014 年；徐中民，2015 年；国家发展和改革委员会国土开发与地区经济研究所课题组，2015 年）。

其二，生态补偿实施模式的研究。第一种观点以庇古的思想为依据，认为政府主导模式能够较好地解决外部性问题，政府主导应该是主要补偿模式（周映华，2007 年；李荣娟，2013 年；杨谨夫，2015 年）。第二种观点以科斯定理为依据，认为政府主导的生态补偿模式具有滞后性以及低效性的缺陷（蔡守秋、王青军，2007 年），应当建立准市场模式的补偿机制（卢世柱，2007 年；张婕、倪存昊、朱明明，2020 年）。[①] 第三种观点认为，财政政策对市场补偿和社会补偿具有重要影响力，应当视情况采用（葛颜祥、张询书，2007 年；聂倩，2015 年），将市场手段与政府手段相结合（孙开、杨晓萌，2009 年；吴越，2014 年；聂倩、匡小平，2014 年）。在实践中，《苏州市生态补偿条例》(2014 年)、《无锡市生态补偿条例》(2019 年)对保护生态环境的主体进行生态补偿，补偿方式稍有不同。

其三，生态补偿具体财政法律政策研究。一方面，国内有学者认为，建立生态转移支付制度可以调整区域间的相关利益（郑雪梅，2006 年；彭春凝，2009 年；陶恒，2010 年；张贞、宋小宁，2012 年；田桂贤，2013 年）。现有的研究倾向从宏观上表明需要构建多元化的融资渠道，但是对微观层面如何具体构建谈及不多。部分学者的研究针对横向转移支付体系进行（郑雪梅，2017 年；[②]王干、白明旭，

① 参见张婕、倪存昊、朱明明：《新安江流域生态补偿财政支出效率研究》，载《中国环境管理》2020 年第 4 期。

② 参见郑雪梅：《生态补偿横向转移支付制度探讨》，载《地方财政研究》2017 年第 8 期。

2015 年;[①]孙健夫、田贵贤,2013 年;孙健夫、田贵贤,2013 年;曹书,2019 年[②])。另一方面,也有学者认为,科学合理的税收政策是保障生态补偿机制有效运行的重要手段(刘军民,2008 年;罗志红、朱青,2009 年),应当调整现有税制(肖坚,2007 年;韩红霞、张式军,2008 年;孙晓娜,2012 年;张明凯,2018 年)。在实践中,我国持续完善生态补偿的政策,先后提出建立生态补偿财政转移支付制度、市场交易制度。[③] 要多渠道筹措资金,加大生态保护补偿力度。[④] 统筹上中下游,整体设计、全面推进;鼓励地方加快建立多元化横向生态补偿机制。[⑤]

其四,生态补偿标准研究。学者从博弈、灰色系统论多角度认为,应当确立科学合理的生态补偿标准(黄润源,2009 年;[⑥]曲富国、孙宇飞,2014 年;[⑦]高国力,2015 年;[⑧]孙琳,2016 年[⑨])。学者从经济学、社会学的角度研究了生态补偿的意愿(杨欣等,2017 年[⑩])、生态补偿的标准(冯梦青,2018 年;[⑪]梁流涛等,2019 年[⑫])、补偿阶段(段铸等,2017 年[⑬])和补偿方法(李国平等,2017 年[⑭])。学者的研究采用了机会成本法、条件价值法(Contingent Valuation Method,CVM)、生态

---

① 参见王干、白明旭:《中国矿区生态补偿资金来源机制和对策探讨》,载《中国人口·资源与环境》2015 年第 25 卷第 5 期。

② 参见曹书:《资源型城市横向补偿法律机制研究》,华东政法大学 2019 年博士学位论文,第 51 ~ 76 页。

③ 参见 2013 年国务院《关于生态补偿机制建设工作情况的报告》,2016 年国务院《关于印发"十三五"生态环境保护规划的通知》。

④ 参见 2007 年国务院《关于规范财政转移支付情况的报告》。

⑤ 参见 2020 年财政部、生态环境部、水利部、国家林业和草原局《关于印发〈支持引导黄河全流域建立横向生态补偿机制试点实施方案〉的通知》。

⑥ 参见黄润源:《生态补偿法律制度研究》,华东政法大学 2009 年博士学位论文,第 74 页。

⑦ 参见曲富国、孙宇飞:《基于政府间博弈的流域生态补偿机制研究》,载《中国人口·资源与环境》2014 年第 11 期。

⑧ 参见国家发展改革委国土开发与地区经济研究所课题组、贾若祥、高国力:《地区间建立横向生态补偿制度研究》,载《宏观经济研究》2015 年第 3 期。

⑨ 参见孙琳:《水源地生态补偿的标准设计与机制构建研究》,东北财经大学 2016 年博士学位论文,第 52 页。

⑩ 参见杨欣、蔡银莺、张安录:《农田生态补偿横向财政转移支付额度研究——基于选择实验法的生态外溢视角》,载《长江流域资源与环境》2017 年第 3 期。

⑪ 参见冯梦青:《我国环境治理跨区域财政合作机制研究》,中南财经政法大学 2018 年博士学位论文,第 79 页。

⑫ 参见梁流涛、高攀、刘琳珂:《区际农业生态补偿标准及"两横"财政跨区域转移机制——以虚拟耕地为载体》,载《生态学报》2019 年第 24 期。

⑬ 参见段铸、刘艳、孙晓然:《京津冀横向生态补偿机制的财政思考》,载《生态经济》2017 年第 6 期。

⑭ 参见李国平、李潇:《国家重点生态功能区的生态补偿标准、支付额度与调整目标》,载《西安交通大学学报(社会科学版)》2017 年第 2 期。

服务功能价值法等。可以看到,对于生态补偿标准的研究逐渐从理论化转向实践,越来越多的学者开始进行实证分析;现有文献对于补偿标准的测算方法,无论是条件价值还是机会成本法,其依据标准的主观性较强、客观性较弱,因此测算数值并不一定准确,都具有较高的主观性。部分学者提出新的补偿标准测算方法,但是适用范围和适用对象有限,普遍的结论还有待研究。现行部分法律法规提出提高生态补偿标准,也有部分法规提出探索新的生态补偿标准的计量方法,[①]但倡导性规定居多。

在我国生态补偿实践中,以财政政策为主要实现方式的政府补偿模式仍占据主导地位。本书研究遵循提出问题、分析问题和解决问题的思路,其研究进路是:

首先,通过资料收集整理,走访政府部门、企业和生态功能区,引入制度参与者分析、案例分析等方式进行调研,提出现行财政制度中缺乏明确的生态补偿制度设计、与生态补偿相关的各项财政政策在执行过程中存在的问题,如补偿力度、税收收入支持、补偿标准过低和绩效评估的缺位等问题,导致在现实操作中很难对生态利益的提供者和保护者给出合理补偿。市场补偿模式也因为缺乏财政政策的引导和扶持发展缓慢。因此,健全财政制度、完善环境财政立法,是生态补偿得以长期稳定实施的关键。

其次,本书尝试从实证的视角,调研我国生态补偿财政法律实践的问题,参考域外实践,提出健全政府主导型生态补偿财政制度、夯实政府生态服务供给基础的对策和立法建议。从理论视角,对生态补偿的内涵与框架进行解析,为生态补偿实践和立法完善提供理论支持。通过跨学科研究,论证生态补偿财政法律制度建立的必要性。从财政法学和环境法学耦合的视角,研究生态补偿财政制度的环境财政法理论;分析生态补偿全过程的财政法律关系。通过调查研究,了解国内外生态补偿财政制度的基本历程、最新研究成果及前沿动态,为解决现实问题寻找理论支持。

最后,运用环境经济学、公共经济学等相关学科的理论与方法,进行综合研究。基于经济与环境保护国情,提出强化公共财政功能、完善生态补偿机制的相关财政制度的建议;结合环境财政法理论,研究现行财政立法完善的途径。

---

① 例如,2016 年国务院办公厅《关于健全生态保护补偿机制的意见》,2018 年财政部《关于建立健全长江经济带生态补偿与保护长效机制的指导意见》,2020 年财政部、生态环境部、水利部、国家林业和草原局《关于印发〈支持引导黄河全流域建立横向生态补偿机制试点实施方案〉的通知》。

本书分为四个部分共四篇十一章。

第一篇是理论篇,即生态补偿财政法律制度的理论与范畴研究。第一章界定了生态补偿的范畴;运用生态服务价值理论、外部性理论、伦理学和法学理论,研究分析了生态补偿财政制度的生态学、经济学、法学基础;论证生态补偿财政法律制度的正当性、经济性和生态性。第二章研究生态补偿财政法律关系,生态补偿的环境、财政法律理念和制度框架。我国生态补偿财政法理论研究和实践起步较晚,对生态补偿的概念和内涵没有形成统一的认识,理论研究稍落后于实践探索。因此,第一篇针对生态补偿的特殊性,耦合环境法和财政法等相关理念,梳理生态补偿环境财政法理论。

第二篇是制度篇,即生态补偿财政法律制度系列研究。我国生态补偿立法体系尚处于完善阶段,原有的财政和环境立法需要跟进并适应生态补偿的要求。因此,本书根据生态补偿实践需求,提出法律完善建议。一方面,第三章以生态补偿行为链为脉络,从政府与私人部门之间的关系入手,研究我国现行生态补偿征税与收费的制度;第四章从政府之间的关系入手,分析中央与地方生态补偿事权和财权,研究纵向转移支付制度以及横向补偿制度。另一方面,第五章以生态补偿资金链为脉络,研究财政收入、预算、投入、补偿标准、财政监督、跟踪评价的现行法律政策。在此基础上,本书研究了生态补偿财政法律制度完善的思路,提出我国生态补偿的税费制度改革思路;提出以纵向转移支付为主、横向转移支付为辅的财政转移支付制度的完善建议;探索了公众参与式财政监督制度、跟踪评价制度等环境财政制度的建构方式。

第三篇是技术篇,即生态价值的衡量和评估机制研究。第六章研究生态价值的衡量机制,第七章从填补机制、生态修复角度研究生态环境损害的鉴定评估制度。实施生态补偿,最基础的工作是把法律规范、经济指标和环境标准进行有效衔接。因此,如何通过实证调研摸清相关发展数据,如何对生态补偿范围与程度作出原则性规定,建立科学的生态补偿指标体系,设计差异化生态补偿标准制度、生态价值和生态损害的评估制度,实现财政法律政策的科学量化。本书尝试衔接环境法和财政法的法律制度,实现环境财政制度的集成与融合,对生态价值评价的制度框架展开研究。

第四篇是实践篇,即生态补偿财政法律专题与实证研究。从我国当前经济发展阶段、财政体制和生态补偿法律实践出发,结合生态补偿典型案例,调查生态补偿实施中的财政法律问题。第八章、第九章、第十一章分别从区域、流域、重点生态功能区专题研究分析了我国生态补偿实践中的财政法律缺失与制度需求。第十章结合《长江保护法》,以湘江为例,实证分析了生态补偿的财政法律制度。通过研究分析国际上生态补偿的财政制度的经验,研究国外生态服务付费的理论成果与实践经验,提出生态补偿财政收入制度、预算制度、财政投入制度和监督制度的法律完善对策。由于国际上生态系统服务的付费问题仍处于探索阶段,同时鉴于国内外在经济、文化、历史、社会等方面的差异,第四篇研究如何在参考国际经验、立足本土实际的基础上,确立适于我国特点的生态补偿的财政途径。

本书系国家社会科学基金项目"生态补偿财政法律制度研究"(项目编号:16BFX172)的研究成果。项目申报和研究得到了课题组成员张华、张辉、姜红、郑畅、安然、刘芳的支持与帮助;丁健鸽、刘静、郭海霞、刘梦琴、杨莎、刘静宜、肖歌予、孙菀怡、刘芷汛、赵洁玉等同学先后参与了课题资料收集与前期调研,特此表示感谢。

Contents

目录

第三编 技 术 篇

第四编 实 践 篇

第一编　理　论　篇

第一章　生态补偿财政法律制度概述

第一节　生态补偿的范畴界定

一、生态学意义上的生态补偿

生态补偿概念最早出现在生态学领域，被理解为生态系统为维持平衡和应对人类造成的环境污染、生态破坏的自我修复能力。在《环境科学大辞典》的定义下，生态补偿的主体是生物有机体、种群、群落或生态系统自身，实质是前述主体缓和干扰、调节自身状态，以维持生存或还原生态负荷的能力。[①] 生态学以人与自然的关系为基点，通过人工治理措施恢复生态能力，强调对生态本身价值或功能的补偿，不包括对生态资源保护付出代价者的经济补偿。

生态学意义上的生态补偿，是指生态补偿财政法律制度应遵循的一般规律，需要将生态补偿机制作为弥补生态损失、维系生态潜力的利益协调机制，在提供直接修复生态资金和弥补生态修复正外部性成本并激励生态正外部性行为两端发力，以实现恢复生态及其自我修复能力为最终目的。

二、经济学意义上的生态补偿

马克思和恩格斯率先提出，要将生态问题看作社会问

---

① 参见环境科学大词典编委会：《环境科学大词典》，中国环境科学出版社2008年版，第418页。

题,要放在社会生活中考察,将经济运行过程中的社会问题作为解决相关生态问题的前提。[1] 在这一生态观的指引下,生态补偿概念在经济学领域出现。20 世纪 90 年代以来,生态补偿概念从人对生态的补偿逐渐转向人对人的补偿,即生态受益者或破坏者对生态有意提供者或特别牺牲者的补偿。在这一过程中,财政支出在生态补偿中的作用逐渐显现,生态补偿相应转向为由国家财政向生态的建设者和为更好发挥生态作用而遭受损失者通过转移支付措施进行补偿。

资源与环境经济学研究表明,外部性的存在是生态补偿制度的前提之一。[2] 因此,经济学展开的研究多以环境问题外部成本内部化为核心,运用"成本—收益"方法对生态补偿进行分析。根据外部性理论,生态领域的外部性亦可分为正外部性与负外部性:正外部性,是指某一生态利益相关主体的行为对其他生态利益相关主体产生正效益而其成本没有得到后者的补偿;负外部性,则是指某一生态利益相关主体的行为对其他生态利益相关主体产生负效益而没有对后者进行相应足额的补偿。[3] 生态补偿机制实质上可以被解释为生态外部性的矫正机制,即合理分配生态外部性成本,通过利益驱动、引导和协调来激励和引导生态利益相关主体的行为。经济学理论将生态界定为市场无法有效提供的公共产品,需要生态补偿来弥补生态保护者和改善者的正外部性成本,并形成有效的激励机制,以此促进生态有意提供者或特别牺牲者与生态享有者或破坏者之间第二次公平分配,提高生态保护和改善者的积极性,以保证生态利益的持久有效创造与供给。

经济学对生态补偿制度的定义为法学领域中生态补偿的界定和分析提供利益分析的基础和框架。从成本收益出发,基于发展、代际、公平、整体、循环等方面的考量,强调通过经济手段实现对相关主体的补偿与利益平衡。经济学意义的生态公共产品定位,外部性问题产生,以及生态补偿制度追求的成本价收益的合理配置、生态资源配置效率的提高和帕累托最优的实现,在生态补偿的法学意义层面体现为国家干预对市场失灵的矫正、公共信托理论下国家的信托义务、庇

① 参见卢瑶:《生态环境损害赔偿研究:以马克思主义公共产品理论为视角》,中国社会科学出版社 2019 年版,第 12 页。

② 由于生态是一个统一的整体,任何破坏生态的行为将影响他人所享有的生态,因此破坏生态具有典型的外部不经济性;生态建设具有正外部性,由于生态具有典型的公共产品属性,生态保护的利益为所有公众所享有。任何人都不可能排斥环境保护所带来的收益,并且对于受益者来说,这种受益是无偿的。

③ 参见曹明德:《对建立生态补偿法律机制的再思考》,载《中国地质大学学报(社会科学版)》2010 年第 5 期。

古税对外部性的矫正、生态正义理论下生态权利义务的配置及财税法理财治国功能的实现等。

三、法学意义上的生态补偿

法学领域内的生态补偿在公平正义的价值导向下，主要采取权利义务范式对生态补偿制度进行分析，首先区分生态保护、改善行为与破坏行为，对行为主体的权利义务进行合理配置，鼓励正外部性行为，控制、处置负外部性行为，以达到合理调整人与自然关系的目的。

当前环境法学界的主流观点中对生态补偿的概念有狭义和广义两种解读。吕忠梅指出，狭义生态补偿仅包括人对生态的补偿，即补偿主体针对人类社会经济活动对生态的破坏与污染情况，对受损生态进行综合治理，以恢复和改善生态。有学者参考国外"生态系统服务费"（payment for ecosystem service，PES）的概念，将补偿行为解释为购买行为，即将生态补偿界定为"生态系统服务功能的受益者为购买相应的服务而向提供者支付的费用"。[①] 生态补偿概念由狭义向广义的过渡体现了法学语境下生态补偿概念从人向生态的补偿转向人对人的补偿。广义生态补偿中的受偿主体还包括对因保护环境而丧失发展机会或遭受实际损失的主体，包括经济和非经济形式补偿以及以生态保护为目的的一系列教育和科研费用支出。[②] 在这一基础上，王清军、蔡守秋从人与自然以及人与人的角度出发，将法律层面生态补偿的含义进行了拓展。在人对生态的补偿层面，包括：(1)从事对生态有影响行为时对生态自身的补偿；(2)开发利用所带来的生态风险。在人对人的补偿层面，包括：(1)补偿主体开发利用生态资源时对利益受损主体的补偿；(2)受益者对有意提供者和特别牺牲者关于保护和治理生态成本的补偿。[③]

在外延方面，大部分学者都认同生态补偿包括生态受益者付费和提供者受偿两部分内容，但在生态补偿的基础和形式上有所差异。杜群认为，生态补偿是以契约为基础的经济补偿，包括：(1)对资源开发利用主体损害资源环境行为收费；(2)向保护资源环境主体提供利益补偿；(3)将对损害主体的收费以特定形式

---

① 曹明德：《对建立生态补偿法律机制的再思考》，载《中国地质大学学报(社会科学版)》2010年第5期。

② 参见吕忠梅：《超越与保守——可持续发展视野下的环境法创新》，法律出版社2003年版，第355页。

③ 参见王清军、蔡守秋：《生态补偿机制的法律研究》，载《南京社会科学》2006年第7期。

向为保护、改善资源环境而使自身利益遭受损害主体进行转移。① 黄润源将生态补偿细化为国家通过收费和奖励并用的经济手段，引导生态破坏者或生态利益享有者的开采利用行为，激励生态持续保护者的行为，协调相关主体间的利益关系，以此维护生态安全，减少贫困，在兼顾生态系统持续供给的同时实现生态公平。② 汪劲指出，生态补偿的外延应当兼顾财政补偿与市场补偿，充分考虑物质与非物质补偿方式，不应当过分局限于财政转移支付方式；补偿主体既包括生态的损害者，也包括生态的受益者；补偿的对象应当包括生态保护建设工程、生态修复与恢复治理以及对保护者的奖励。③

区别于生态学和经济学领域，法学意义上的生态补偿本质上是基于发展机会、对更好环境的要求而产生的人对人和人对生态的补偿法律行为。从法律行为本质出发，生态补偿法律制度调整社会关系，以重新分配生态权利义务，平衡生态利益为目的，通过矫正生态利益分配机制，使之回归有序状态。生态补偿制度坚持“谁受益谁补偿”原则，经由对人的补偿，最终实现对生态有效补偿的目的。对人的补偿虽然是对生态补偿的手段之一，但二者的价值理性是同等重要的。人对人的补偿主体为生态的享有者和破坏者，受偿主体主要有以下两类：一是生态有意提供者，即在资源开发利用过程中对自然资源、环境的生态功能进行保护的人，如青城山林区工作人员，成都市政府采取了建立专项基金的方式对生态有意提供者进行补偿与激励；二是生态特别牺牲者，即对生态安全重要的区域或自然客体采取绝对保护时的利益牺牲者，如三江源的大规模移民。

第二节　生态补偿制度模式类型化分析

一、生态补偿模式类型化研究

根据政府和市场所处地位与发挥作用的不同，当前世界各国的生态补偿制度可分为政府补偿和市场补偿两种模式，又可根据政府与市场地位的不同细分为政府作为唯一补偿主体的生态补偿模式、政府主导的生态补偿模式与限额交易生态补偿模式。

---

① 参见杜群：《生态补偿的法律关系及其发展现状和问题》，载《现代法学》2005 年第 3 期。

② 参见黄润源：《生态补偿法律制度研究》，华东政法大学 2009 年博士学位论文，第 18～33 页。

③ 参见汪劲：《论生态补偿的概念——以〈生态补偿条例〉草案的立法解释为背景》，载《中国地质大学学报（社会科学版）》2014 年第 1 期。

（一）政府补偿模式

政府补偿模式，是指政府在生态补偿制度中发挥主导作用，不需要市场介入或市场作为辅助发挥作用的补偿模式。根据补偿主体的数量及地位的不同，可细分为政府作为唯一补偿主体和政府主导两种类型。

1. 政府作为唯一补偿主体的生态补偿模式

在政府作为唯一补偿主体的生态补偿制度中，政府发挥绝对的主导作用，直接运用财政资金对生态进行补偿。德国的生态补偿制度以财政横向转移为主，通过横向转移支付实现人对生态的补偿，以此矫正地区间生态外部性，实现地区间生态利益的平衡与生态公共服务的均等化。德国生态补偿横向转移支付的资金主要有两个来源：一是补助金，即财政较富裕的州，依照法律直接向较贫困且提供了生态公共产品的州提供法定标准计算下的财政补助；二是提供相应生态产品的州自留的税收，即该州的销售税在扣除划归各州的25%之后，余下的销售税收入由该州按照居民人数在本地进行分配。①

2. 政府主导下的生态补偿制度

政府主导下的生态补偿制度在强调政府作为生态外部性成本主要支付者的同时，以自愿参与为原则，鼓励和接受私主体进行生态补偿。从私主体参与方式来看，这一模式可以分为自愿参与和限额交易两类。自愿参与类型下政府并不强制私主体进行赔偿或直接干预其生产经营活动。

（二）市场补偿模式

市场化生态补偿制度与经济学领域解决外部性问题的科斯路径是一致的，是指市场主体作为生态产品消费者，在购买或开发利用的同时对生态资源所有者直接进行经济补偿。主要包括限额交易制度，即由政府或相关管理部门设定市场主体开发利用生态资源数量限额或地域界限，市场主体只能在该限额内进行开发利用。在限额内，市场主体可自由交易；超过限额或无法完成义务的市场主体则需要通过市场购买相应的信用额度，以继续进行生产经营活动。② 以排污权交易为例，20 世纪 70 年代，美国经济学家戴尔（Dale W. Jorgenson）主张在生态阈值内，将排污行为以许可证形式权利化、商品化，通过允许排污权交易来控制污染物排放。这一观点最早被应用于解决美国大气污染和河流污染问题。

---

① 参见吴晓青、驼正阳、杨春明：《我国保护区生态补偿机制的探讨》，载《国土资源科技管理》2002 年第 2 期。

② 参见刘春江、薛惠峰、王海燕、杨养锋：《生态补偿研究现状与进展》，载《环境保护科学》2009 年第 1 期。

排污权交易制度的落地实施对政府生态监管、测算以及监控能力都提出新要求。排污权交易的实现以准确测定生态阈值为前提,从公正性与制度有效性出发,要求政府有关部门在合理规划相应地区环境保护目标的前提下,综合运用环境技术来准确测算该地区生态阈值,以确定一定时期内的排污许可总量,并将其按照污染物种类分割成若干不同单位的排放量,由此形成排污权交易的对象,并将其投放到相应市场中进行交易。这一制度可以充分利用市场主体的逐利本性。市场主体为实现自身利益的最大化在市场中买入卖出排污权力,买入排污权的排污主体即通过支付对价的方式完成了对卖出排污权的生态利益补偿。[①] 各国的排污权交易和碳排放权交易多借鉴和应用这一模式,如澳大利亚的排放许可交易制度,将生态排污服务视为一种商品,通过在市场中进行交易,使相应生态利益有意提供者获得补偿并获得相应利益。[②] 需要注意的是,在制度构建方面,排污权交易以存在有效的排污权交易市场为前提;这一市场可以由政府主导设立,亦可由当前市场自发形成。在有效市场中进行排污权交易,能够有效进行生态补偿,抑制市场主体因开发利用生态环境的行为而带来的负外部性,从而助力生态问题的解决。

二、我国的生态补偿财政法律制度模式

我国生态补偿财政法律制度可作如下划分:一是财政收入端的财政法律制度,旨在通过生态税或生态费为生态保护筹集资金。[③] 从国家整体来看,生态补偿资金主要来自生态税费收入,其中以生态税收收入为主。地方的生态补偿资金主要来自税收中归属地方的部分(包括一般税收收入和专款专用的生态税收收入)和财政转移支付。直接以生态补偿为目的收费项目以"受益者付费,破坏者付费"为原则,主要包括生态补偿费、矿产资源补偿费及排污费等。二是支出端的生态补偿资金分配财政政策,即在政府间以及政府与实际受偿主体间的分配,多通过一般性转移支付解决生态保护与经济发展的机会成本损失,通过专项转移支付解决具体的生态项目投入成本。

综上所述,当前我国生态补偿财政法律制度主要呈现以下特性:第一,生态补偿方式以政府直接补偿为主,生态补偿资金也主要来自财政收入,来源稳定却

① 参见李晓绩:《排污权交易制度研究》,吉林大学2009年博士学位论文,第19页。

② 参见何沙、邓璨:《国外生态补偿机制对我国的启发》,载《西南石油大学学报(社会科学版)》2010年第4期。

③ 包括资源环境开发和利用的税收与收费、生态破坏者的惩罚性税收与收费等。

单一;第二,补偿对象范围较广,包括直接和间接受损的生态有意提供者和特别牺牲者;第三,补偿内容全面,包括受偿主体的直接支出和间接损失;第四,补偿方式多为运用专项转移支付手段进行直接经济补偿。

第三节 生态补偿财政法律制度的理论基础

生态补偿财政法律制度融法学、经济学、生态学为一体,有深厚的理论基础。经济学原理将生态定性为公共产品。市场在提供公共产品领域的失灵与环境法中的公共信托理论一同为经济法理论下以财政法律制度为主要手段的国家干预提供必要性基础;经济学对生态外部性问题的分析映射在法学领域,引出不同主体间权利义务配置不对称问题。在具体补偿方式上,财政法领域的公共财产法理论从公共财产权和私人财产权双重保护的层面证成以财政法律制度作为生态补偿方式的正当性。

一、公共产品理论

2013 年,习近平总书记提出“良好生态环境是最公平的公共产品,是最普惠的民生福祉”这一重要论断,[①]体现出生态使用的非竞争性[②]与消费的非排他性。[③] 弗里德曼(Milton Friedmann)指出,公共产品一旦被生产出来,其使用或交易对象就不再受生产者的决定或控制。[④] 生态公共产品的非竞争性与非排他性使生态开发利用中滥开滥采、过度排污现象严重,超过生态阈值的经济活动使生态资源难以持续有效供给。生态利用与恢复间权利义务失衡、开采与恢复成本间的失衡进一步加大生态产品供给市场化难度,由此造成生态领域“公地悲剧”(tragedy of the commons)和“搭便车”(free rider problem)问题频发。

(一)“搭便车”问题成因与解决路径

“搭便车”问题,是指市场中某个体未支付或未支付全部对价而使用资源或产品,多存在于生态产品的供需中。生态领域存在大量不负担生态治理恢复成

---

① 《学习习总书记重要论述:良好生态环境是最普惠的民生福祉》,载人民网 2018 年 9 月 21 日,http://politics. people. com. cn/n1/2018/021/c1001 - 30307963. html。

② 生态使用上的非竞争性,主要是指消费者的增加或减少并不会影响生态系统提供的服务。

③ 生态消费上的非排他性,是指生态系统提供的服务可以由全体国民共同享有,不能将任何国民从中排除。

④ 参见[美]迈克尔·麦金尼斯主编:《多中心体制与地方公共经济》,毛寿龙译,上海三联书店 2000 年版,第 99 ~ 102 页。

本却享有生态利好的消费者，使生态有意提供者和特别牺牲者的成本无法收回。以流域生态开发中的“搭便车”现象为例。如果河流上游居民在生产经营中对河流不当开发利用，就会破坏流域生态。如果上游居民或政府没有对此进行矫正，这一生态成本就会随水流转移到中游；中游居民如果开发利用该河流，就必须先要解决上游造成的流域生态问题。在河流生态治理和恢复方面，上游居民搭到中游居民的“便车”。而下游居民不需承担流域治理成本，就可以享受到中游居民治理恢复后的河流生态，也搭到中游居民“便车”。由此，在整个流域中，就出现“中游投入，上下游受益”的“搭便车”现象。长此以往，中游的治理成本难以得到补偿，上下游受益却不付费的现象会使整个河流流域的生态利益分配越发失衡。①

解决“搭便车”下市场失灵对生态公共产品供给的减损问题，需寻找一个有足够物质支持和意愿或义务的主体，为社会成员提供稳定、持续的生态公共产品。国家因权源的公益性和财产的公共性成为当前阶段生态公共产品的最佳提供者。首先，国民以维护自身权利为目的向国家让渡权利，国家权力相应负有保护国民权利的义务。具体到生态领域，国家不仅应当为国民提供制定良好的生态法律制度，引导国民行为，还应当对已经出现的生态损害后果和潜在的生态风险进行有效恢复与治理。当市场参与者不当开发利用后未有效治理和恢复，就需要国家以合适方式介入相关市场，构建生态补偿机制引导相关经济行为。政府有必要通过制度创新进行适当干预，保证生态公共产品有效供给，引导生态资源合理开发利用。② 其次，国家财产的公共性决定其使用的公益性。无论是“聚民之财”的税收，还是“治民之财”的国有资产收益，或是“享民所有”的自然资源，国家所有的本质依旧是全民所有。即市场无法足额有效提供生态公共产品，需要国家通过财政方式实现生态受益者对生态有意提供者和特别牺牲者的补偿，以鼓励和保证生态产品持续、有效供给。

---

① 帕累托最优(pareto optimality)，也称帕累托效率(pareto efficiency)。帕累托最优和帕累托改进，是博弈论中的重要概念，并且在经济学、工程学和社会科学中广泛应用。帕累托最优，是指资源分配的一种理想状态，假定固有的一群人和可分配的资源，从一种分配状态到另一种状态的变化中，在没有使任何人境况变坏的前提下，使至少一个人变得更好，这就是帕累托改进或帕累托最优化。帕累托最优的状态就是不可能再有更多的帕累托改进的余地。换言之，帕累托改进是达到帕累托最优的路径和方法。帕累托最优是公平与效率的“理想王国”。

② 参见王干、白明旭：《中国矿区生态补偿资金来源机制和对策探讨》，载《中国人口·资源与环境》2015 年第 5 期。

（二）“公地悲剧”成因与解决路径

“公地悲剧”理论最早由哈丁教授（Garrett Hardin）提出。哈丁指出，“公地悲剧”的根源就在于产权的难以界定，在法学领域则表现为生态权利义务的不对等，所有者们都可以为自身利益的最大化开发利用公地，而不必为超过生态阈值的情况承担责任。生态消费上的非排他性纵容市场主体的逐利性和短视性，最终导致生态领域“公地悲剧”现象出现。科斯（Ronald H. Coase）从产权理论出发，认为解决“公地悲剧”的关键在于明晰公共产品，特别是自然资源的产权，将生态系统视为一种特殊的“私人物品”，[①]通过市场交易来分配权利，从而实现资源的有效利用。科斯的观点在经济学领域获得广泛认可，但是在法学领域，其可行性却遭到质疑，主要原因如下：（1）生态资源范围难以界定；（2）对生态资源进行分配的有权主体难以确定，或难以证成分配主体权源的正当性；（3）生态资源公共产品交易需要构建有序市场，交易成本较高。近年来，学者们在逐渐承认公有化合理之处的过程中，提出以公有化方式解决“公地悲剧”的观点。对比科斯的产权观点，公有化模式以国家或公共机构为生态资源所有权人，通过制定对成员有普遍约束力的制度，控制和引导成员对生态的开发利用行为。虽然公有化模式也面临权力“寻租”和缺乏内生激励等问题，但是从生态治理的紧迫性和生态权利交易市场成熟度出发，通过公有化模式解决“公地悲剧”是短期内的最优选择。

公有化模式落地的关键在于寻找到追求社会公共利益最大化的主体作为生态的所有者，将“无主”的生态资源交由为国民利益运作的“无我”主体，在不剥夺社会成员开发利用生态资源权利的前提下，引导社会成员合理开发并实现对生态的管理、保护和改善。民主制度下的国家无疑是“无我”主体的最好选择。作为承担主要管理和恢复生态义务的所有人，国家可以从以下两方面消除“公地悲剧”现象：第一，构建生态资源法律制度规范市场主体对生态的开发利用行为。第二，运用财政手段进行生态补偿，主要包括两个方面：其一，在财政收入端，主要利用税收来引导市场主体的行为，实现对生态的补偿。这主要包括：（1）征收生态税增加纳税人经营成本，促进生态负外部性成本内部化；（2）将生态保护作为适用特定税收优惠的条件，以此鼓励和引导纳税人。其二，在财政支出端，财政补贴和专项转移支付，直接为生态修复提供资金支持，或者对生态有意提供者和特别牺牲者进行补偿。

---

① 参见吴真：《公共信托原则研究》，吉林大学2006年博士学位论文，第52页。

综上所述，市场调节机制下，生态的公共产品特性引发"搭便车"和"公地悲剧"现象，导致市场无法有效提供生产品，也无法规制开发行为和有效补救和恢复被无节制开发以致破坏的生态。这一领域的市场失灵产生对国家干预的需求，需要国家作为生态的所有者和管理者通过构建和完善法律制度引导和规制市场主体的开发利用行为，并综合运用财政收入和支出手段修复生态，并向生态的有意提供者和特别牺牲者提供合理补偿。

二、公共信托理论

（一）公共信托理论内涵

20世纪70年代，约瑟夫·萨克斯（Joseph L. Sax）教授的公共信托理论逐渐成为环境法领域的重要基础。① 无论何种所有制国家，在发展和适用公共信托理论时，都承认特定自然资源由国家所有，国家负有保护、维持和改善相应自然资源的义务，且不得消极履行和不当履行。美国联邦最高法院在判决中将公共信托定义为国家或政府出于保障全体国民利益的目的持有土地、水等自然资源，国民则保有为公共用途充分使用自然资源权利的制度安排。② 这一定义说明公共信托对自然资源的双重保障，即公民需要出于公共目的使用自然资源，国家对资源的使用不得限制或侵犯国民的利益。在我国，公共信托理论的内涵可以概括为：国民为最大限度保有和利用具有公共性质的特殊财产，委托国家或政府对这些财产进行管理、恢复和改善。③ 公共产品理论解释了生态产品的充足、有效提供需要国家以财政法律制度进行干预；环境法上的公共理论则解释了这一需要是如何进入立法成为国家信托义务的。

（二）公共信托法律关系分析

公共信托理论借用私法中的信托框架，其法律关系中包含三个主体：（1）委托人，即包含当代人和后代人在内的整体意义上的国民；（2）受托人，即国家或政府；④（3）受益人，与委托人具有同一性，均为时间和空间维度上的整体意义上的国民。公共信托法律关系的客体（或称信托财产）指向具有公共性质的特殊财产，在环境法领域即为生态资源。公共信托法律关系的主要内容是国家或政府根据国民的委托，管理和监督公共信托财产的使用和交易，以保持和改善公共信

---

① 参见李冰强：《公共信托理论批判》，中国海洋大学2012年博士学位论文，第28页。
② 参见肖泽晟：《公物法研究》，法律出版社2009年版，第106页。
③ 参见吴真：《公共信托原则研究》，吉林大学2006年博士学位论文，第57页。
④ 参见吴真：《公共信托原则研究》，吉林大学2006年博士学位论文，第59页。

托财产的整体质量,并保障受益人能够在合理限度内最充分地对公共信托资产进行开发利用。作为受益人的国民享有信托协议中的权利,却不需要履行相应义务,并且在国家不履行义务或履行不当时,有权通过诉讼等方式使自身的权利获得救济。

1. 国民委托的正当性:公共信托理论与社会契约论的契合

公共信托的本质是法律拟制,[①]认为国民与国家达成的社会契约包括管理和使用自然资源的合意。[②] 生态阈值的存在使生态资源不能够满足人类不断膨胀的需求。因此在面对越发重要却日渐稀缺的生态资源时,人类必须在构建相关制度对资源进行统一补偿、修复和无视部分主体恣意开发利用、罔顾其他主体以及子孙后代生态权益二者间进行选择。[③] 社会契约论主张国民将对生态的部分权利让渡给国家或政府,形成相应权利,并由国家或政府为人民利益统一行使相应权利,这与公共信托理论有高度的契合。从产生时间和逻辑联系来看,可以认为社会契约理论为公共信托提供正当性基础。

社会契约论理论将公共信托归结为生态领域的社会契约,与其他领域类似,国民将其对生态资源的部分权利让渡给国家,在代议制的基础上由政府代表全体国民统一行使这部分权利。卢梭(Jean-Jacques Rousseau)认为,国民向国家让渡部分权利并不意味丧失该部分权利,而是通过赋权给国家保证自己安全和权利的顺利行使,是通过让渡部分支配权获得真正的所有权。[④] 洛克(John Locke)亦主张将人们对生态资源的部分支配权交给公民社会,由公民社会根据集体的利益需要统一行使支配权,以此更好地实现人们的自然权利。[⑤] 在生态领域,国民无法自行实现不同主体间的生态利益平衡及有效修复生态资源;于是与国家达成信托契约,将生态这一公共财产委托给国家;国家则以保障包括后代人在内的全体国民利益为目的,充分利用通过国民让渡形成的权利,通过提供法律制度等公共产品,引导国民开发利用,并实现对生态的有效补偿。

---

① See James L. Huffman, *Speaking of Inconvenient Truths: A History of the Public Trust Doctrine*, Duke Envtl. L. & Policy F. L., Vol. 18, p. 19 –27(2007).

② 有学者认为,“公共信托理论在性质上更多的是一个社会契约”。参见肖泽晟:《公物法研究》,法律出版社 2009 年版,第 106 页。

③ 参见吴真:《公共信托原则研究》,吉林大学 2006 年博士学位论文,第 60 页。

④ 参见[法]卢梭:《社会契约论》,何兆武译,商务印书馆 1980 年版,第 33 页。

⑤ 参见肖厚国:《我们凭什么取得物权——洛克的劳动财产哲学解读》,载梁慧星主编:《民商法论丛》第 25 卷,金桥文化出版(香港)有限公司 2002 年版,第 248 页。

2. 国家公共信托义务分析

国家作为受托人,负有为当代及后代国民利益而管理、恢复和改善生态资源的义务。我国《宪法》第 9 条第 2 款规定国家负有保障自然资源合理利用的义务。基于生态资源的公共产品特性,国家多采取包括税费措施在内的财政措施,从财政收入与支出两端发力,以生态补偿制度实现对生态的管理、恢复和改善。具体说来,公共信托理论中国家义务的履行主要体现在以下两方面:

第一,国家需要平衡不同主体行使生态资源使用权过程中产生的利益需求。我国的环境保护税收法律制度是国家作为受托主体,以财政法律制度实现生态补偿,平衡国民间生态权益冲突的重要方式。国家通过建立环境保护税收法律制度,在财政收入端,向环境排放应税污染物的纳税人依法征税,在实现环境负外部性成本内部化的同时,充分利用成本收益规律和市场主体(纳税人)的逐利特性,引导和规制排污行为,减少环境污染;在财政支出端,将环境保护税收收入专项用于治理地方污染,实现人对环境的补偿:通过两端同时发力,国家以财政方式实现生态补偿,并以此平衡国民间生态利益。

第二,国家在履行信托义务的过程中,不仅需要对当代人负责,还需要对后代人负责,以实现和维护生态领域的代际公平。1972 年,《联合国人类环境会议宣言》赋予人类整体保护和改善当代人与后代人共同享有的生态的义务。[①] 代际公平不否认当代人开发利用生态的权利,但是对这一权利提出如下要求或限制:首先,当代人的开发利用需要避免对后代人的生态选择权造成不正当的限制;其次,要保证后代人享有的生态质量不劣于当代人;最后,不得侵犯后代人"平等地利用上代人遗产的权利"。[②] 例如,我国的资源税法律制度在落实生态补偿制度、恢复生态,实现自然资源的代际公平方面发挥重要作用。由于自然资源的不可再生性,当代人开发利用自然资源的行为会导致特定时期内可供后代人开发利用的自然资源数量减少,甚至是质量下降,当代人和后代人的自然资源使用权就产生冲突。我国设立资源税收法律制度的目的在于解决这一矛盾。开征资源税并不是要禁止或不合理限制纳税人开采应税资源,而是通过税收优惠等特别措施引导和规制纳税人的开发利用行为,如对品相不佳或开采难度大的应税矿产资源设置较低税率,鼓励纳税人创新开采利用技术,促进资源的有效利用,以减缓应税资源损耗的速度。同时,虽然是中央与地方共享税,但是资源税的大部分

---

① 参见王曦:《国际环境法》,法律出版社 2005 年版,第 104 页。

② Edith Brown Weiss, *Our Rights and Obligations to Future Generations for the Environment*, 84 AM. J. INT'L L. 198(1990).

税收收入归属于地方，只有海洋资源等的税收收入属于国家。按照“专款专用”的原则，资源税收入专用于自然资源的维持、再生与修护。由此可以认为，资源税法律制度在引导纳税人合理开发利用应税自然资源的同时，也保护后代人可以对同等质量的应税资源进行选择和开发的权利，平衡纳税人（实际开发利用人）与后代（潜在开发利用人）之间的利益，以此助力生态领域代际公平的实现。

此外，国家在财政支出端履行公共信托义务，包括以下几种方式实现对生态和对人的补偿：政府直接向企业提供生态补偿补助，企业专项用于生态修复；政府直接或间接向企业提供津贴、奖励，鼓励企业开发利用新技术，用于减少环境污染或高效利用自然资源等。政府可以综合利用财政和非财政手段，权力和非权力的干预措施，实现生态补偿，以有效履行公共信托义务。

三、外部性理论

（一）生态外部性的产生

萨缪尔森（Paul A. Samuelson）在《经济学》中从个人的生产经营行为出发，将外部性描述为主体的生产或消费行为对其他人产生的附带成本或收益，且该主体并没有为对其他人产生的成本支付代价，其他人在获得该种收益时也没有对这一主体支付相应对价，且这种成本或收益不能通过市场中的货币交易体现出来。[①] 新制度经济学家诺思则把外部性的概念从个人之间扩展到个人与社会之间。他认为，外部性产生于某个人的行动所引起的个人成本收益与社会成本收益的差异。[②]

在外部性的产生维度上，庇古（Arthur Cecil Pigou）从外部性明显的经济行为的“公共产品”特质入手，以“公共产品”特性论证诺思（Douglass C. North）外部性来源理论的正当性。在对商品生产过程的分析中，庇古也着眼社会与个人的成本效益问题。庇古与诺思一致认为，外部性是市场出现非对称、运行失控的产物。[③] 某些经济活动的生产者并未承担全部成本，而是由社会或其他主体代替其承担特定部分，由此公共社会成本与私人成本存在差距，构成相关经济活动的外

---

① 参见[美]萨缪尔森、[美]诺德豪斯：《经济学》（下），高鸿业等译，中国发展出版社 1992 年版，第 87～92 页。

② 参见卢现祥：《西方新制度经济学》，中国发展出版社 2003 年版，第 76～79 页。

③ 参见黄敬宝：《外部性理论的演进及其启示》，载《生产力研究》2006 年第 7 期。

部性;[①]相关制度安排通过激励正外部性和矫正负外部性,可以使社会成本与私人成本渐趋一致,由此保证经济社会的持久稳定运行。相对而言,负外部性对生态保护和社会发展的影响更直接——在会产生生态负外部性的生产活动中,行为人不承担或不全部承担其行为造成的负外部性成本,难以有效减少该行为对社会生态福利的减损。加之市场主体的逐利本性和市场失灵现象的存在,行为人对生态的破坏或减损更加难以得到有效治理。[②]

(二)生态外部性的解决路径

外部性问题解决的关键在于实现外部性成本的内部化。内部化的路径问题一直为法学界和经济学界广泛讨论,其中最著名的就是庇古与科斯的内部化路径之争。

1. 庇古路径

庇古着眼外部性问题的解决、资源配置效率的提高和帕累托最优的实现,认为外部性的存在使"边际社会净产品"(marginal social net product)和"边际私人净产品"(marginal private net product)存在差异,市场主体的自利行为无法实现国民收入最大化的目标,资源配置难以实现帕累托最优。

针对上述问题,庇古认为税收是使私人与社会成本趋于一致的优选路径,[③]法律应当以生态受益者的受益程度和破坏者对生态的损害和减损程度确定其纳税义务。这一做法在实现生态外部成本内部化的同时,还可以充分利用市场规律,引导相应生产者降低产量,达至减少污染量和节约资源的效果。[④] 同时,对环境友好型、资源节约型企业产生环境正外部性的生产经营行为进行补贴,以此激励和扩大环境正外部性。[⑤] 庇古认为,市场是不能够自行解决外部性问题的,必须借助政府这一"有形的手"来解决问题。存在某些投资,由于其相伴产生的损害予以赔偿存在技术上的困难,故而造成边际私人净产量价值高于边际社会净产量价值的结果。他明确提出,需要政府以如下方式对外部性问题进行矫正,即对正外部性进行补贴,对负外部性以边际私人净产量价值和边际社会净产量价

① 参见刘笑平、雷定安:《论外部性理论的内涵及意义》,载《西北师范大学学报(社会科学版)》2002年第3期。

② 参见黄寰、罗子欣:《对控制企业负外部性的思考》,载《社会科学家》2011年第3期。

③ 参见李克国:《环境经济学》,中国环境科学出版社2007年版,第24页。

④ 参见缪惠瑾:《研究我国绿色消费税制的完善——以涂料行业为例》,上海海关学院2017年硕士学位论文,第21页。

⑤ 参见丁健鸽:《环境保护税收法律制度协调路径研究》,西南政法大学2019年硕士学位论文,第24~29页。

值的差额为标准征税或罚款。庇古指出:“如果政府同意,可能通过对于在此领域的投资给予‘特别限制’的方法消除这种偏差,这些限制可能采用的最明显的形式,当然是征税。”由此产生著名的“庇古税”。① 这一思路的实施有赖于征税行为的公正和高效,以及健全的法治环境。②

2. 科斯路径

科斯与庇古最大的分歧在于他否定通过政府征税可以解决外部性的观点,认为内部化的最优方式不是征收税费,而是界定产权,“避免较严重的损害”。产权界定以降低交易费用为目的,并最终指向资源的优化配置。清晰的产权界定可以明确不同产权主体的权利责任边界,为相关产权在市场上交易提供良好条件。在科斯第一定理中,当交易费用为零时,人们不再需要庇古税来矫正外部性。市场可以充分利用生态利益相关主体的逐利本性,促使主体间有效协商,政府不必介入即可实现市场中生态资源配置的帕累托最优。③ 科斯第二定理则指出,交易费用在不为零时,与资源配置效率呈现出负相关的关系,降低交易费用有助于提高资源配置的效率。

在科斯路径中,生态作为一种资源,可以通过明确产权,最大程度上降低交易费用的方式来提高配置效率。例如,在解决沿岸化工厂向河流排污的问题上,可以将河流的产权划归沿岸村庄所有,此时村庄为保护自己的财产,可以与化工厂达成协议,要求化工厂必须对村庄进行相应补偿,否则不得排污。补偿款就是实现化工厂排污负外部性成本的内部化。为减少成本,化工厂可以通过使用环保设备、开发利用新技术减少排污,甚至不排污。而在化工厂继续排污的情况下,村庄则可将补偿款专款专用于河流污染的治理。

科斯认为,不明确的产权是外部性产生的根源,私人成本和社会成本的差异是不明确产权的产物。矫正外部性,首要的是从根源出发,明确产权,降低交易费用。科斯路径强调较少的政府干预和更多的市场配置,减少政府干预扭曲经济的可能性,但是对市场发育程度的要求较高。

3. 我国的路径选择

当下中国,生态保护的迫切性和生态市场的发育程度之间存在不够匹配的状况,目前生态外部性的生产者和消费者难以清晰界分。

首先,当前我国生态的产权界定无法满足生态保护的要求。国家所有的本

---

① See Pigou A. C., *The Economic of Welfare*, Macmillan, p. 201(1920).

② 参见郭忠诚、许恒周:《外部性问题内部化分析》,载《合作经济与科技》2006年第3期。

③ 参见[美]科斯等:《财产权利与制度变迁》,三联书店上海分店1991年版,第69~75页。

质是全民所有,这导致国家对自然资源的国有产权即使清晰界定也无法满足有效管理生态资源的要求。生态的公共产品特性决定生产者可以对其进行开发利用,而不必为其造成的生态损害负责或承担全部责任。从外部性的生产者与消费者之间的利益关系来看,国家尽管是生态的所有者,但不能作为生产者与国民进行交易,生态相关市场中仍然以相关产品的生产者与消费者为主体。外部性与完全竞争市场的假设并不相符,属于市场失灵的范畴,无法通过市场竞争和交易得到公平分担负外部性成本和公平分配正外部性收益。生产者按照市场规律和供求关系确定的销售价格难以准确反映开发利用生态负外部性和管理改善生态的正外部性成本,消费者也难以意识到购买的商品或服务中负担的生态成本,也难以通过培养消费者的消费倾向来影响相关生态产品的供求。因此,从当前我国生态的产权界定及交易情况来看,难以满足有效性要求。

其次,生态权利的主体是国家,由国家通过相关程序决定谁来行使或禁止谁行使这一权利。依这一产权行使路径,在代议制的条件下,也需要召集众多地方或全国人大代表,通过会议形式决定生态产权的行使方式。政府代表国家行使相关产权时,民主制要求其需要通过举行听证会等方式知悉相关主体的补偿或支付意愿,需要广泛听取相关利益主体的意见。这一过程中也存在搭便车和利益需求或补偿意愿不符合生态实际情况的风险。生态利益有意提供者与特别牺牲者可能会夸大其正外部性成本,破坏者或享有者也有可能尽力逃避支付或减少支付金额,难以在众多利益诉求中形成一致且真实的意见。

再次,国家作为生态权利主体,能够更好地平衡外部性成本与收益。第一,国家有更加充足的物质基础进行生态补偿。我国生态资源实行国有制,本质为全民所有。全体国民对自然资源都享有开发利用的使用权,但是有些市场主体不能有效履行保护、管理和恢复生态的义务。这主要是由于生态恢复的成本与利益之间不匹配情况造成的。生态的恢复需要付出巨大的成本,而恢复后的生态又不能排除不付费消费者的使用,由此使该项成本难以收回,遑论获得相应收益。国家不能禁止国民开发利用生态资源,只能通过立法等方式规制国民的开采利用行为,以此达到保护和改善的目的。而国家作为公共财产的所有者,拥有大量可供支配的社会资源,较之私主体,更加能够支付生态补偿费用。国家进行生态补偿的主要方式之一即为向相应主体发放财政补贴,以此来补偿生态有意提供者的成本和特别牺牲者的损失。第二,国家生态补偿行为不包含为自身获得收益的目的,而是以最广大人民的根本利益为最终目的。国家或政府的行为始终与国民的利益诉求保持一致。国家生态补偿目的与国民利益的一致性既是国家补偿与私主体补偿之间的本质性差别,也是决定国家补偿有效性的重要因素。与私主体相比,“无我”的国家或政府能够更加充分地调和不同主体之间生态利益的冲突,尽最大努力形成一致的意见,并在此基础上使用公共财产,实现生态补偿,促进生态的改善与修复。同时,国家的视野更加全局和宏观,能够从国家甚至人类命运共同体的层面出发,去考察、评价生态,并在此基础上制定和实施相关的生态补偿制度,能够在更大程度上减少生态相关主体间的利益冲突,矫正市场“短视”的弊端,为生态可持续发展奠定基础。

最后,选择通过征收税费或发放补贴的方式直接影响相关生态产品的生产者与消费者之间的利益关系,培养环境友好型的供求关系。虽然需要借助政府干预,但是庇古路径的本质依旧是在遵循市场规律的前提下运用经济手段实现生态外部性的内部化,进而实现降低乃至消除外部性的目的。前述公共信托理论说明国家作为税费征收主体和补贴发放主体的权源正当性;庇古路径则证成国家以税费和补贴方式影响生产者和消费者的利益关系,进而纠正外部性问题的可行性。以我国为例,在税收方面,对纳税人直接向环境排放应税污染物的行为征收环境保护税,在增加纳税人排污行为税收成本的同时,规定环境保护税收入专款专用于地方的污染防治和环境恢复工作,又为地方生态补偿提供财政资金支持;高污染和高能耗产品在流转过程中,需要在对纳税人普遍征收增值税的基础上加征消费税。而这两类间接税的税收负担最终会进入产品定价,进而转嫁给消费者。加之国家税收法律制度对环境友好型产业的税收优惠和财政支持降低了相关产品的生产总成本,这样在相关产品市场中,环境友好型的产品对价格敏感型消费者的吸引力就大大增强,有助于培养消费者环境友好型消费偏好,进而在生产成本和供求关系两端发力,促进和引导相关产业向生态友好型升级。

四、生态正义理论

生态正义问题与环境问题具有实质同源性,根源于生态的公共产品特性及由此引发的外部性。在法学的语境下,外部性的存在则意味着该领域内权利义务的不对等;在市场无法有效调节的情况下,就需要法律规制下的政府干预来进行调节,以平衡相关主体的生态利益。

(一)生态正义概念之廓清

生态正义以罗尔斯(John Bordley Rawls)正义论为基础,坚持“平等即正义”的理念,要求在生态领域平等分配利益与负担。《美国环境百科全书》以平等为核心,将生态正义的内涵拆分为两个层次,分别为生态补偿中的人对环境和人对人的补偿提供理论基础。生态正义第一层次含义追求的是人对自然及其组成部分的平等对待，认为人类有义务恢复和改善受自身活动影响的生物内在价值；[①]第二层次含义追求的是生态领域不同社会主体之间的平等对待，要求公正分配生态本身及生态改良产生的收益及负担。[②] 法学视角下的生态正义包含权利、义务和责任三个要素。相应地，生态正义内涵被划分为如下三个层次：(1)当代人与后代人对生态资源享有同等开发利用的权利，负有同等避免损害和尽力改善的义务；(2)任何主体的生态权利都处于安全状态，能够有效行使及获得有效救济；(3)任何主体都应当为其不当开发利用生态的行为及由此造成的实在和潜在的损害后果承担责任。[③]

(二)生态正义实现之路径

罗尔斯继承亚里士多德的类型化正义思想，[④]将正义分为分配正义与矫正正义。[⑤] 根据这一理论，生态正义可分为生态分配正义与生态矫正正义。[⑥] 法学语境下生态权利有两次实现：生态权利的初次实现需要法律在生态利益相关主体间合理配置权利义务，并以义务的合理有效履行为前提；生态权利的第二次实现，即权利遭到侵害时需要及时、有效的救济。

1. 生态分配正义的实现路径

着眼生态补偿领域，为解决生态的分配不公问题，生态分配正义要求在生态的受益主体与损益主体之间公正分配生态利益与负担。生态权益享有者为包括当代人和后代人在内的全体国民；责任主体则为包括企业、自然人和政府在内的，以污染、破坏以及其他方式减损生态价值的行为主体。分配正义要求在前述主体之间遵循合理标准分配生态权利与义务：首先，人类是一个生态权益的共同体，生态利益的分配应当保证所有人都能够在健康、安全的生态中生存。生态权

---

① 参见[美]威廉·P. 坎宁安主编：《美国环境百科全书》，张坤民等译，湖南科学技术出版社2003年版，第181页。

② 参见[美]威廉·P. 坎宁安主编：《美国环境百科全书》，张坤民等译，湖南科学技术出版社2003年版，第181页。

③ 参见权睿学、范小玲：《评析“环境衡平正义”》，载《环境保护》2004年第10期。

④ 亚里士多德认为，正义有广义与狭义之分，分别为合法性的普遍正义和公正平等的特殊正义。广义的正义是一种社会美德，要求公民既顾及自身利益，亦不影响他人利益；狭义的正义意味着“给人其所应得”，主要包括矫正正义与分配正义。参见[古希腊]亚里士多德：《尼各马可伦理学》，廖申白译，商务印书馆2003年版，第3~12页。

⑤ 参见[美]约翰·罗尔斯：《正义论》，何怀宏、何包钢、廖申白译，中国社会科学出版社2009年版，第60~65页。

⑥ 参见殷鑫：《生态正义视野下的生态损害赔偿法律制度研究》，华中师范大学2013年博士学位论文，第34页。

利义务分配应当以满足前述要求为最根本标准，任何为解决生态问题的决策以及可能会对生态产生影响或产生外部性问题的生产经营活动在实施之前，都需要充分衡量可能对生态造成的影响。其次，生态权利的行使应当以相应义务的有效履行为前提。生态义务的承担应当与权益的享有相匹配：不仅需要考虑对生态造成的实际损害，还应当充分考量潜在风险，及时、合理履行改善与保持生态内在价值的义务。法律应当根据不同主体的能力与该行为对生态的减损程度确定不同主体义务的内容，如资源消耗型或排污型等生态不友好企业需要比网络文化传播公司等较少利用生态资源的企业和其他生态友好型企业履行更多的生态保护和改善义务。最后，在生态权利的第二次实现过程中，从责任承担的角度来说，责任主体的特点是开发利用的生态超过公允份额，并造成实在或潜在的生态减损或破坏。生态分配正义的实现要求造成实在与潜在生态负外部性的行为人都应当依法承担合理份额的生态损害救济责任。生态责任承担的范围应当与行为人造成的全部实际损害后果和潜在生态威胁相当。

2. 生态矫正正义的实现路径

生态矫正正义要求通过权利义务配置和责任承担，将生态不正义状态转换为生态正义，通过生态补偿制度管理、保护和修复受损生态。生态矫正正义指向的是破坏或减损生态的行为，要求准确判断造成生态实在损害或潜在风险的行为人所应当承担的责任并使之承担，通过多种生态补偿措施的运用及时有效地恢复生态。

生态矫正正义的实现需要在破坏行为矫正和受损生态补救两端发力。[①] 首先，在行为矫正的维度上，生态权力的主体是国家，危害人的行为侵害国家对生态享有的权力，从本质上来说也就是侵害全体国民的权利。待救济主体的普遍性使生态危害人难以准确对每一个国民进行赔偿，此时需要国家作为国民利益的代表，以征收相关生态税费、提高行为成本的方式对污染、破坏生态行为进行引导与矫正。其次，对受损生态资源的补救，本质上是对全体国民生态权利的救济。在生态恢复的维度上，环境保护税等税收收入的专款专用制度、财政补贴、转移支付等财政支出制度，以及环境友好型税收支出法律制度发挥重要的作用。

① 参见殷鑫：《生态正义视野下的生态损害赔偿法律制度研究》，华中师范大学2013年博士学位论文，第36页。

五、公共财产法理论

在以财政方式实现生态分配正义与生态矫正正义的过程中，确定分配与矫正的标准和尺度都是重要的环节；这不仅关涉对生态有意提供者和特别牺牲者补偿的有效性，还对生态享有者和破坏者的权利保护产生重要影响。财政法的公共财产法特性使财政法律制度在这方面大有可为。

（一）公共财产权保护维度

公共财产权的法律保护主要体现在财政支出和管理端，即通过法定的方式，明确公共财产的用途、支出程序和监管方式，通过“用途法定”和“预算控制”手段，避免公共财产的浪费，以“物尽其用”的方式保证公共财产的高效利用。

1. 用途法定

私人财产让渡形成的公共财产由国家所有，在我国语境下，国家所有的本质是全民所有。公共财产用途的确定需要充分听取和考量人民的意愿和利益诉求，以保证国家为人民利益管理和使用相应财产。在民主立法的国家中，法律无疑是人民意愿的最佳表达。公共财产“用途法定”的意义，一方面在于借助法律的权威性和强制性规制有权主体的相关行政行为，确保其按照法律规定的用途使用公共财产，避免权力“寻租”等违法违规现象的出现；另一方面的意义则是借助法律的民主性保证公共财产的使用与最广大人民的根本利益保持一致，保证财政行政行为的合法性与合理性。

具体到生态补偿财政法律制度，“用途法定”的目的在于规范生态保护税费收入的用途，加强财政支出的针对性，使其“公共性”在用途规划上真正得到体现。如《预算法》第 16 条第 3 款、第 4 款规定，生态补偿专项转移支付只能用于特定生态补偿事项，接受转移支付的地方不得挪作他用。需要建立健全评估和退出机制，保证专项转移支付使用的效率，在生态恢复或该项生态补偿的财政目的实现的时候及时结束该专项转移支付，减少和避免国家公共资金的浪费。

2. 预算控制

受限于立法主体理性的有限性和法律本身的滞后性，财政法律不可能提前预见公共财产的收支情况和用途并提前对国家（政府）相应的财政收支与管理作出制度安排。在这种情况下，为确保由纳税人自有财产转化而来并且由全体国民所有的公共财产的支出能够符合“公共性”或“公共效益最大化”的要求，就必须从规制财政权力行使的角度出发，通过控制和规范政府的财政支出行为，避免权力“寻租”和“公款私用”情况的出现。[1] 预算虽然涵盖财政性公共财产的收入与支出，但主要在支出端才真正具有公共决策的作用，并能借助法治规范约束政府的财政支出权力。“预算控制”正是为保证财政支出的合法性[2]和公共财产用途之“公共性”。

（二）私人财产权保护维度

公共财产法层面上，国民权利保护的关键在于“控制和规范政府财政权力，实现政府财税行为的法治化”。[3]

“控权”是规范私人财产向公共财产让渡的方式、程度等界限的公共财产法律制度的核心要义。[4] 税收的本质是私人财产向公共财产的让渡，是国家公权力对纳税人财产权利的限制。私人财产权利是国家公共财产权力产生和延续的基础。现代国家的税法对纳税人权利的保护聚焦于对纳税人财产权的保护。税法功能体系中对国家财政权力的制约和对国家理财行为中财政收入取得行为的规范，正是公共财产法对国家财政收入取得阶段的公权力进行规制的表现。因此，现代财政制度对公共财产权的规制获得实质合法性与正当性依据。

公共财产法意义上的税法主要是对私人财产转化为公共财产的过程进行规制，包括两个方面：第一，通过规定纳税人、税目、税率等税收构成要件要素从广度和深度两个维度确定转化成公共财产的私人财产的范围和数目；第二，通过税收征管法等法律规范，对国家课税权行使的权限、方式和程序进行规制，以法律的遵从保证国家课税权等相关公权力在法治的轨道上运行，避免公权力的扩张侵犯纳税人的以财产权利为主的私权利。课税权是最先也是最直接与纳税人的私人财产产生联系的国家公权力。由此，税法对纳税人权利的保护最先表现为对纳税人私人财产权利的保护。无论是从传统的税收三性的角度还是从公共财产获取的角度分析，要求纳税人让渡部分财产权的课税行为本质上都是对私人财产权的强制性限制。在民主权利日渐得到彰显的现代国家，对私人财产课税，究其本质，非为国家面对私人财产所伸出的掠夺之手，而是扶持之手。[5] 刘剑文认为，公共财产法属性的税法对纳税人权利的保护主要表现为对纳税人私人财

---

① 参见王文婷：《以财税法治推进反腐常态化》，载《社会观察》2015 年第 3 期。

② 参见刘剑文、王桦宇：《公共财产权的概念及其法治逻辑》，载《中国社会科学》2014 年第 8 期。

③ 刘剑文：《财税改革的政策演进及其内含之财税法理论——基于党的十八大以来中央重要政策文件的分析》，载《法学杂志》2016 年第 7 期。

④ 参见刘剑文：《公共财产法：财税法的本质属性及其法治逻辑》，载《财经法学》2015 年第 1 期。

⑤ 参见刘剑文：《掠夺之手抑或扶持之手——论私人财产课税法治化》，载《政法论坛》2011 年第 4 期。

产权的保护。也就是说,公共财产法意义上的国家财税权力更加注重“人本”,更加注重通过发挥税收的杠杆作用来保障纳税人财产权益,[1]在此基础上才能够主张“税本”。[2] 从严格意义上来说,纳税人的私人财产是经过税法正当的初次索取后的剩余财产,私法意义上的财产权是滞后于国家征税权的,[3]税法是纳税人财产权保护的前提。[4]

具体到生态补偿财政法律制度领域,公共财产法理论要求下的税收法律制度通过立法明确纳税人、税目、税率等税收要素的方式,明确对哪些行为主体的生态开发利用及损害行为征收一定数目税款。在为行为人提供清楚的成本预期的同时,对税收征管这一公权力进行规制,避免公权力侵犯相关利益主体的私有财产权益。

---

① 参见刘剑文等:《税法总论》,北京大学出版社 2016 年版,第 159 页。

② 参见张怡等:《人本税法研究》,法律出版社 2016 年版,第 31 ~40 页。

③ 参见刘剑文:《私人财产权的双重保障——兼论税法与私法的承接与调整》,载《河北法学》2008 年第 12 期。

④ 参见王怡:《立宪政体中的赋税问题》,载《法学研究》2004 年第 5 期。

第二章　生态补偿的路径与财政制度选择

改革开放后,我国的生态问题受到重视。在生态保护中,为了环境健康发展,需要对经济发展进行一定的限制,而对于生态损害的修复更是需要投入大量的资金成本。对生态补偿的基础认识,应当是生态产品或者生态服务的买卖达成的自愿交易,[①]有生态产品服务的提供方和购买方。对上述概念进行外延理解,生态环境的受益人和破坏者也可以看作生态服务的购买者。由于生态环境服务具有公共产品属性和外部性,存在生态环境提供不足和使用过度的问题,需要通过财政制度进行生态补偿,调解生态受益人和生态保护者之间的利益关系。以政府为主体的补偿是一种政府补偿。随着生态补偿的发展,市场补偿逐渐加入生态补偿系统中,并获得了一定的成功。本章拟将生态环境的概念与性质、财政制度概念以及各项财政制度的内涵、范畴、类型及相对应的生态补偿路径进行阐述,梳理目前的立法制度,结合目前的生态补偿实践情况,对不同生态环境地区的特点进行分析。

---

① See Wunder Sven, *Payments for Environmental Services: Some Nuts and Bolts*, CIFOR Occasional Paper, p. 42(2005).

第一节 生态补偿中的财政制度

一、生态补偿的路径:政府还是市场

(一)政府主导模式的路径依赖

生态补偿途径有政府主导、市场交易和准市场3种模式。[①] 其中政府主导是由于生态产品的公共产品性质,市场无法对其进行有效调控,需要政府进行干预。“政府补偿模式具有补偿形式的控制性、受益补偿的间接性以及资金来源的财政性等特点”,[②]可以主导完成大型的生态补偿项目工程。“每一个成功的生态补偿实践都离不开政府的政策与协助”。[③] 但从生态补偿实践来看,政府补偿虽然有巨大优势,但是同样也存在缺陷和不足,主要体现在以下几个方面:

第一,被补偿者依赖心理严重,生态补偿效率低下。生态补偿原则应当是“谁受益,谁补偿;谁破坏,谁赔偿”。在政府提供生态补偿的情况下,实际的生态受益人,也就是生态产品、服务的购买者并没有对生态产品、服务的提供者进行补偿。[④] 而政府补偿实际上是全部公民对于生态环境的补偿;受益者对于生态补偿的出资会变得迟钝,产生严重的依赖心理。另外,生态补偿在政府主导下,应考虑生态参与者的主观意愿,不应影响生态参与者的积极性,生态参与者不会自发参与到生态保护中去。且当政府补偿不及时或者标准下调时,可能会起到刺激资源过度消费的负面作用,受偿者可能不再保护甚至破坏已有的成果,引发严重的生态破坏后果。[⑤]

第二,资金来源单一,政府财政压力过大,生态补偿持续性弱。一方面,政府主导下的生态补偿方式比较单一,补偿的方式通常是现金,对于市场经济中的劳动、技术等补偿形式的运用较少,[⑥]使政府主导下的生态补偿多依赖财政资金收入。由于我国生态环境建设在前期欠账较多,只靠财政收入很难支撑生态补偿

---

① See Shibao Lu, Yizi Shang & Yuwen Li, *A Research on the Application of Fuzzy Iteration Clustering in the Water Conservancy Proje*, Journal of Cleaner Production, Vol. 151, p. 356 – 360(2007).

② 刘广明、尤晓娜:《京津冀区际生态补偿制度构建》,法律出版社2018年版,第80页。

③ 卢艳丽、丁四保:《国外生态补偿的实践及对我国的借鉴与启示》,载《世界地理研究》2009年第3期。

④ 参见聂倩、匡小平:《公共财政中的生态补偿模式比较研究》,载《财经理论与实践》2014年第2期。

⑤ 参见葛颜祥、吴菲菲、王蓓蓓、梁丽娟:《流域生态补偿:政府补偿与市场补偿比较与选择》,载《山东农业大学学报(社会科学版)》2007年第4期。

⑥ 参见穆琳:《我国主体功能区生态补偿机制创新研究》,载《财经问题研究》2013年第7期。

的需要;且我国的转移支付制度还不够完善,生态环境建设的资金难以保证。[1]另一方面,政府对生态环境的补贴数额,往往是通过一定的测算公式得到并写入预算当中。生态补偿依赖于财政资金安排,如果出现变动或机构变迁,那么生态补偿项目可能难以落实。

第三,横向转移支付的规定尚不明晰。横向转移支付起步较晚,虽早有学者提出,也在某些试点取得了一些成功的经验;但是我国政府之间职权划分不清,对生态建设意识观念薄弱,导致横向转移支付的支付主体、支付额度等规定未能明确。对于生态补偿的赔偿额度也没有具体的测算方式和核算支付额度的政策。

(二)市场化补偿模式

1. 市场补偿模式的定位

随着生态环境保护的推进,建立市场化、多元化生态补偿机制被频繁提起。在许多发达国家的工业化进程中,都出现了较严重的高污染、高负荷环境问题,在对生态补偿的探索中坚持"市场与政府"相结合模式在一定程度上取得了成功。

相较政府补偿,市场补偿有成本低、使用范围广等优势。我国现在的生态补偿并未设立市场补偿模式。生态补偿完全依靠政府政策,生态补偿主体的自觉性被压制,不利于生态补偿效率的提高。虽然生态环境产品具有公共产品的性质,但是需要看到某些生态物品的准公共产品性质,是可以允许市场补偿机制的准入的。尤其是对于产权明晰、交易成本较低的生态补偿项目,市场补偿更有优势。

2. 市场化补偿模式的特点

第一,主体地位的平等性与多元性。相较单个政府补偿主体,市场补偿的主体可以是市场交易中的任何人,包括企业、社区、私人等。通过建立市场准入规则、竞争规则、交易规则,对各种经济组织进行评估,允许满足条件的组织提供优质的生态产品,或购买生态产品,达到市场补偿的目的。也就是说,只要是生态环境市场的参与者,都可以作为市场补偿主体,政府也可以作为市场补偿主体,此时它和其他市场主体是平等地位,只体现政府的经济性质而非权力性质。这样的经济再分配、再调整可以有效刺激各个利益相关主体,扩大主体的参与度,

---

① 参见葛颜祥、吴菲菲、王蓓蓓等:《流域生态补偿:政府补偿与市场补偿比较与选择》,载《山东农业大学学报(社会科学版)》2007年第4期。

增强生态补偿活力。[①]

第二，补偿方式具有可协商性和多元性。在政府转移补偿模式中，政府为了相对公平以及便于管理，生态补偿多采取"一刀切"的方式，忽略了参与者意愿和各个地区的客观差异。[②] 并且政府对生态补偿的数额基于本年预算，使生态补偿额度与实际情况相脱离。当双方地位平等时，补偿主体可以通过自己的意愿达成生态补偿的方式、额度的一致。如果说，生态补偿的后果是主体迫切需要的，即使是用更大金额予以补偿也是允许的。另外，根据国外市场补偿的经验，在市场补偿的模式下，支付方式除现金之外，还有劳动力支付、技术支持等，支付方式的多样性可以避免一定的经济压力。

第三，补偿目的相对单一。在政府补偿中，对于生态补偿的主要目的是对生态环境的保护修复。党的十八大以来，脱贫攻坚战打响，贫困因素开始成为生态补偿转移支付的权重系数，[③]扶贫脱贫是政府补偿中重要的目标之一。市场补偿中，市场的主要影响因素是供给需求，目的比较单纯，是为了生态环境的利好。

第四，价格可以反映生态价值。市场价格反映了市场的供需关系，受到"看不见的手"的调解。在政府调节中，生态补偿的补偿额度直接由政府规定；尤其在纵向转移支付中，上级对下级政府的信息掌握不全，会产生资金不足或资金余量较多，不能合理反映生态资源的价值。在市场补偿中，通过市场供求关系，在科学方法的测算下，价格在基本价格上下浮动，使生态价格可以更合理反映生态价值。

3. 我国现有的市场补偿模式

在政府补偿逐渐显露出来的资金来源单一、资金利用率较低等问题后，学界提出参考政府和私人资本合作的 PPP 模式（public-private partnership）以完善生态补偿。在生态补偿的 PPP 模式中，政府和私人资本成为合作伙伴，借助市场的力量，让社会资本加入生态补偿结构中，与政府合作。社会资本的进入可以让重工业企业承担一定的生态补偿社会责任，资本的加入能有效缓解政府财务压力。2017 年，在引用 PPP 模式的污水、垃圾处理项目中，[④]政府通过货币、事务等资产方式参与项目，且参与途径仅限于 PPP 模式，力图通过市场规则、市场价格和市

---

① 参见何雪梅：《生态利益补偿的法制保障》，载《社会科学研究》2014 年第 1 期。

② 参见聂倩、匡小平：《公共财政中的生态补偿模式比较研究》，载《财经理论与实践》2014 年第 2 期。

③ 参见徐丽媛：《贫困地区生态综合补偿转移支付法制研究》，载《中国环境管理》2020 年第 6 期。

④ 2017 年，财政部、住房城乡建设部、农业部、环境保护部联合发布《关于政府参与的污水、垃圾处理项目全面实施 PPP 模式的通知》。

场竞争实现效益最大化。

当前的生态补偿没有完全将市场补偿排除在外，在流域治理中的水污染排污交易就是典型的市场模式下的生态补偿。但是，市场补偿也存在实施的问题。例如，现有的生态市场交易中，如果其标的是生态权属，一旦生态服务权属不清，市场手段内部化环境保护成本的策略就难以进行。在我国实践中，生态服务权属不清是制约市场补偿发挥作用的重大原因。我国法律对于生态服务的权利归属没有明确规定，"生态权属不清导致生态服务交易双方的权利和责任不明确，造成生态服务提供者的利益无法得到有效维护，制约其参与生态补偿、保护生态环境的积极性"。① 再如，市场存在竞争，市场主体从自己的利益出发，为了增强自己的实力、获取更多的市场资源，会通过各种方式排斥同行。市场有完全竞争和不完全竞争。完全竞争，是指市场情况没有任何外在力量影响，商品自由流通且同质，市场信息通畅。完全竞争是一种理论的状态，在现实中不存在完全竞争的市场，最多是接近完全竞争的市场。而在生态补偿中，竞争的不完全性更加明显，主要表现在不能真实反映商品价值；这主要是因为生态服务中市场供需双方没有直接联系，信息不通畅，双方地位不平等。在国外经验中，往往采取中介机构解决这一问题，找到双方信赖的中介，通过中介进行信息交换从而进行交易，而我国目前缺乏类似适格机构。

二、生态补偿财政制度的内涵

生态补偿是以保护、修复生态环境为目的，以政府补偿或市场补偿为手段，将生态环境外部性内部化，使生态保护区和生态受益区的利益得到平衡，②并完成其他附加目标的综合性制度安排。政府对生态补偿主要采用的途径是财政制度。财政制度最主要的目的就是国家向全体公众提供具有均等性的公共产品，不同的财政制度选择会产生不同的生态补偿的路径。财政制度是国家制定的，有关财政收入、财政支出以及财政分配活动的相关法规、条例的总称。我国的财政制度主要包括税收制度、财务管理制度、国家预算制度、监管制度等。财政制度最早源于对公共产品的需求，如何利用财政制度促进生态保护重要实践是目

---

① 聂倩、匡小平：《完善我国流域生态补偿模式的政策思考》，载《价格理论与实践》2014 年第 10 期。

② 参见程瑜、张学升：《生态补偿领域运用 PPP 模式的困境分析及路径创新》，载《财政科学》2020 年第 7 期。

前财政制度改革的关键。[①] 我国目前的生态环境尚不能满足人民需要。财政制度是维护生态环境的重要保障;随着生态环境保护的发展,相应的财政制度应当有所调整,从而实现现阶段对生态保护的需要。

三、生态补偿的主体

明确生态补偿主体是生态补偿机制的重要问题。主体的失当确定会导致法律关系异化;缺乏主体,法律关系也无从谈起。[②] 许多学者对生态补偿主体的界定存在不同理解。从主体范围划分,李爱年教授认为生态补偿主体可以分为生态所有权的国家和各级政府,以及受益于生态补偿的集体和个人。[③] 许凤冉教授认为可以分为各级政府和经济社会实体两大类。按照补偿的类别划分,可以分为受益补偿主体和损害补偿主体:在生态环境活动中受益的主体为受益补偿主体,对生态环境造成损害者为损害补偿主体。但判断"获利者"不是一件容易的事,要穷尽生态补偿主体是不可能的;生态补偿主体应当是开放性体系,只需要对主体确定标准作出原则性规定即可。[④] 我国明确的基本原则是"谁开发,谁保护;谁破坏,谁补偿;谁污染,谁付费",[⑤]也符合生态提供者和补偿者自愿交易的科斯理论。根据该原则,生态补偿的主体应当是对生态环境破坏或由于生态的外部性而受益的个人、组织、企业、组织。

四、生态补偿的对象

虽然现在对于生态补偿对象范围的界定分歧较大,[⑥]但是从广义上定义,生态补偿的对象包括为了生态环境作出贡献的建设者以及生态环境破坏的受害者是无可争议的。争议焦点主要在生态补偿是否涉及具体的单位和个人。[⑦] 我国目前主要采取财政支付转移的方式进行生态补偿,补偿对象囿于各级政府。但

---

① See Pattanayak S. K., Wunder S. & Ferraro P. J., *Show Me the Money: Do Payments Supply Environmental Services in Developing Countries?*, Review of Environmental Economics and Policy, Vol. 2, p. 54 - 274(2010).

② 参见刘广明、尤晓娜:《京津冀区际生态补偿制度构建》,法律出版社 2018 年版,第 116 页。

③ 参见李爱年、邓雅静:《生态保护补偿制度的价值取向和立法选择》,载《时代法学》2014 年第 6 期。

④ 参见韩卫平、黄锡生:《利益视角下的生态补偿立法》,载《理论探索》2014 年第 1 期。

⑤ 参见原国家环境保护总局《关于开展生态补偿试点工作的指导意见》。

⑥ 参见杨丽韫、甄霖、吴松涛:《我国生态补偿主客体界定与标准核算方法分析》,载《生态经济(学术版)》2010 年第 1 期。

⑦ 参见胡熠、黎元生:《论流域区际生态保护补偿机制的构建——以闽江流域为例》,载《福建师范大学学报(哲学社会科学版)》2006 年第 6 期。

是从现实出发,生态补偿的对象不应该限于政府,否则会导致生态补偿责任、义务、配置的失衡。

在生态补偿过程中,企业是地方资源的主要消耗者,也是生态环境状况变化的直接利益相关者。生态环境状况与其利益水平直接相关,甚至关系其存亡。企业的发展可能会因为在环境资源分配中未获得充足资源而受到限制,或是由于地区受限而无法扩大产能,需要购置环保设备加大生产成本。基于此,具体的企业单位也应当作为生态补偿对象。①

至于生态补偿是否包括"人",郭少青认为,对个人的补偿是生态补偿的核心,无论何种生态补偿都应当回归于"人"本身来。② 吕忠梅教授认为,生态补偿可以分为对物的补偿和对人的补偿。在生态环境中,为了保护环境,环境输出地区的居民通过自身环境资源消耗或限制自身经济行为,增加了输出环境资源的规模和质量,投入了相应的时间、金钱和精力。这在退牧还草、天然林保护等我国生态补偿工程中也有所体现。基于"谁受益,谁补偿;谁保护,谁受偿"的基本原则,个人也应当是生态补偿对象,以个人作为补偿对象具有更高的补偿效率。③

第二节　生态补偿中资金来源和财政收入

一、生态补偿资金来源的相关法律政策

我国大部分现行法律法规都是强调加强转移支付力度,提出制定横向生态补偿,但是对于运用市场机制的方式少有提及(见表2-1)。

表2-1　生态补偿资金来源的相关法律政策

年份	法律、政策文件名称	具体内容
2007	国务院《关于规范财政转移支付情况的报告》	加大对"三农"、教育、科技、文化、医疗卫生社会保障、公共安全、节能环保等社会事业发展领域的专项转移支付力度,推动民生的改善和基本公共服务均等化
2015	《生态文明体制改革总体方案》	加快资源环境税费改革,制定横向生态补偿机制办法,地方补偿为主,中央财政给予支持

① 参见刘广明、尤晓娜:《京津冀区际生态补偿制度构建》,法律出版社2018年版,第25页。

② 参见郭少青:《论我国跨省流域生态补偿机制建构的困境与突破——以新安江流域生态补偿机制为例》,载《西部法律评论》2013年第6期。

③ See Clements Kevin P., *In the Public Interest*: *Essays in Honour of Professor Keith Jackson*, New Zealand Sociology, Vol. 25:2(2010).

续表

年份	法律、政策文件名称	具体内容
2016	国务院办公厅《关于健全生态保护补偿机制的意见》	多渠道筹措资金，加大生态保护补偿力度。中央把地区的生态功能和生态补偿成本作为考虑因素，通过提高计算系数的方式逐步增加对重点生态功能区的转移支付
2016	国务院《关于印发“十三五”生态环境保护规划的通知》	加大对重点生态功能区的转移支付力度，建立健全区域生态保护补偿机制和跨区域排污权交易市场
2018	财政部《关于建立健全长江经济带生态补偿与保护长效机制的指导意见》	增加重点生态功能区转移支付预算安排，调整重点生态功能区转移支付分配结构
2020	财政部、生态环境部、水利部、国家林草局《关于印发〈支持引导黄河全流域建立横向生态补偿机制试点实施方案〉的通知》	建立横向生态补偿机制应统筹上中下游，整体设计、全面推进。鼓励地方加快建立多元化横向生态补偿机制
2019	《无锡市生态补偿条例》	鼓励受益地区与生态保护地区之间建立横向生态补偿制度

二、生态补偿资金来源的学术观点

（一）国内相关学术观点

目前，我国生态补偿的资金来源大部分来自政府的纵向转移支付，因此，一部分学者认为有必要加强横向转移支付。王干、白明旭认为我国过于单一的生态补偿资金来源结构不合理，可以通过加大纵向财政转移支付力度以及推行横向财政转移支付的方式来改进生态补偿资金来源的问题。[①] 曹书认为，横向补偿权本质上是一种请求权，将经济手段引入横向补偿领域，发展横向补偿基金、横向补偿 PPP 项目及对口合作横向补偿 3 类具体补偿方式。葛察忠等则认为，应当着力构建财税体系以期加强生态建设，如资金来源、资金分配等具体方面。

① 参见王干、白明旭：《中国矿区生态补偿资金来源机制和对策探讨》，载《中国人口·资源与环境》2015 年第 5 期。

一些学者还提出了完善我国生态税等方式作为生态补偿的资金来源。谭珩等对现行税收政策的改革方向进行分析，建议征收新型税种以满足生态保护目标。韩德梁、刘荣霞、周海林、韩烈保提出，设立环境转移支付专项资金列入财政预算、完善相关的税收政策，建立起地方、民间、企业、个人等多种渠道的融资体制。① 黄润源认为，应当确立以生态税、生态费、财政转移支付等方式筹措必要的补偿资金。蒋金法认为，"费改税"等税制改革才是重点，税收制度作为政府资金的主要来源，要充分发挥其在生态补偿中的杠杆作用。②

还有学者提出了多元融资渠道和市场交易方式。张明凯建立模型并仿真实践，认为在排污权产权明晰时，多元融资渠道比单一资金来源更能有效发挥流域生态补偿的作用。排污权交易市场的建立和完善，有利于解决流域生态补偿资金不足的问题。

综上所述，学者是从宏观上表明需要构建多元化的融资渠道，对微观层面如何具体构建有待深入探讨；且大多数学者的研究均针对横向转移支付体系进行，对市场机制的运用以及完善生态税收等方式的研究还有待深化。

（二）国外学者观点

国外学者提出运用横向转移支付的方式扩大资金来源。阿明·福尔克（Armin Falk）等认为，在区域间横向转移支付中，中上游流域对下游的支付机制存在不信任，因此其提出了完善横向转移支付，通过区域整合资金转移至上游地区的方式促进上游政府生态环境保护。③ 艾琳·瑞纳（Irene Ring）以巴西为例进行研究，主张进行横向生态转移支付，并且州政府应该根据相关法律，将收取的生态增值税按照一定比例分配给地方政府。并且其发现实行生态转移支付后，州和市级生态保护区面积快速增长，其中市级生态保护区面积增长了236%。④ 德国的横向生态补偿包括由富裕地区向贫困地区的转移支付和州际间的转移支付。⑤ 德国以设立生态补偿横向转移支付基金为解决洲际之间的资金分配问题的方案。⑥

---

① 参见韩德梁、刘荣霞、周海林、韩烈保：《建立我国生态补偿制度的思考》，载《生态环境学报》2009年第2期。

② 参见蒋金法、周材华：《促进我国生态文明建设的税收政策》，载《税务研究》2016年第7期。

③ See Falk A., Kosfeld M., *The Hidden Costs of Control*, American Economic Review, Vol. 96:5, p. 1611－1630(2006).

④ See Irene Ring, *Integrating Local Ecological Services into Intergovernmental Fiscal Transfers: The Case of the Ecological ICMS in Brazil*, Land Use Policy, Vol. 25:4, p. 485－497(2008).

⑤ 参见李果仁：《国外生态补偿政策的借鉴与启示》，载《中国财政》2009年第13期。

⑥ 参见王世进、焦艳：《国外森林生态效益补偿制度及其借鉴》，载《生态经济》2011年第1期。

部分学者认为,可以通过税收的方式扩大来源。鲍莫尔、奥茨分析了税收与补贴政策,提出财政采用补贴制度而不是税收制度难以达到资源利用的最优规模。OECD 指出,比起直接的命令和控制模式,环境税是间接地通过对相对价格作出改变,从而达到指引经济主体改变其影响环境的行为。并且在税率明确合理的前提下,环境税既可以以最低的成本达到既定的污染控制目标,也可以达到筹集环境保护资金的目标。日本设立水源税以获得生态补偿资金,征收对象是在生态活动中受益的地方公共组织。①

实践中,市场交易手段也得到了运用。哥斯达黎加主要通过森林碳汇项目交易从国际市场上为森林生态效益补偿筹资,这种交易模式叫作可确认的贸易补偿(Certified Tradable Offsets,CTOs)。综上所述,国外生态补偿的手段较多元化以及成熟,尤其是通过税收的手段和运用市场交易等方式许多国家和地区已经进行了相关实践,并取得了成功。

三、生态补偿中的财政收入

财政收入是支持生态补偿的重要资金来源,生态补偿资金的重要作用在于将生产和消费行为中正的生态环境效益体现在经济行为主体的私人受益中,以缩小和弥补在生态环境保护中私人受益与社会受益之间的差距。通过对相关政策进行梳理,在生态补偿下的财政收入主要包括税收收入、非税收收入、生态补偿基金和公债行为。由于财政补偿资金收取标准不统一、资金来源结构不合理等问题,在分析生态补偿收入制度时,应当着力明确资金收取标准,充分利用各个收入渠道,避免生态补偿中的资金来源过于单一导致无法满足生态环境的恢复治理。②

(一)中央和地方财政转移支付

中央和地方的财政转移支付是生态补偿的主要资金来源。资金包括货币资金、服务、商品等。

1. 一般性转移支付

一般性转移支付是对财政支出大于财政收入的地区予以补偿的财政支付转移。这种一般性的转移支付,不会事先预定转移资金的具体用途,而是交由接收

① 参见史丹、吴仲斌、杜辉:《国外生态环境补偿财税政策的实践与借鉴》,载《经济参考研究》2014年第27期。

② 参见王干、白明旭:《中国矿区生态补偿资金来源机制和对策探讨》,载《中国人口·资源与环境》2015年第5期。

的地方政府自行支配。地方政府可以将一般性转移支付的资金用于改善生态环境。目前没有明确规定生态补偿转移支付,只有均衡性转移支付,即具有较强的公共服务均等化性质的支出,生态补偿可以归属于这一类。

2. 专项性转移支付

专项性转移支付是为解决特定问题而对特定主体转移的财政支付,一般是以上级意志为主,上级政府对转移资金的使用作出特殊规定,下级政府不得改变,并且需要上级政府评估决定是否有转移支付的必要。专项性转移支付可以直接体现出生态补偿的性质。

(二)自然资源费

自然资源费,是指对草原、森林等自然资源的开发、利用、培育而征收的费用。自然资源费包括的费用种类繁多,如水资源、矿产资源补偿费、土地征用费等。这些费用是政府部门向资源开发利用适用者征收的,其目的是政府部门为了让自然资源更好利用,对自然资源进行有效管理,实现资源保护的目的。根据自然资源单行法的作用不同,自然资源费可以分为自然资源使用费、自然资源补偿费、自然资源保护管理费。

我国在20世纪80年代后开始实施生态补偿费试点工作,而后通过一系列单行法规规定了相应的自然资源费用。[①]

(三)排污费

发展至今,大多数国家已经建立了排污收费制度。我国从20世纪70年代开启排污费制度,发展进程参见表2-2:

表2-2　我国排污收费制度发展历程

时间	具体进程	备注
20世纪70年代	开始实施“污染者付费”制度	—
1978年	出台的《环境保护工作要点》第一次提出建立排污收费制度	—

① 《土地管理法》《矿产资源法》《森林法》《水法》《海域使用管理法》《水土保持法》《野生动物保护法》等。

续表

时间	具体进程	备注
1982 年	《征收排污费暂行办法》通过,标志排污收费制度正式成立	排污费纳入预算内,作为环境保护补助资金,按专项资金管理,不参与体制分成。环境保护补助资金应当主要用于补助重点排污单位治理污染源以及环境污染的综合性治理措施
2002 年	国务院颁布《排污费征收使用管理条例》	确定排污费收费依据,收取的排污费列入环境保护专项资金管理
2003 年	实施《排污费征收标准管理方法》	排污费全部用于环境污染防治,列入环境保护专项资金,用于重点污染防治,如污水、固体废物、气体废物等的治理

我国排污费在发展中征收标准明确,征收对象更有针对性。在 2003 年我国排污费收入 70.1 亿元,到 2015 年排污费累计超过 2000 亿元,对筹集国家生态补偿资金来源起到了重要作用。① 但与税收制度相比,排污费制度存在执法刚性不足、地方政府和部门干预等问题,因此有必要进行环境保护费改税。

(四)环境保护税

环境税有三个层面的界定。从狭义上来看,环境税又称为专门性环境税,主要是指为了筹集环境保护资金以及预防和控制环境污染而征收的税。而广义上的环境税,则是泛指一切基于环境保护的目的而征收的税或者是采取的有关税收措施,包括但不限于狭义和中义上的环境税。② 介于广义和狭义之间,从中义上看,环境税还包含自然资源税和生态环境保护税。《环境保护税法》于 2016 年 12 月通过,2018 年正式实施。我国的《环境保护税法》规定:环境保护税,是指"为了保护和改善环境,减少污染物排放,推进生态文明建设而向在中华人民共和国领域内和中华人民共和国管辖的其他海域直接排放应税污染物的企业事业单位和其他生产经营者"征收的税。因此,《环境保护税法》中规定的环境保护税是狭义上的环境税。

环境保护税采取"税制平移"的思路,征税范围平移了之前的排污收费范围,主要是对大气污染物、水污染物、固体废物和噪声等污染废物的税收征收。环境保护税的对象是向环境排放污染物的企业事业单位或其他生产经营者,其目的

① 参见李苑:《环境保护税来了 环保行业迎新契机》,载《上海证券报》2016 年 8 月 30 日,第 2 版。

② 参见李传轩:《中国环境税法律制度之构建研究》,法律出版社 2011 年版,第 75 页。

是保护、改善环境，减少污染物的排放。

环境保护税是一种在国际上被广泛使用的生态补偿手段，作为一种经济工具筹集资金、调解生态社会环境，使政府在生态补偿领域发挥重要作用，促进环境保护，促进可持续发展。征收环境税，将征收的税费作为生态补偿资金，有利于开展生态补偿。其他与环境税相关的税收还包括增值税、城市建设维护税、车船税等。

（五）其他与环境有关的税收

我国现行税法政策中，其他与环境有关的税种主要包括环境保护税、消费税、资源税、企业所得税等。

资源税以重要资源为课税对象，单位或个人开发国有资源时，由于资源本身的条件会对单位或个人的受益产生影响，征收资源税的直接目的是企业可以在同一水平上竞争，消除由于资源差异对纳税人带来的影响。但是从实施效果来看，资源税的征收也可以促进资源的合理开发、节约使用。

消费税是单位和个人在生产、销售、加工应税消费品时应当缴纳的税款，在消费品征收范围中，大部分都与环境保护相关，如汽车、鞭炮火焰等。这些消费品的过度消费可能会对公民健康、生态环境造成破坏，需要通过消费税限制其消费，进而可以达到环境保护的作用。在消费税中，与生态环境密切相关的是燃油消费税。随着经济发展，我国对石油需求增加，但是现有资源不足以支撑需求，需要进口。

（六）公债行为

发行公债是国家向社会募集基金的重要途径。国家的公债行为是政府职能对外扩张的需要，另一方面是通过这样的金融行为调解经济波动。公债是由国家作为发债主体，以国家信用背书。和其他的财政制度相比较，公债行为是平等性的法律行为，债权人（国内外公民、法人和其他组织）与债务人（政府）是公平的债权债务关系。从生态环境保护角度来看，相较税费收入，公债收入更具灵活性。当政府财政紧张时，可以通过公债行为为生态补偿募集部分资金。

（七）生态补偿基金

基金，是指为发展某种事业而储备的资金或者专门的拨款。基金可以分为企业型基金、社团型基金和政府性基金。① 其中政府性基金可以作为国家生态补偿的资金来源。我国目前建立了森林生态效益补偿基金、土壤污染防治基金、矿

---

① 参见韩卫平：《生态补偿立法研究》，知识产权出版社有限责任公司2020年版，第136页。

山环境治理恢复基金等，都是通过我国相关条例设立，从政府财政中单独列出的具有专门用途的财政款项，通过政府之间的转移支付运行。我国比较典型的生态专项基金是浙江省德清县的生态补偿基金。2005 年到 2015 年十年间，县政府共投入 4.42 亿元的专项基金用于水源保护区公益林的建设和管护，取得了良好了效果。① 从严格意义上来说，生态补偿基金并不属于财政制度收入部分，而是收入的再分配。我国预算法中规定预算收入需要专用基金项目的应当由国务院批准。综合来看，目前我国的生态补偿基金是属于财政政策上的基金。生态补偿基金是政府生态补偿资金的“储备池”，无论是生态补偿的一般性转移支付或专项支付，都存在拨款不及时，政府积压相关资金的问题，通过建立生态补偿基金可以对相关主体进行补偿，确保生态活动的稳定推进。但是需要注意的是，生态补偿基金只是一种补充性的财政工具，需要避免以设立基金为名进行重复征收税费的情况。此外，生态补偿基金可以交于第三方进行稳健型投资，如购买国债以获取孳息，也增加了生态补偿资金储备。

第三节　生态补偿中的财政支出

一、财政支出基本概念

财政支出的基本职能是为了向社会提供公共产品，并使其具有均等性。政府转移支付表面上是均衡财力，其实质是为了使政府提供的公共产品或者公共服务可以得到全体居民的享有，最典型的制度就是财政支付转移。

二、生态补偿中的转移支付

转移支付可以分为政治性转移支付和自发的转移支付，本书中生态补偿制度下的转移支付限于政治性的转移支付。之所以需要财政转移制度，是由于我国采取的分税制度。分税制度的一个明显特点就是收入上移支出下移，加上我国幅员辽阔，地方和地方之间财政收入和财政支出以及公共产品的个人成本都有较大的差别，政府之间必然会有财力不均衡的情况，通常会采用纵向的支付转移填补缺口，平衡地方财力。针对地区与地区之间的征税能力和支出能力的差距，可以通过横向支付转移减轻地区之间公共服务的不均等性。

---

① 参见鲁仕宝：《流域生态补偿标准核算方法及赔偿政策研究》，经济管理出版社 2020 年版，第 80 页。

三、纵向转移支付

上级政府对下级政府进行纵向转移支付，接受转移的下级政府依靠转移支付的资金完成公共服务要求。基于纵向转移支付的补偿范围较广，便于管理的特点，纵向转移支付成为生态补偿的主要方式。大多是由中央到地方的财政转移规模大、项目多，如退耕还林，中央森林生态效益补偿基金；退牧还草，矿山地质恢复治理等。省级以下纵向支付转移相对较少。

（一）纵向转移支付的实践

生态补偿纵向转移支付实践中主要有一般性转移支付、专项性转移支付、重点生态功能区转移支付、区域性生态补偿。

1. 一般性转移支付

目前生态补偿的一般性转移主要体现在均衡性转移支付，虽然我国一般性转移的总额逐年提高（见图 2－1），但均衡性转移支付占比依然较低（见图 2－2），即一般性转移支付中能用于生态保护的补偿资金还是较少。

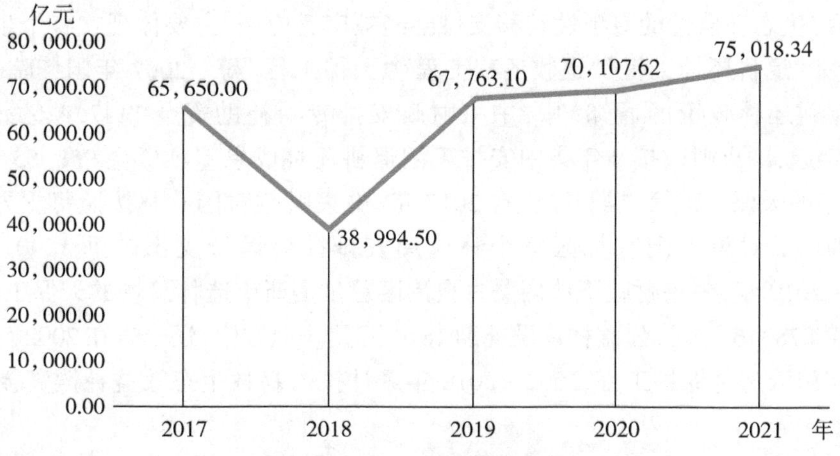

图 2－1　我国一般性转移的总额

资料来源：财政部 2017～2021 年中央对地方转移支付预算表。

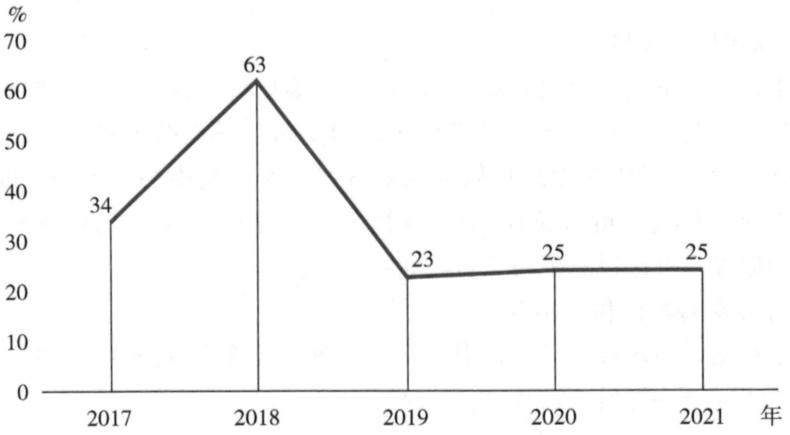

图2-2 我国均衡性转移支付占比

资料来源:财政部2017~2021年中央对地方转移支付预算表。

2. 专项性转移支付

生态补偿的专项转移支付所要解决的问题应当是生态环境保护、修复等相关项目,生态补偿性的专项性转移支付已经被广泛应用,主要体现在各个生态工程中,如“退耕还林工程”“退牧还草工程”“天保工程”等。2007年国务院《关于完善退耕还林政策的通知》中,中央财政安排专项补助资金1147.4亿元。从2008年起,中央财政按8年集中安排巩固退耕还林成果专项资金958.65亿元。2010年的天保工程第二期开启,在2017年,中央财政对国有林按照每立方米补助1000元,对重点国有林区每个林业局安排社会运行支出补助1500万元。2011~2019年,中央财政下放内蒙古自治区鄂尔多斯市造林总场的天保工程,生态补偿8783.6万元,公益林建设补助1814万元。地方中,辽宁省在2002年率先自费实施天然林保护工程,2002~2018年累计投入森林生态效益补偿资金15.9亿元。

3. 重点生态功能区转移支付

在中央均衡性转移支付中体现生态补偿的是对重点生态功能区转移支付。重点生态功能区,是指本身生态系统脆弱,生态环境承受能力较弱的特殊地区,高强度、大规模的开发会对其生态造成较大破坏,且不易修复。其主要有重要水源地、自然灾害高发地、退耕还林生态林等地区类型。对于重点生态功能区,重点提高生态产品质量,增强生态服务功能。重点生态功能区的良好发展关系到国家和地方的生态安全和社会稳定。[①]

2001 年以来,我国先后开展生态保护补偿试点探索,推动建立了重点生态功能区转移支付制度,逐步增加对重点生态功能区的转移支付,重视重点生态功能区的基础设施和公共服务设施建设。多个文件都明确提出,要对重点生态功能区予以资金倾斜,重点保护。根据 2019 年财政部印发的《中央对地方重点生态功能区转移支付办法》,重点补助对象、禁止开发区域、引导性补助对象的确定是转移支付资金选取影响财政收支的客观因素。

4. 区域性生态补偿

我国对区域性生态补偿的投入资金偏少,资金投入变化较大,地方政府的公共服务能力具有局限性。在市场经济的推动下,区域性的生态补偿表现出强烈的地方主义,地方政府在追求自身利益最大化时,容易对经济进行不合理的干涉,对于资金安排更倾向产品竞争而漠视生态协调发展,因此需要优化纵向生态补偿。虽然已有理论提出同级政府之间的横向转移,但是由于区域性生态补偿有边界存在,其区域的公共财政收入只来源于本区域经济,现有的理论并不支持为生态服务而提供横向转移支付,对于公共服务只能由本区经济提供。[②]

(二)纵向转移支付存在的问题

第一,资金来源受限。生态补偿资金大多是依赖政府资金来源的纵向赔偿,由上级政府向下级政府进行转移性支付,给上级政府带来了巨大的资金压力,而且补偿的形式过于单一,对生态环境本身的恢复并无很好的效果,反而会加深下级政府的依赖心理,使其不会积极实施生态环境恢复治理。

第二,资金滞拨闲置的问题。一方面,是由于资金下达晚,下达耗时较长。另一方面,是资金使用效率低,包括对于重点建设预先准备不合理,如森林生态效益的补偿仅限定于政府认定的公益林,在实际操作中,有 0.54 亿平方米的生态林无法纳入补偿范围。[③] 还存在中央到最基层的信息不对称导致资金过剩,财政支出效率过低的问题。在 2019 年公共预算中,一般公共预算中央支出约 4.8%,年初未落实到单位,到年底仅下达 42.5%。

第三,生态补偿项目设立不合理。专项转移直接体现了生态补偿的范围,我

① 参见李国平、李潇、汪海洲:《国家重点生态功能区转移支付的生态补偿效果分析》,载《当代经济科学》2013 年第 5 期。

② 参见李宁、丁四保、赵伟:《关于我国区域生态补偿财政政策局限性的探讨》,载《中国人口·资源与环境》2010 年第 6 期。

③ 参见陈晓勤:《我国生态补偿立法分析》,载《海峡法学》2011 年第 1 期。

国目前的专项转移主要体现在几个大型的生态工程,更多是一种生态保护项目支出,并不是明确的生态保护支出。而已经设立的专项转移在类别上设立过多,导致类别之间存在相互交叉的情况,不便于管理。国务院《关于2019年度中央预算执行和其他财政收支的审计工作报告》指出,在生态防治和生态修复相关工作中,存在资金分配不够科学,各个专项支付项目支持同一领域或者重复支持同一项目的情况,管理衔接不够合理,未达到预期目标。

四、横向转移支付

(一)横向转移支付的内涵

横向转移支付,是指由于一方地区为生态保护支付了成本,受益减少,受益一方向其支付一定数额的资金予以生态补偿;或是一方地区破坏生态环境导致另一地区生态受益受损,此时也需要进行一定的赔偿。之所以提出横向生态补偿,其原因在于:第一,随着生态保护项目的增多和项目规模的变大,仅仅靠中央进行纵向转移支付不足以满足现实需要,而横向转移支付可以缓解中央政府的压力。第二,由于生态环境的外部性,地区和地区之间会产生利益纠纷,直接让地方与地方进行协商转移支付,可以提高生态环境保护效率。第三,纵向转移支付不能更好践行"谁破坏谁赔偿"原则,横向转移支付对支付主体更有针对性,实践中通常是流域区域的生态补偿采取横向补偿制度有更大的合理性。流域生态治理项目周期长、范围广,需要多地区协作才能达到更好的效果。

(二)横向转移支付的实践尝试

我国一直在进行横向补偿制度尝试。2003年启动九龙江流域的生态补偿试点,2011年启动新安江流域水环境补偿试点,取得了良好的效果。

新安江位于长江上游,横跨安徽和浙江两省,流入千岛湖。千岛湖是浙江重要水资源,而上游地区把工作重点放在经济建设而忽略了生态保护,导致千岛湖生态环境恶劣,急需解决新安江流域水污染问题。截至2020年,试点工作已经完成三轮。安徽省和浙江省在中央部委的牵头下,签订生态补偿协议,在第一轮试点获得良好反映时扩大合作范围,明确横向转移的主体和资金标准,在两轮试点后,新安江水域的环境得到改善,两省也获得了较大的经济效益。

新安江流域试点成功经验主要有:上游政府和下游政府通过签订"对赌"协议,确定补偿标准和补偿数额;生态补偿标准可以以上游政府的保护成本和下游政府的受益为参照；①如果达到协议标准，则下游政府补偿上游政府，激励上游政府主动积极进行生态环境治理；上下游政府联合监管，对资金的使用、分配进行全过程监管，防止出现资金错位。在新安江流域第一轮试点中，并不是完全的横向转移支付，中央划拨了部分资金以确保试点的完成，有一定的纵向转移支付，也就是说对于开始有困难的横向转移支付，可以采取“纵向＋横向”的方式循序渐进。新安江流域横向转移支付所取得的阶段性成果，有利于推动全国范围内的横向转移支付试点工作。

第四节　生态补偿财政制度的监管

一、生态补偿中财政监管的重要性

纳税人需要对财政资金的使用进行监管，否则可能会有政府滥用财产资金情况的出现，引发资金不到位、被积压、侵占等问题。

生态补偿涉及的主体较多，我国生态保护领域职能划分尚未明确，生态补偿涉及的政府部门穿插较大。在纵向支付中涉及中央政府和地方政府，在横向支付中涉及多个地方政府，财政资金流动性较强；且生态补偿是一个长期过程，包括短期利益还有长期利益，生态保护与经济发展也息息相关。对于这样一个庞大、复杂、长期的工程，当缺少有效监管，极有可能产生资金使用效率偏低，资金被挤占的问题，则无法保证生态补偿工程的顺利推进，达到预期效果。制定科学的监管制度对于生态补偿制度有重大意义。

二、生态补偿监管的预算法路径

国家监管过程主要依赖于国家预算，预算反映出一个国家的财政选择，即采取何种方式对得到的资源进行分配。② 现在试行的省直管县的策略，缓解基层财政困难，有利于生态补偿项目的开展。

生态预算可以分为生态资源预算和生态财政预算。生态资源预算是现有资源的使用预算，通常使用实物量指标计量；而生态财政预算是在现行财政预算中用于生态维护与生态恢复的预算支出，这类支出通常以货币量指标计算。

---

① 参见曲富国、孙宇飞：《基于政府间博弈的流域生态补偿机制研究》，载《中国人口·资源与环境》2014年第11期。

② 参见［美］萨尔瓦托雷·斯基亚沃－坎波、［美］丹尼尔·托马西：《公共支出管理》，张通译，中国财政经济出版社2001年版，第6页。

在预算实施过程中，需要对资金使用进行监管，避免生态补偿资金被挤占、挪用和浪费的现象。预算实施过程中的监管应当明确监管主体，预算审批生效后，对拨款活动进行批准。即对拨款的用途、期间、数额等都要向相关单位提交报告，每一步先检查执行情况，再进行进一步拨款。[①] 法国通过建立检察队伍，对国家资金支出的法律承诺的合法性进行检查，在对估价准确性、执行预算情况检查后检查员才会准备支出资金以备使用。

三、生态补偿财政监管的过程

如果说，整个预算过程分为——制定预算编制、预算实施（财政收入和支出）、审计和决算审批，那么对生态补偿的监管可以分为事前监管、事中监管和事后监管。

（一）事前监管——生态功能价值评估

目前，我国财政制度对生态补偿的效果影响较大，要建立满足生态的可持续发展的生态补偿机制需要对生态价值进行科学合理的估算。生态环境对社会、人类活动有直接或间接的价值。具体而言，体现在经济、社会、生态三重价值。[②]生态价值可分为生态功能价值和生态效益价值。生态功能价值，是指可以直接或者间接为人类所利用的产生正向效益的功能价值，[③]生态效益价值是由生态功能价值衍生而来。

对生态功能价值的确定是生态补偿标准的重要依据。由于生态环境经济价值的直接性和可确定性，目前对生态环境的经济价值的价值评估研究已经较成熟。而社会价值和生态价值在估算上有一定的困难，原因是社会价值和生态价值的非实体化以及难以定价。不同的生态环境有不同的生态价值，如森林生态价值包括森林生物之间的相互作用；但是生态环境的生态价值具有一定的共性，如改善环境、创造有利于人类生存的环境。目前生态价值评估主要先确定评估目的和评估范围，对资源环境进行项目分析明确生态评估类型和范围，然后通过评估指标体系以及相应的价值评估方法计算出各个项目指标的具体数值。

事前监管主要依赖预算制度，预算可以反映一个国家的经济和社会选择。我国《预算法》的颁布让预算编制有了法律依据，但是在执行预算过程中还存在

---

① 参见尹中卿：《当代美国国会的财政监督程序》，载《人大研究》2002 年第 3 期。

② 参见许秋洁：《森林景观资源生态价值评估》，云南大学 2019 年硕士学位论文，第 13 页。

③ 参见刘玉龙、马俊杰、金学林、王伯铎、林积泉、张铭：《生态系统服务功能价值评估方法综述》，载《中国人口·资源与环境》2005 年第 1 期。

某些支出计划没有进行合理的、科学的计划和设计，这样的预算在执行过程中政府想要落实也存在困难。

（二）事中监管——生态补偿主体行为

预算编制不可能穷尽所有的问题，在财政支出过程中需要监管。

事中监管的主体应当是财政部门和审计部门，对生态补偿领域的资金使用情况进行全程监管，完善现有的监管机制及内部控制，保障财政资金转移的及时性。事中监管的对象包括生态补偿的补偿主体和补偿对象。对补偿主体的监管主要体现在是否按照相关预算进行了财政补偿，而受偿主体在获得补偿后是否付出了相应的行为，即实施生态建设或保护，修复被破坏的生态环境。

政府部门在财政支出时应当进行信息披露。在生态补偿中，应当将补偿主体、中转主体、补偿数额，补偿实践依据生态补偿欲达到的效果和实际达到的效果，生态补偿资金最终使用者将生态补偿资金的具体用途和使用时间等信息予以披露，让公众知悉信息以便发挥监管作用。从实践来看，补偿资金使用信息及时、依法依规公开，对于生态补偿资金的规范高效利用及对生态补偿的有效实施起到了巨大的推动作用。①

事中监管目前存在的问题是资金使用效率不高。我国从预算的标志、支出科目的设置到支出数额的确定，缺乏详尽的法律规则的确定和引导。预算的目的是规制政府对纳税人的钱，但是又要让资金发挥其应有的作用，所以在设定上需要科学确定每一项支出，并对资金使用主体的财政行为进行监管，确保资金落实。应当加强督察制度，开展专项专点监管，提供长期、持续、有效的制度保障。

（三）事后监管——生态补偿效益以及相关责任

“我国对财政使用事后监管主要依靠审计制度和决算审批制度。”②本级政府对预算和预算外资金的使用情况进行审计管理，在我国传统的财政理论下，政府审批对财政支出效益不够重视，政府只管把当年预算用完，符合支出项目和支出数额即可。③ 由于责任制度缺失，相关追责制度没有很好落实，导致事后监管效果薄弱。事后监管本身带有滞后性，只能起到弥补性作用，作为监管的最后防线如果效果薄弱，那么监管程序就如同虚设。④

对于生态补偿的财政支出监管，应当考虑生态补偿支出效益。根据最高审

---

① 参见刘广明：《京津冀区际生态补偿制度构建的保障机制》，法律出版社2018年版，第113页。

② 上海市财政局考察团：《法国的公共会计和财政监察制度》，载《上海财税》2002年第11期。

③ 参见刘剑文：《民主视野下的财政法治》，北京大学出版社2006年版，第162页。

④ 参见刘剑文：《民主视野下的财政法治》，北京大学出版社2006年版，第163页。

计机关国际组织(the Inter-national Organization of Supreme Audit Institutions, INTOSAI)环境审计委员会颁布的文件。① 环境审计应当以环境项目的经济、效率和有效进行为原则,②其中效率性将反映是否达到了财政支出的目的。生态补偿的审计监管与环境审计有类似之处。通过对生态补偿效益的评价,可以实时掌控补偿对象的发展情况,生态环境的效益情况,便于及时调整生态补偿资金划拨,解决生态工程中出现的问题。同时生态补偿效益可以作为一个量化标准对领导干部进行考核,即约束控制各部门对资金的使用,促进政府进行科学化决策。

为保障生态补偿资金的规范使用需要加强生态补偿资金的审计监管,加入生态补偿效益评价,加大对违法违规行为的处罚力度。对于部门违法行为,可以通过减扣当年或下年度的生态补偿资金并追究主要负责人的法律责任;对于个人违规行为,依法给予行政处罚或刑事处罚。

---

① 参见陈思维、王晨雁:《〈从环境视角进行审计活动的指南〉的启示》,载《审计与经济研究》2003年第4期。

② 参见孙青:《政府生态转移支付绩效审计标准探究》,载《财政监督》2012年第32期。

第二编　制　度　篇

第三章　生态补偿财政收入制度

——生态补偿税费制度研究

生态补偿是以可持续利用生态环境系统为目的，以经济手段为主、行政手段和法律手段为辅，调节环境相关者的利益关系，来促进生态补偿、调动环境保护积极性的活动。生态补偿包含多种方式，税费是其实现路径之一。简单来说，生态补偿税费制度就是通过税费手段实现生态补偿，以征收税费的方式来促进生态保护。生态补偿税费制度的基本原则、补偿主体、受偿主体、补偿标准、补偿范围等问题均以生态补偿的概念的界定为依据和前提。从二者的关系中，我们可以将生态补偿税费制度定义为以经济社会的可持续发展和生态系统的可持续利用为目的，以征收税费为补偿手段，为生态环境的修复提供资金、法律保障，来促进环境保护、生态平衡，实现生态补偿的各项法律规范和制度安排。生态补偿税费既需要整体税制的完善，也需要包括环境保护税等单个税种法律制度的完善，从而实现生态补偿目的下的整体“税制生态化”。

第一节　生态补偿税费制度的证成

一、生态补偿税费制度的范畴界定

生态补偿税费制度可以从征收目的、征收主体、征收对象、征收范围、征收标准、征收方式六个方面来认识。生态补偿税费制度直接目的在于对生态环境产生经济外部性的经济行为进行引导和调节，根本目的在于维护自然环境的生态服务功能,实现自然资源的有序利用,最终达到可持续发展;征收主体则是代表国家行使公权力的税务部门和财政部门;征收对象则是对某项生态税费所补偿的生态利益造成损害的行为主体,如矿产资源的开发利用者;征收标准的确定决定于生态服务功能能否量化和如何量化,是否足以支持生态环境服务功能的恢复与续接。

生态补偿税费制度可以划分为税和费两大部分。从经济学的定义来看,税是国家为实现公共管理职能,根据法律预先规定的程序和税率,由税务部门向应纳税主体就其财产或特定行为实施强制、非罚与不直接偿还的金钱或实物课征的活动。我国常见的税种包括所得税、流转税、行为税、财产税和资源税等。费则是指国家行政机关向接受其所提供的公共服务的单位或个人收取的行政费用。行政收费可分为规费与使用费,规费是公权机关对私主体提供明确化服务或实施明确化管理所收取的工本费和手续费;使用费是公权机关对公共服务和公益设施受益者依法而收取的费用,生态补偿费属于后者。

二、完善生态补偿税费制度的正当性

(一)实现绿色发展的现实意义

在社会主义市场经济体制下,需要国家实施各类宏观调控手段,包括但不限于征收生态补偿税费的方式,来矫正企业或个人的经济行为。它将环境资源损耗的社会成本转化为企业自身的生产成本,迫使污染主体改变粗放的经营模式。此外,生态补偿税费制度还可以增加政府的财政收入,为环保提供充分的资金支持,促使资源更合理地配置。

从生产环节来看,征收生态补偿税费会带来更高的生产经营成本,在市场价格保持不变的条件下,企业所获利润会随之减少。因此,企业就会作出提高产品市场价格,或者降低该类产品生产规模或者更新污染处理设施的经营决定;从消费环节来看,生态补偿税费的征收很可能会促使经营者将这部分额外的生产成本转嫁给消费者承担,从而导致此类消费品价格提高,而环保产品会因为一系列优惠措施而具有相对价格优势,消费者便会因此减少或者放弃购买高能耗高污染的产品,转向消费环保产品。总而言之,生态补偿税费制度有利于引导全社会形成清洁生产、绿色消费的环保理念。

(二)促进经济增长的现实意义

从微观、短期的角度来看,无论是排污费还是环境税、环境资源补偿费还是资源税,都会增加企业税负。但从宏观、长远的视角来看,我国正处于经济社会发展的关键时期,生态税费能够促进产业结构由以对生态环境耗损严重的重工业为主到以轻工业、服务业为主的优化调整、经济发展由能源驱动到科技创新驱动的转变。生态税费的课征还会激励企业研发新技术,改进生产技术,提高生产效率,转变生产方式。总而言之,合理的生态补偿税费制度可以促使企业创新,使企业生产经营绿色化,从而促进经济社会可持续协调发展。

三、生态补偿税费制度遵循的基本原则

(一)税收中性原则

税收中性原则,起源于亚当·斯密的"看不见的手"的理论。税收中性原则认为,税收应该基于中立的立场,不偏不倚地对待所有纳税人,不给某些纳税人或征税对象特别的税收待遇,不因税收改变纳税人的经济地位,①最好不要使人民承受除纳税负担外的其他额外的经济负担和损失。

生态补偿税费在制度设计上须体现税收中性原则。税收中性原则具体表现在征税对象的范围、税率税目以及税收优惠措施上。如果脱离了税收中性原则的指引,将会出现一些向环境排放少量污染物的、为了维持人类生存所必要的生活行为被附加税负,这是一种不正当的税负,将会激发人们的逃避税行为,降低人民生活水平,最终导致社会矛盾激化。

(二)生态保护者获益、受益者补偿原则

生态保护者获益、受益者补偿原则,是指因环境保护行为而享受生态利益的主体应当给予保护者一定的补偿。

从必要性来看,环保行为可以为社会整体提供生态收益,但不能为生态保护者提供直接经济利益,如果不给予其一定的补偿,将会削减生态保护者的积极性。从可行性来看,生态保护可以使生态系统向社会、人类更好地提供生态服务功能,享受产品或服务的个体应该为此支付相应对价,这是符合市场经济规则的,也是为公众所接受的。

(三)可持续发展原则

可持续发展是一种既满足当代人的发展需求,又不对后代人满足其需求的能力产生危害的发展模式。可持续发展原则包含公平性发展、持续性发展、共同性发展三大内涵。公平性包括本代人之间的公平、代际间的公平和资源分配与利用的公平等三个层面。持续性强调人类经济和社会的发展不应该超越资源和

---

① 参见张怡:《税法》,清华大学出版社 2007 年版,第 68 页。

环境的承载能力。共同性,是指地球的整体性、系统性和普遍联系性决定国家以及地区之间应当协同发展,互利共赢。

第二节 我国生态补偿税费制度及其优化方案

一、我国现行的生态补偿税费制度

(一)我国现行的生态补偿税收政策

1. 资源税

资源税是对在我国境内开采应税矿产品和盐的单位和个人,就其开采和利用的应税资源数量征收的税种。资源税分为一般资源税和级差资源税,一般资源税是对各种应税资源的开发利用者,不论其占有资源的优劣多寡,实行无差别普遍征收;级差资源税是根据应税资源条件的差异,实行有差别的征收,对优质资源的占有者多征税,对劣质资源的占有者则少征或者免征的税种。

资源税按照《税目税率表》实行从价计征或者从量计征。从价计征即以应税资源产品的销售额乘以适用税率计算应纳税额;从量计征则根据应税资源产品的销售数量乘以适用税率计算应纳税额。资源税税目主要有能源矿产(原油、天然气、煤、地热)、金属矿产(黑色金属和有色金属)、非金属矿产(矿物类、岩石类、宝玉石类)、水气矿产和盐。在税率上,资源税实行定额税率和比例税率相结合的方式,其中采用比例税率的税目较多,税率范围从1% ~20%。既可以采用比例税率也可以采用定额税率的仅有6项,分别是能源矿产中的地热、金属矿产中的石灰岩、非金属矿产中的其他黏土和砂石、水汽矿产中的矿泉水、盐中的天然卤水。

资源税侧重于优化资源配置,限制资源无序开采、资源利用浪费,提高资源利用效率。国家通过征收资源税来调控资源的价格,从而影响资源开发产业的利润和自然资源的供求关系,达到资源分配的目的。

2. 环境保护税

环境税在不同语境下有不同的内涵,因此环境税就有广义和狭义两个层面的定义。从狭义上来看,环境税又称为专门性环境税,主要是指为了筹集环境保护资金以及预防和控制环境污染而征收的税种。广义上的环境税,则是泛指一切基于环境保护的目的而征收的税或者是采取的有关税收措施。从广义环境税的层面上来说,资源税应当被囊括在环境税的范畴中。我国的《环境保护税法》第1~3条规定,环境保护税可以定义为:为了保护和改善环境,减少污染物排放,推进生态文明建设,而向在中华人民共和国领域内和中华人民共和国管辖的其他海域直接排放应税污染物的企业事业单位和其他生产经营者征收的税种。

根据《环境保护税法》的规定,环境税采用从量计征的方式。① 环境税的征税对象有应税大气污染物、应税水污染物、应税固体污染物以及应税噪声。环境税一直坚持贯彻税收中性原则,特别体现在其税收优惠措施中。虽然某些行为事实上造成了一定的环境污染,但出于税收中性的考虑,不能赋予个体额外的税收负担,因此在环保税中规定了免征、减征的情形。②

在狭义的环境税的语境下,环境税和资源税是相互独立但又密切关联的税种,都是生态环境税费制度的重要组成部分;而从广义的环境税上来说,资源税已经成为环境税的题中之义。因此,厘清环境税和资源税的关系,是建立和完善生态补偿税费制度中不可回避的问题。首先,不管是环境税还是资源税都体现了环境友好、资源节约的价值理念。其次,从征收目的上看,二者都是为了实现经济的可持续发展,环境税通过控制污染物排放、提高污染治理水平来促进可持续发展,而资源税通过资源的开采、使用,优化资源配置来实现可持续发展。③ 最后,作为资源税征税对象的矿产资源和盐,本就是生态环境的重要因素之一。资源跟环境密不可分,因此,以环境和资源为征收对象的环境税和资源税必然也有千丝万缕的联系。

除以上所说的相同点和联系外,环境税与资源税毕竟是两个各自独立的税种,因此二者在征税范围、征税对象和税款使用等多个方面都有差异。环境税的征收对象是大气污染物、水污染物、固体废物和噪声;现行资源税对矿产资源和盐进行征收,穷尽式列举规定征税范围,对该范围之外自然资源的开采和使用,如森林资源、流域资源等都不征收资源税。在税款的使用上,环境税所征收的税款应当专款专用,只用于环境保护、污染防治,消除环境负外部性。

---

① 《环境保护税法》第7条规定,应税污染物的计税依据,按照下列方法确定:(1)应税大气污染物按照污染物排放量折合的污染当量数确定;(2)应税水污染物按照污染物排放量折合的污染当量数确定;(3)应税固体废物按照固体废物的排放量确定;(4)应税噪声按照超过国家规定标准的分贝数确定。

② 《环境保护税法》第12条规定,下列情形,暂予免征环境保护税:(1)农业生产(不包括规模化养殖)排放应税污染物的;(2)机动车、铁路机车、非道路移动机械、船舶和航空器等流动污染源排放应税污染物的;(3)依法设立的城乡污水集中处理、生活垃圾集中处理场所排放相应应税污染物,不超过国家和地方规定的排放标准的;(4)纳税人综合利用的固体废物,符合国家和地方环境保护标准的;(5)国务院批准免税的其他情形。

③ 参见宋崇阳、严瑾:《资源税与环境税比较研究》,载《法制与社会》2013年第3期。

3. 消费税

消费税是针对消费品和特定的消费行为所课征的一种商品税。[①] 消费税是在对商品征收增值税的基础上,对少数消费品再征税的税种。消费税的税目中,除少数消费品(如高档手表、游艇等)与环境保护的相关性较低外,其他产品均与环境污染和资源消耗有关。

生态补偿在消费税中的具体体现主要有:其一,在征税范围上,消费税通过对高能耗、非环境友好消费行为多征收消费税,来体现生态补偿功能。根据《消费税暂行条例》和《消费税暂行条例实施细则》,我国征收消费税产品具体有五类,其中包括对生态环境造成危害的消费品、高能耗及高耗能消费品、不可再生和替代的消费品,如鞭炮焰火、车辆及轮胎、木质一次性筷子、实木地板等,均囊括在消费税的征收范围之内。其二,在消费税的税收优惠措施上,消费税对节能环保的电动汽车、利用废弃动植物油生产的纯生物柴油和废矿物油再生油品免征消费税。综合来说,消费税具有"绿色税收""生态税收"的性质,具有鼓励资源重复利用的合理配置的重要功能。

4. 城市维护建设税

城市维护建设税是以我国境内的单位和个人实际缴纳的增值税和消费税为计税依据而征收的一种税。城建税与增值税、消费税同时缴纳,所征税款专用于支持公共交通、城市绿化、供水排污系统等城市基础设施的升级与维护,为治理环境污染、提高环境质量起到资金支持的重要作用。

5. 车辆购置税

车辆购置税是对在我国境内通过购买、进口、受赠、获奖等方式获得并自用应税车辆的单位及个人征收的税种。车辆购置税的应税车辆[②]都是排气量较大、车辆运行的环境代价较大的类型,对该类车辆实行一次性征收,税率为10%。车辆购置税旨在增加车辆购置成本,抑制应税车辆的过度增加,从而减少大气污染物的排放。

6. 车船税

车船税是以车船为征税对象,向我国境内的车辆、船舶所有人或管理人所征收的一种税。为地方公共道路和航道的改善提供专项资金。车船税的生态保护

---

① 参见刘剑文:《财税法——原理、案例与材料》(第3版),北京大学出版社2017年版,第218页。

② 《车辆购置税法》第1条规定,在中华人民共和国境内购置汽车、有轨电车、汽车挂车、排气量超过150毫升的摩托车(以下统称应税车辆)的单位和个人,为车辆购置税的纳税人,应当依照本法规定缴纳车辆购置税。

功能主要体现在其税收优惠措施上。《车船税法》在 2012 年正式提出对城市、农村公共交通车辆给予定期减免税，现行的《车船税法》对使用清洁能源和资源节约的车船减免税收。车船税的征收目的在车船使用环节增加使用成本，实现降低能源消耗、减少污染排放的作用，与车辆购置税可谓是环环相扣，协力为我国环保事业的发展提供制度支持。

（二）生态补偿相关税收优惠政策

1. 增值税税收优惠

增值税的税收优惠主要针对能够综合利用资源和循环使用资源的企业。例如，对利用废旧沥青混凝土、城市生活垃圾、煤矸石、石煤等固体废物的企业，实行即征即退的政策；对再生水和污水的处理劳务免征增值税等。

2. 企业所得税

企业所得税通过减征、免征、减计收入和加速折旧等措施支持资源综合利用的企业。例如，企业从事环保项目所得可以减免企业所得税、[①]企业技术进步可以实现固定资产加速折旧、[②]企业实现资源综合利用的可以减计应纳税额、[③]企业针对环保技术的投资额可以进行税额抵免。[④]

（三）生态补偿收费政策

生态补偿费指环境保护行政主管部门对开发利用生态环境资源的生产者和消费者直接征收的，用于保护、恢复开发利用过程中造成的自然生态环境破坏的费用。我国现行全国性的生态补偿收费政策主要体现在自然资源补偿费，包括矿业权价款与矿业权使用费。各地方也有根据本地的生态环境实际情况，设立地方性的生态补偿收费政策。根据《关于全面推进资源税改革的通知》（财税〔2016〕53 号）的相关规定，从 2016 年 7 月 1 日起，矿产资源补偿费的费率降为零，即由征收补偿费改为征收资源税。

---

① 《企业所得税法》第 27 条规定："企业的下列所得，可以免征、减征企业所得税：（一）从事农、林、牧、渔业项目的所得；（二）从事国家重点扶持的公共基础设施项目投资经营的所得；（三）从事符合条件的环境保护、节能节水项目的所得；（四）符合条件的技术转让所得；（五）本法第三条第三款规定的所得。"

② 《企业所得税法》第 32 条规定，企业的固定资产由于技术进步等原因，确需加速折旧的，可以缩短折旧年限或者采取加速折旧的方法。

③ 《企业所得税法》第 33 条规定，企业综合利用资源，生产符合国家产业政策规定的产品所取得的收入，可以在计算应纳税所得额时减计收入。

④ 《企业所得税法》第 34 条规定，企业购置用于环境保护、节能节水、安全生产等专用设备的投资额，可以按一定比例实行税额抵免。

1. 矿业权使用费

矿业权使用费包括探矿权使用费和采矿权使用费。探矿权使用费是国家作为矿产资源所有者,为维护其对矿产资源的权益,按面积和年度①向取得探矿权的主体收取的费用;采矿权使用费,是指国家将矿产资源采矿权出让给采矿权人,向采矿权人收取的使用费。② 探矿权使用费和采矿权使用费都体现了不可再生矿产资源的有偿使用性,是矿业权人获得部分矿业权能所给付的对价。

2. 矿业权价款

矿业权价款,是指国家通过招标、拍卖、挂牌等市场行为或协议出让国家出资勘查形成的探矿权、采矿权时向矿产企业所收的费用。矿业权价款由国家地质矿产主管部门、资产管理部门认定的评估机构对地质勘探投入进行评估,评估结果由地质矿产主管部门最终确认。征收所得矿业权价款由中央和地方按比例进行分配,地方的具体分配由各地根据自身经济发展计划来确定。

二、我国现有生态补偿税费制度存在的问题

在生态文明建设之路上,我国的生态补偿税费制度逐渐建立起来。但是,从真正以税费充分实现生态补偿、以法律为环保事业保驾护航、以制度促进可持续发展的要求来看,现行的生态补偿税费制度还有需要继续完善之处。

(一)生态补偿理念欠缺

以我国矿产资源税费为例来看生态补偿理念欠缺的现象。首先,资源税最初的制定目的在于调节因资源丰度不同而产生的级差收益,在随之而来的历次改革中,资源税更倾向于提高资源有偿使用带来的财政收益,而未体现生态补偿的功能。其次,矿业权使用费是探、采矿权人获得矿产资源所有权部分权能而给付的费用,仍属于矿产资源有偿使用的部分。最后,矿业权价款目的在于弥补国家前期的勘探投资成本,补偿的是国家的前期勘探投资,体现的是一种对价交易。由此可见,我国现行的矿产资源税费制度并没有完全体现生态补偿理念。

(二)生态税费的生态补偿功能尚未充分发挥

当前自然资源生态补偿的广度和深度均须进一步拓展,生态补偿覆盖面较窄。当前资源补偿税费覆盖范围仅限于矿产资源和盐,但自然资源范围远不于此,还包括大气、森林、流域等。由于这些资源相对矿产资源并没有绝对的不可

① 探矿权人取得勘查许可证后前3个勘查年度,每年缴纳100元/平方公里,从第四个勘查年度开始,每年每平方公里增加100元使用费,上限是500元/平方公里。

② 从采矿权人取得开采许可证开始,每年缴纳1000元/平方公里。

再生性以及可耗竭趋势，多年来并没有受到应有的重视，在资源保护立法方面也并没有立项计划或进程较缓慢。从环境税费来看，核辐射、光污染等重大污染领域还未开展生态补偿。

（三）税制平移有待改革完善

目前的环境税体系基本是“排污费”制度平移。虽然这种平移式方法可以减少改革前期压力、有助于“费改税”的顺利展开，但是从改革本身来看这种“平移式”的税制设计对于改革的后续推进和深化是不利的。并且从体系化的角度来看，“平移式”也无益于我国环境保护税体系的构建。因此，“费改税”是一个正确的方向，但仅仅将排污费改为环境税是不够的，还应对污染处理费、生活垃圾处理费、生态环境补偿费等实行费改税。各项税目针对不同的污染类型，形成完善、协调的环保税收体系，也有助于形成稳定的环保资金来源。

第三节　基于生态补偿的环境保护税制度的完善

一、环境保护税的生态补偿价值

根据“税负平移”原则，中国的排污费制度向环境保护税制度平稳过渡，不仅增强了排污费的执法刚性，转“费”为“税”，而且还通过协同征管的方式，加强税务部门与环境保护部门之间的信息共享、分工协作，开创了一种新的税收征管方式，具有借鉴和推广的现实意义。将“污染者付费”的原则通过税收的方式加以确认，既实现了污染环境行为应当填补生态环境损害的经济和生态价值；同时在对开发利用环境资源、构成污染的行为进行税收调控中，按照“多污染多征税、不污染不征税”的原则，对利用环境容量和环境资源的主体进行征税，形成环境保护的财政收入。然而，瑕不掩瑜，当前环境保护税尚未充分体现生态环境的价值，其法律规定还有待明确并继续改善。

二、环境保护税实现生态补偿功能的问题

（一）法律规定的应税范围有待完善

《环境保护税法》通过《环境保护税税目税额表》和《应税污染物和当量值表》对环境保护税的应税污染物的范围进行了划定，其中包括了大部分常见的会对环境产生不良影响的污染物。但是在《环境保护税法》出台之前引发热议的碳税却并未被划入其中，对诸如光污染等新型污染物也没有作出规定。纵观我国的环境保护法律体系，环境保护税以外的其他税种也会对环境目标产生影响，如

资源税注重对石油、天然气等矿物资源的保护，会对提高资源利用率，节约资源，减少浪费的环境目标产生影响。但是，这些税种的应税范围仍然没有满足目前我国环境保护的需求，如环境保护中还应当包括对生物资源、生态环境整体和生物多样性的保护。近年来，由于经济的发展需求不断扩大，对自然环境的开发力度也逐渐加大，使一些珍稀动植物失去了栖息地，一些物种也因此处于濒危状态，这都会对生物多样性和生态系统产生严重的，甚至是不可逆的影响。而目前并没有相关的税种对生态破坏行为进行规定。

综上所述，环境保护税的应税范围在环保税准备开征或实际开征的过程中都有待结合实际情况，不断地扩大和完善。

（二）纳税主体范围有待扩大

根据《环境保护税法》的规定，目前划定的纳税人为在中华人民共和国领域和中华人民共和国管辖的其他海域内直接向环境排放应税污染物的企业事业单位和其他生产经营者，不包括消费者、一般居民和农村小规模的养殖业生产经营者。无论是从我国当下的污染情况与环境目标之间的现实差距，还是从与其他环境税制成熟的国家的对比情况来看，纳税人范围都过于狭窄。

针对农村小规模养殖业，国家从扶持农村经济发展，提高农民生活水平的立场出发，暂免征收环境保护税。但是，小规模养殖业粗放的发展方式已经对农村环境造成了严重的影响。虽然我国农村地区尚不具备征税的经济条件，让农民养殖户再承担环境保护税很有可能会降低其生活水平，但是从环境目标的实现和经济发展方式转型的立场出发，长远来看，在农村经济发展到一定阶段之后，对小规模养殖业的农户征收环境保护税也是大势所趋。同时，在经济较发达的农村地区先行试点，也不失为一次具有改革精神的尝试。

（三）环境保护税与其他税种的关系有待厘清

根据《环境保护法》的规定，环境保护包括减少污染和节约资源两方面。若是仅将对排放污染物的行为征收的税负定义为环境保护税，那么，同样会对环境目标产生重大影响，属于广义环境保护税的资源税，其在税收体系中的定位就难免模糊而摇摆。

另外，由于环境保护税只将相关生产经营者划定为纳税人，消费香烟、鞭炮等会向环境排放污染物的消费者则被划定为相关消费税的纳税人，如此，不仅无法保证这一部分的税款被用于相关环境保护事业的建设，也没有体现出对这一类消费品的消费行为征税的环境目标。综上所述，笔者认为，开征环境保护税的过程中，应当在理论上和制度设计上厘清环境保护税和其他相关税种之间的关系，以减少重复征税等问题带来的税收冲突，给相关的税种“正名”，以此保证税制的顺利实施和环境目标的实现。

三、我国环境保护税收法律制度的完善建议

（一）坚持环保税收法律制度原则

1. 参考税收中性原则

大部分发达国家主要在税收优惠政策和税率设计中体现了税收中性原则。例如，瑞典在氮氧化物的征收方面，通过“差生补偿优等生”的规定，充分发挥了税收的调节作用。瑞典不是用所谓的“死亡税率”逼迫环境污染严重的生产经营者退出市场，而是通过类似“奖惩措施”的方式，针对纳税人的经济利益作出调整。再如，美国对利润超过 200 万美元的法人，规定其超过部分按照 0. 12% 征税。之所以以利润而不是以环境污染程度作为纳税的标准，主要是因为美国的经济的发展在较长时间内都是以破坏环境为代价的。

从税制设立的最根本的目的和税制的接受程度来看，在我国可以参考税收中性原则。首先，从税制设立的根本目的来看，税收是国家干预经济的重要手段，而国家是人民让渡权利，缔结社会契约而建立的，人民让渡权利的目的是更好地抵御侵害和在充满风险的社会中生存。由此，税制的设计和税种的开征，都应当以人为本。而参考税收中性原则，就是要纠正错误的认识，让税收回归原本的工具价值，在市场发挥主导作用的前提下，逐步引导产业的转型和升级。其次，从税制的接受程度上来看，税种的设立只是税收体系建立和落实的起点，真正地被民众接受、缴纳，才是《环境保护税法》发挥作用的基础。税收应当发挥的是调节经济的杠杆作用。从实践来看，如果没有合理的税率设计，或者是税收优惠及其他配套措施不够完善，就难免会加剧偷税、逃税、抗税等情形的发生，进而加大税收征管的难度，甚至有可能在一定程度上造成或加剧社会矛盾。因此，从民众接受程度的视角看，逐步推行税收中性原则更加必要。只有制定合理的分级税率，辅之以适当的税收优惠和配套措施，才是让环境保护税顺利落实的不二法门。

2. 落实税收公平原则

税收公平原则要求注重税率差别，发挥税收减免的调节作用。不同规模的生产经营者，或者说是排放应税污染物的主体，其排污规模、对环境的危害程度以及其自身的经济水平和税负承担能力都是不同的。如果采取“一刀切”的模式来划定税率，就难免会造成形式公平下的实质公平的缺位，由此会使纳税主体产

生抵触情绪，加剧偷逃税款现象的发生，甚至会由此加剧社会矛盾。多数发达国家的环境税制都对差别税率和税收减免政策作出相关的规定。如丹麦对缴纳增值税的企业免征资源税，德国在税收法制中规定了差别税率。而根据国外环境税制中税率设置和我国其他税种税率设置的经验，依据排污规模和负税能力的不同设置分级税率，不仅能够减小我国的环境保护税在推行过程中的阻力，还可以发挥税收的调节作用。通过追求较低的税率，引导生产经营者进行环保方面的建设，减少应税污染物的排放量，实现环境目标。

税收减免等税收优惠政策的制定和实施，既体现税收中性原则，也是税收政策传导过程中的重要环节。税收的根本目的不仅仅是增加国家的财政收入，更不是加重国民的经济负担，而应当是更好地引导和保障经济的发展，进一步改善和提高居民的生活水平。税收优惠政策正是通过补贴、奖励、设立专项基金等方式，合理地使用税收收入等财政资金，来引导市场主体的生产经营行为。完善环境保护税的税收减免等优惠措施，不仅可以助力税制的顺利推行，也是税收取之于民、用之于民的应有之义。

（二）加强环保税收法律体系内部协同性

环境保护这一概念，本身就包含节约资源和减少污染两个方面的含义。提高资源利用率，减少浪费，本身就是环境保护的应有之义。因此，不应在立法中将资源税与环境保护税对立起来，而是要处理好二者之间的关系，使之协调运作、共同发挥作用。经济合作与发展组织将环境税定义为“环境税是指为了达到特定的环境目标，或者最初虽然不是基于环境原因引入，但是对环境目标有着一定的影响，可以因环境原因而增加、减少或修改的税收”。[①] 我国的资源税，在运行的过程中也力图通过税收的杠杆作用，引导企业及相关生产经营者节约资源、减少浪费。因此，根据经济合作与发展组织的定义，资源税也应当划入环境税的范畴之中。

笔者认为，在排污费向相关税种的平稳过渡过程中，直接将其命名为环境保护税的做法，难免可能会以偏概全。从逻辑关系上来说，资源的节约应当属于环境保护的范畴，而在具体的法律规定中，资源税又被划定在环境保护税的范围之外，这就造成了逻辑上的应然层面和法律规定的实然层面的差异，难免会引起理解上的混乱和法律适用中的冲突。

---

① Christina K. Harper, *Climate Change and Tax Policy*, 30 Boston College International and Comparative Law Review 411(2007).

综上所述,结合我国的实际,在已经出台《环境保护税法》的情况下,全国人大常委会、最高人民法院、最高人民检察院等具有修改、解释法律的权力的机关应当对该问题给予重视,正确处理好环境税和资源税的关系。

(三)完善环保税收具体法律制度

1. 扩大应税污染物范围

结合当下中国污染物排放和环境保护的形势,笔者认为,在未来开征环境保护税的过程中,可以尝试扩大应税污染物范围,增加环境保护税的税目。

(1)开征碳税

碳税(carbon tax),主要是指针对二氧化碳的排放所征的税,旨在实现减少二氧化碳的排放,减缓温室效应,保护环境。在开征碳税的国家中,其税制设计主要是针对燃煤和石油下游的汽油、天然气、航空燃油等化石燃料产品,按其碳含量的比例来征税。目前我国的资源税中并未有针对碳排放开征的税项,《环境保护税法》中也未将碳排放列为应税污染物。

节能减排,减少二氧化碳的排放量,本就是环境保护的应有之义。国外税制成熟的国家大多也将二氧化碳作为应税污染物,针对其排放设立了单独的税项。这一税项的设立,并不以增加税收收入为目的。与此同时,如果通过合理设计税率和税收优惠政策,贯彻税收中性原则,也不会过度增加纳税人的经济负担。综上所述,虽然目前我国并不具备立即开征碳税的制度环境条件,但是从长远来看碳税的开征是势在必行的。

碳税的具体制度设计可以从征税范围、征税对象、税率、税收优惠措施四个方面来考虑。

碳税的征税范围。税法所称征税范围,是指对税法所规定的税目的具体化,也是对征税对象的实质界定。考虑到碳税的制定目的是控制温室气体排放、解决气候变暖、实现可持续发展,因此在生产、消费过程中所有能够产生碳排放的化石燃料都应该计入征税范围,主要包括煤炭、成品油、天然气等。

碳税的征税对象。在碳税制度施行初期,考虑到经验不足、征管成本、制度不成熟等问题,可暂以企业为征税对象。在碳税制度日渐完善,政府征管经验相对丰富时,再将企业和个人确定为碳税征税对象。

碳税的税率。由于我国幅员辽阔,各个地区的资源禀赋可能差异很大,采取统一税率并不符合我国国情,对此,可以采取差别税率的解决路径。沿海地区的经济相对发达,该地居民对生活环境质量要求较高,对征收碳税所引起的生活成本的提高具有较强的接受能力和承受能力,因此对东部沿海地区的税率可设定为 5% ~15%；而我国中西部地区与沿海地区的产业结构和经济发展水平都有显著差异，西部地区第一、第二产业占当地 GDP 比重较大，较高的碳税税率必然会降低西部经济发展动力，进一步加大地区不平衡。为了减少碳税开征阻力，综合考虑可对中西部地区征收 3% ~10% 的碳税。①

碳税的税收优惠措施。税收优惠措施有助于实现环境保护与经济效应平衡，也能够让碳税制度更加顺利地推行。第一，根据企业二氧化碳净税负占销售额的不同比例享受不同的税率优惠；第二，对于能源密集型企业，采用低碳减排技术并达到一定效果的，给予该企业一定程度的税收减免和优惠；第三，对提供民用的煤炭与天然气的企业也应给予相应的减免优惠。

(2)开征光污染税

光污染是继废气、废水、固体废物之后出现的新型污染源，是指过量的光辐射对人类健康和生态环境造成的不良影响。科学家在 2008 年对以色列 147 个社区进行调查后发现，光污染越严重的地区，妇女罹患乳腺癌的概率就越高。② 在生态环境方面，光污染使湖里的藻类过量繁殖，制造赤潮，杀死湖里的浮游生物和其他生物，污染水质。

我国的《宪法》第 26 条赋予了公民享有舒适环境的环境权，任何影响他人生活环境和生态环境的行为都构成侵权。2017 年颁布的原《民法总则》、2020 年《民法典》第 9 条都规定："民事主体从事民事活动，应当有利于节约资源、保护生态环境。"构成侵权即可根据民法的相关规定，要求光污染源的控制者，或是从事相关活动的生产经营者停止侵害，消除危险，赔偿损失等。在光污染的整治方面，天津市颁布了我国第一个有关夜景照明的技术规范——《城市夜景照明技术规范》，之后北京等城市也陆续出台了相关的技术规范。

可以通过将光污染纳入应税污染物，通过开征光污染税来解决。首先，照明技术标准等技术规范主要是从照明设施的技术层面对生产经营者进行引导，而没有相应的惩罚措施，即行为人违反技术规范的成本过低，不利于保证该标准在实际生产经营中的落实。其次，法律层面的规定均为事后对受害人权利的救济，而对于生产经营者的行为没有进行规范；在损害造成前的生产经营阶段，即光污染的产生和持续阶段，法律上并没有进行规制。

由此，在开征环境保护税、大力推行环保政策的背景下，研究设计和开征光

---

① 参见刘振艳、陈思瑶：《基于绿色发展理念我国开征碳税的必要性与制度设计》，载《对外经贸》2019 年第 9 期。

② 参见唐明灯：《光污染——美丽外衣下的环境杀手》，载《中国国家地理》2012 年第 3 期。

污染税,有利于更好地控制和解决这一新型污染。虽然光污染税开征的条件可能还并不完全具备,也没有现成的可资借鉴的经验,但是开征光污染税还是具有可行性的,可以通过类比噪声污染来进行税制设计和相关的制度安排。

2. 拓展“绿税”的范畴

现行的税收体系中,除资源税外,还有一些税种的设立是以减少污染物的排放,保护生态环境为目的,或者是对这一环境目标产生了重要影响。例如,消费税税制设计中就包含了对于香烟、鞭炮等在消费过程中会向环境排放应税污染物的消费品征税的规定。笔者认为,这一类税收,应当属于广义上的环境税,符合《环境保护税法》的立法目的和环境保护税设立的初衷,应当在今后的法律修改或法律解释活动中将这一类税收划入环境保护税的税收体系之中。理由如下:

首先,出于税收专款专用的考量,这一类税种应纳入环境保护税体系中。虽然《环境保护税法》中并没有对环境保护税的税收使用及相关事项作出明确的规定,但是从整个立法过程中专家学者的呼吁及环保税制较成熟的国家的相关经验来看,环境保护税的税收收入主要用于建设污水、废物处理厂和处理设施,鼓励和支持环保技术的开发和运用等方面。我国对香烟、鞭炮等开征的消费税、对车船开征的购置税以及其他以减少污染物的排放为目的,或对这一环境目标有重要影响的税种,因属于其他税收体系,而无法保证这一部分的税收收入可以被用来进行相关的环境保护建设。从这一角度来看,这也会造成环境保护税税收收入的流失。

其次,出于税收调节作用的考虑,这一类税种应当纳入环境保护税体系。社会主义市场经济条件下,税收作为政府干预经济的一种重要手段,不仅具有组织财政收入和实现经济监督的作用,也成为市场经济的重要杠杆,在调节市场经济方面发挥重要作用。将这一类有环保目的或对环境目标有重要影响的税种纳入环境保护税的税收体系中,通过拓展以环境保护为目的的“绿税”范围,促使市场主体调整生产经营策略,从而助力环境友好型企业的建设,推动我国的产业结构升级。

3. 调整纳税人的范围

税的本质是公共对价的公法之债。① 国家为纳税人提供环境保护相关的公共产品和公共服务,有权作为债权人请求纳税人以纳税的方式支付对价。我国

① 参见丛中笑:《税法学原理》,吉林大学出版社2009年版,第13页。

《环境保护税法》在附表中规定，对小规模的禽畜养殖场暂不征收环境保护税。笔者认为，这并不意味着我国环境税制的不完善，而是在当下税制和经济发展环境下的一种暂时妥协。长远看来，当具备了相应的条件之后，国家应当顺应环境税制发展的趋势对相关个人征收环境保护税。理由如下：

首先，环境税是行为人环境外部成本内部化的一个重要的手段。对个人征收环境保护税的出发点并不是增加财政收入，而是通过对生产经营者征收环境保护税引导经营者作出环境友好型的行为选择。根据国际经验和污染者付费的原则，排污者都应当为其排污行为缴纳税款，这也是税收公平和税收正义在环境保护税方面的体现。而对小规模禽畜养殖业者征收环境保护税，一方面，有利于加强对其生产行为的引导，通过将对环境的污染内化为可减少的生产成本，转变生产经营模式；另一方面，也有利于小规模养殖业者将自己的禽畜投入大规模的、有相关污染物和废物处理设施的养殖场进行养殖，从而助力于我国农业生产模式的转型。

其次，从我国的税收体系和经济发展的政策倾向上看，将小规模禽畜养殖业生产经营者纳入环境保护税的纳税人范围，既有利于发挥税收的调节作用，也不会违背税收中性原则。我国已经取消农业税，并且采取了许多大力度的补贴措施促进农村经济的发展。既然《环境保护税法》规定对依法设立的相关应税污染物集中处理场所免征环境保护税，那么，只要小规模禽畜养殖户将粪便垃圾等污染物投入集中处理场所进行处理，也可以在不加重经济负担的前提下减少环境污染。对小规模禽畜养殖业生产经营者来说，环境保护税就成为一种可以被减少，甚至是被合理规避的生产成本。国家还可以通过制定相关的措施，如进行补贴等进一步降低农业生产的成本，最终实现税负平衡。

最后，随着经济的发展，农业和农业人口的生产经营能力会逐渐发展、成熟，也会和其他产业及其从业者的水平逐渐接近和等同。国家出于实现环境目标的需要对工业等产业征收相关的税费，而对可能造成同等环境污染的农业及其从业者却不征收，难免会带来经济发展中的失衡，有悖于税收公平原则的要求。在一个成熟的经济体系之中，各产业都应当有相应的环境目标与需求，国家应当据此制定相应的税收政策。

然而，当下的税制设计和经济环境决定了纳税人范围的扩大并不能采取跨越式的、一步到位的税制设计，而应当采取结合经济发展状况循序渐进。与此同时，我国还需进一步完善税制，通过分级税率、降低个人所得税等方式，实现各税种协调配合，保证税负合理和税收收入的专款专用。只有在确保不至于因此降低纳税人生活水平的情况下,才能将相关的生产经营者划定为环境保护税的纳税人。

《环境保护税法》是我国税收法定原则下制定的第一部税收法律,无论是在税制发展,还是在依法治国的进程中,都具有长远的意义。环境保护税作为一项以减少污染排放、保护生态环境为目标的税种,对建设和谐社会、实现人与自然的和谐发展起到重要作用。但是,作为一项新开征的税种,由于社会经济生活的复杂多变以及法律的历史局限性,环境保护税难免会在理论与实践中存在一些问题。过分苛责不是完善法律制度的良方。当下要做的是,在对环境保护税的制度安排、税制设计有清晰认知的基础上,结合我国实际情况,对环境保护税开征后的问题进行预判并提出解决的建议,以此为中国环境税制的发展成熟铺平道路。

第四章　生态补偿政府转移支付制度研究

过去粗放型生产方式给环境资源造成了损害。生态环境的破坏和污染成为我国经济发展中的一大阻碍。经济的持续发展必须以良好的环境质量为前提和基础,对生态进行补偿是生态保护中不可缺少的一项重要手段。与此同时,政府在生态补偿机制中占据主导地位,以转移支付作为其实现生态保护目标的重要手段。生态补偿转移支付制度实施以来,我国的环境质量有所稳定,居民的发展权和环境权之间的矛盾有所缓解。但仍然存在一些问题需要解决。例如,我国还未形成全面、统一、完整的生态补偿政府转移支付制度。转移支付模式的单一,补偿标准的不科学,法律法规的缺乏,监管的缺失等问题仍然阻碍该制度的完善。生态补偿转移支付的建立和完善是我国加强生态文明建设的需要,贯彻"创新、协调、绿色、开放、共享"新发展理念的要求,对实现地区间的公共服务均等化、实现区域间的公平有深远意义。

第一节　我国生态补偿政府转移支付制度的概述

一、我国生态补偿政府转移支付的发展历程

自改革开放以来,我国在实现经济飞速增长的同时,也造成了生态损害和环境污染问题。政府开始逐步重视生态环境的保护,意识到需要在生态保护与经济增长之间权衡,由此,生态补偿任务提上政府工作日程。由于生态

服务具有显著的公共性,决定了大部分生态补偿资金应当并且只能由政府承担,与此同时,分税制下我国地方政府事权和财权的不匹配决定了必须通过财政转移支付机制才能保障地方政府有能力承担生态补偿的责任。

(一)法律政策发展历程

1. 法律政策的发展历程

除表4-1所展示的部分关于生态补偿政府转移支付相关政策文件外,还有一些相关的法律或文件中也对生态补偿转移支付制度作出规定或指引。如2005年国务院《关于落实科学发展观加强环境保护的决定》第23条;①2008年修订的《水污染防治法》第7条以法律的形式明确了以财政转移支付的方式建立水环境生态保护补偿机制;②2011年国务院《关于加强环境保护重点工作的意见》第13条;③2015年《环境保护法》第31条;④2021年《国民经济和社会发展第十四个五年规划和2035年远景目标纲要》中第三十七章第三节⑤等都提及建立、完善生态补偿政府转移支付制度。

表4-1　我国生态补偿政府转移支付中央相关政策文件梳理

年份	文件名称	发布主体
2002	国务院《关于进一步完善退耕还林政策措施的若干意见》(已失效)	国务院
2007	《中央财政森林生态效益补偿基金管理办法》(已失效)	财政部、国家林业局
2009	《国家重点生态功能区转移支付(试点)办法》	财政部
2011	《国家重点生态功能区转移支付办法》	财政部

---

① 国务院《关于落实科学发展观加强环境保护的决定》第23条规定:"要完善生态补偿政策,尽快建立生态补偿机制。中央和地方财政转移支付应考虑生态补偿因素,国家和地方可分别开展生态补偿试点。"

② 《水污染防治法》第7条规定:"国家通过财政转移支付等方式,建立健全对位于饮用水水源保护区区域和江河、湖泊、水库上游地区的水环境生态保护补偿机制。"

③ 国务院《关于加强环境保护重点工作的意见》第13条规定:"完善中央财政转移支付制度,加大对中西部地区、民族自治地方和重点生态功能区环境保护的转移支付力度。加快建立生态补偿机制和国家生态补偿专项资金,扩大生态补偿范围。"

④ 《环境保护法》第31条规定:"国家建立、健全生态保护补偿制度。国家加大对生态保护地区的财政转移支付力度。有关地方人民政府应当落实生态保护补偿资金,确保其用于生态保护补偿。"

⑤ 《中华人民共和国国民经济和社会发展第十四个五年规划和2035年远景目标纲要》第37章第3节规定:"加大重点生态功能区、重要水系源头地区、自然保护地转移支付力度,鼓励受益地区和保护地区、流域上下游通过资金补偿、产业扶持等多种形式开展横向生态补偿。完善市场化多元化生态补偿,鼓励各类社会资本参与生态保护修复。完善森林、草原和湿地生态补偿制度。推动长江、黄河等重要流域建立全流域生态补偿机制。建立生态产品价值实现机制,在长江流域和三江源国家公园等开展试点。制定实施生态保护补偿条例。"

续表

年份	文件名称	发布主体
2011	《天然林资源保护工程财政专项资金管理办法》	财政部、国家林业局
2012	《中央对地方国家重点生态功能区转移支付办法》	财政部
2014	《中央财政林业补助资金管理办法》	财政部、国家林业局
2015	《关于扩大新一轮退耕还林还草规模的通知》	财政部等八部门
2016	国务院办公厅《关于健全生态保护补偿机制的意见》	国务院办公厅
2016	《中央对地方重点生态功能区转移支付办法》	财政部
2017	《中央对地方重点生态功能区转移支付办法》	财政部
2018	《中央对地方重点生态功能区转移支付办法》	财政部
2018	《林业生态保护恢复资金管理办法》	财政部、国家林业和草原局
2019	《中央对地方重点生态功能区转移支付办法》	财政部
2020	《林业草原生态保护恢复资金管理办法》	财政部、国家林业和草原局

资料来源：依据国务院、财政部、国家林业和草原局等部门网站资料整理。

2. 地方法律政策的发展历程

如表4－2，我国地方政府也依据当地的生态环境质量、经济发展水平、转移支付资金规模等因素，因地制宜地出台了相关文件。

表4－2 我国生态补偿政府转移支付部分省级相关政策文件梳理

年份	地区	文件名称
2005	浙江省	浙江省人民政府《关于进一步完善生态补偿机制的若干意见》
2007	山东省	《关于在南水北调黄河以南段及省辖淮河流域和小清河流域开展生态补偿试点工作的意见》
2008	江苏省	《江苏省环境资源区域补偿办法（试行）》《江苏省太湖流域环境资源区域补偿试点方案》
2011	四川省	《四川省国家重点生态功能区转移支付资金管理办法》
2012	福建省	《福建省生态保护财力转移支付办法》
2013	江苏省	《江苏省生态补偿转移支付暂行办法》
2015	海南省	《海南省非国家重点生态功能区转移支付市县生态转移支付办法》
2017	贵州省	贵州省《关于健全生态保护补偿机制的实施意见》
2019	广东省	《广东省生态保护区财政补偿转移支付办法》

资料来源：各省财政厅、政府办公厅等政府网站公布的文件整理。

(二)生态补偿政府转移支付实践发展历程

除在政策上对生态补偿转移支付进行规定外,实践中,我国也陆续开展了生态补偿转移支付项目。例如,我国于1998年开展了关于天然林保护工程转移支付的试点工作。次年,退耕还林工程在部分省开始试点并于2002年在全国开始推广。2007年我国设立了森林生态效益补偿基金,重点对国家级生态公益林的培育进行生态补偿。2008年,国家重点生态功能区的转移支付试点工作开始进行,试点范围涵盖南水北调中线工程、青海的三江源保护区、天然林保护区等在内的共计230个县。2011年,天然林保护的二期工程开始实施。生态补偿转移支付制度的范围不断扩大,囊括森林、草原、湿地、荒漠、重点生态功能区、水流、耕地、自然保护地等多种生态类型。与此同时,转移支付的规模和金额也在逐年增长。

二、我国生态补偿政府转移支付的分类

(一)纵向转移支付制度和横向转移支付制度

纵向转移支付和横向转移支付是依据转移支付双方的地位进行的划分。不平等主体之间进行的转移支付是纵向转移支付;而平等主体之间的转移支付是横向转移支付。

1. 纵向转移支付

在公共产品理论和财政分权理论下划分各级政府间的收入和支出,不可避免地会导致政府间财政的纵向不均衡。为均衡各级政府间财政,需要上下级政府之间进行财政调节。故纵向财政转移支付成为缩小经济发展水平差距的重要手段。体现在生态补偿方面,考虑生态环境作为公共服务(产品),具有明显的外溢性和较强的外部性,而分税制之下我国地方财权和事权的不对等,就要求中央政府对生态环境保护地区的政府进行适当的纵向转移支付,确保当地政府有足够的财力对生态予以补偿。纵向转移支付方式是我国生态补偿转移中的主要方式,如重点生态功能区转移支付资金、林业补助资金等。虽然生态补偿的纵向转移支付方式有利于节约交易成本,可以根据法律规定进行监管,但所有的补偿资金均由中央承担势必会增加中央的财政压力,且对于跨区域生态问题的解决缺乏针对性。

2. 横向转移支付

布坎南(Buchanan)于1965年在其论文《俱乐部的经济理论》(An Economic Theory of Clubs)中提出了横向平衡的概念,为横向转移支付制度提供了理论基

础。由于不同地区的税收基础和财政能力存在明显差异,故可以在经济发达地区与落后地区之间进行财政的转移支付,从而实现地区间的公平和均等化。具体到生态补偿上,由于生态环境特殊的公共性导致生态受益者可以获得良好的生态服务却不需要支付任何对价,生态保护者投入了大量的财力、人力却没能获得收益,造成成本与收益的不对称。因此,为克服这种地区间的不公平,横向转移支付制度依据"谁受益,谁补偿;多受益,多补偿"的原则要求生态受益地区的政府向提供生态服务或者为保护生态环境牺牲发展机会地区的政府转移部分财政资金作为补偿。生态补偿横向转移支付方式具有显著的优点,能在生态环境密切联系的区域间建立起跨区域的生态服务交换关系,实现收益和成本的对等,有效调节地区间的利益关系。通过双方的友好协商,科学公平地解决补偿主体、受益主体、补偿标准等问题,使保护生态环境的行为能够获得相应的补偿,有利于长效激励机制的形成。但也存在不足之处,如由于协商双方代表不同的利益群体,仅靠双方间的协商,难以达成一致协议。同时,横向生态补偿转移支付存在监管缺失的问题。我国在横向生态补偿政府转移支付项目上的实践次数并不多,如北京市和河北省签订的关于密云水库上游潮白河流水源涵养区横向生态保护补偿实施方案等。

(二)一般转移支付制度和专项转移支付制度

一般转移支付和专项转移支付是依据转移支付的财政资金是否规定用途来划分的。

1. 一般转移支付

一般转移支付,是指不对转移支付的资金规定用途。由上级政府考虑多种因素,采取公式计算向下级政府分配财政资金,下级政府获取资金自行决定如何分配、具体的使用方案等。如我国对资源枯竭型城市、重点生态功能区的转移支付等。这种转移支付方式的好处在于资金的使用比较灵活,接收地政府可以根据当地的具体情况决定如何使用该笔资金,使资金的使用更加灵活高效,并且可以促进各地的基本公共服务均等化。但不足之处在于该笔资金难以针对生态补偿做到定向使用,不利于生态环境的保护;而且我国当前的生态补偿一般转移支付规模不大,力度不够,不能完全满足当地政府生态补偿的需要。

2. 专项转移支付

专项生态转移支付是国家为完成特定项目,达成特定目标,针对某些具体项目予以资金支持,但是这些款项的使用需要遵循既定的规则,不得自由调用。如我国对退耕还林、退耕还草、生态公益林等项目的专项转移支付。该种转移支付具有较强的政策目标,往往是为完成中央的某项具体的生态战略目标而有针对性地对该特定生态区域进行补偿;而且固定了资金使用用途有助于减少“寻租”空间、降低地方政府在资金利用上的道德风险。但是该种生态补偿转移支付项目往往周期较长,需要大量的投入,且难以保证项目结束之后的生态效果。

三、我国生态补偿政府转移支付制度的作用

生态补偿政府转移支付制度除有利于生态环境保护、促进可持续发展外。还有如下的作用:

(一)有利于解决居民发展权和环境权的矛盾

环境权,是指公民享有的在不被污染和破坏的环境中生存及利用环境资源的权利。[①] 作为公民的一项基本权利,环境权应当受到国家和法律的保护。而发展权作为一项独立的人权,其基本含义是国家、民族和个人自由地、积极地参与政治、经济、文化、社会和生态文明的发展,同时公平地享有发展所带来的利益的权利。[②]

在我国生态保护的实践中,存在一个不可忽视的矛盾:生态环境较脆弱或者各类资源丰富的地区往往是经济发展较不发达的地区。如云南省、贵州省等山林地区以及长江、黄河的中上游地区,这些都是生态保护的重点区域,但同时也是经济较落后的地区。要求贫困地区“抱着金饭碗却还饿肚子”“饿着肚子呼吸新鲜空气”,但发达地区却并不为此支付任何的补偿或对价,可以一边享受良好的生态环境,一边大力发展经济,这显然是不公平的。因此在面临发展权与环境权的冲突时,贫困地区往往会优先选择发展权,而放弃环境保护。生态补偿转移支付制度可以通过转移支付增强与地方事权相匹配的财力,一方面对当地居民由于生态保护导致的发展机会损失以财政的形式予以补偿,另一方面以财政的形式鼓励当地居民更好地进行环境保护。

(二)有利于改善民生,生态扶贫

虽然生态补偿的直接目的并不是扶贫、改善民生,但贫困地区的居民在生态补偿转移支付中也能获得经济利益。例如,在林业草原生态补助中,政府转移支付资金中的一部分会被用于生态护林员的劳动报酬。2020 年《林业草原生态保护恢复资金管理办法》第 13 条规定,生态护林员补助用于支付在贫困地区进行

---

① 参见吕忠梅:《论公民环境权》,载《法学研究》1995 年第 6 期。

② 参见李旭辉:《毛泽东、邓小平关于少数民族人权思想的理论与实践》,载《太原大学学报》2014 年第 3 期。

资源管护人员的劳务报酬。2019 年山西省林业和草原局《关于落实国家生态护林员补助资金的通知》明确该年度中央对山西省的财政生态护林员补助资金达到了 1.28 亿元。生态护林员补助在对生态脆弱区进行补偿的同时,也提供了更多的就业机会,增加了当地居民工资收入,对当地的扶贫工作起到一定的促进作用。近年来,中央对地方重点生态功能区转移支付办法也规定转移支付的资金可以用于生态补偿、改善民生。

第二节 我国生态补偿政府转移支付制度的评析和国外实践

我国幅员辽阔、资源丰富,各地生态环境差异较大。因此,我国生态补偿转移支付制度也涵盖了不同的生态环境类型。2020 年,国家发展改革委发布的《生态保护补偿条例(公开征求意见稿)》包括森林补偿、草原补偿、湿地补偿、水流补偿、荒漠补偿、内陆和近海重要水域休禁渔补偿、耕地补偿、重点生态功能区补偿、自然保护地补偿等。每种生态补偿的转移支付具体规定有所不同。本节重点介绍下列三种生态补偿政府转移支付制度并进行评析。

一、重点生态功能区政府转移支付制度

(一)重点生态功能区转移支付制度

重点生态功能区涵盖了我国 53% 的国土面积,作为我国最大的生态区域补偿政策,对我国的生态补偿转移支付制度意义重大。2008 年,中央在一般转移支付项下设立国家重点生态功能区转移支付项目,在财政中安排额外资金进行试点工作,将天然林保护、青海三江源和南水北调等重大生态功能区所辖 230 个县区纳入转移支付范围。2009 年,重点生态功能区转移支付制度在全国范围内正式推广并新增"水土保持"和"防风固沙"两类补助范围。同年,财政部发布《国家重点生态功能区转移支付(试点)办法》,并于 2011 年和 2012 年进行修改。2016 年以后,财政部每年都会修订《中央对地方重点生态功能区转移支付办法》,不断完善。同时该制度的范围也在不断扩大。从 2010 年 451 个试点县区发展到 2014 年发布的《2015 年国家重点生态功能区县域生态环境质量监测、评价与考核工作实施方案》中"国家重点生态功能区县域名单"所列的 512 个县域,2016 年《关于同意新增部分县(市、区、旗)纳入国家重点生态功能区的批复》将重点生态功能区的县市区数量增加到 676 个。到 2019 年,全国共有 817 个重点生态功能区县域。此外,中央对地方的转移支付力度也在不断加强

(见表4－3)。

表4－3　2016～2020年中央对重点生态功能区补助总额

年份	2016	2017	2018	2019	2020
补助总额(单位:亿元)	570	627	721	811	794.5

数据来源:2016～2020年的《中央对地方重点生态功能区转移支付办法》附件中的重点生态功能区转移支付情况表整理,载中华人民共和国财政部官网,http://search.mof.gov.cn/was5/web/search。

对重点生态功能区的转移支付不同于一般的转移支付,其获得并不是无偿的。而是相当于中央政府和重点生态功能区所在的县级政府签订了一个长期的生态补偿协议:中央依据县级政府对生态保护的投入程度和生态环境的质量状况等标准对县级政府进行考核,并依据考核结果确定给予县级政府的转移支付资金(具体见表4－4①)。

表4－4　中央对地方重点生态功能区转移支付方法

年份	文件名称	补偿公式	激励机制
2009	《国家重点生态功能区转移支付(试点)办法》	[∑该省(区、市)纳入试点范围的市县政府标准财政支出－∑该省(区、市)纳入试点范围的市县政府标准财政收入]×[1－该省(区、市)均衡性转移支付系数]＋纳入试点范围的市县政府生态环境保护特殊支出×补助系数±奖惩资金	根据EI结果,对生态环境明显改善的地区,中央财政给予适当奖励。对于因非不可抗拒因素而生态环境状况持续恶化的地区,将应享受转移支付的20%暂缓下达 基本公共服务指标中任何一项出现下降的,中央财政将按照其应享受转移支付的20%予以扣除
2011	《国家重点生态功能区转移支付办法》	∑该省(区、市)纳入转移支付范围的市县政府标准财政收支缺口×补助系数＋纳入转移支付范围的市县政府生态环境保护特殊支出＋禁止开发区补助＋省级引导性补助±奖惩资金	对生态环境明显改善的地区,中央财政给予适当奖励。对非因不可控因素而导致生态环境恶化的地区,按一定比例暂缓下达补助资金 规定指标中任何一项出现下降的,中央财政将按照其应享受转移支付的20%予以扣除

① 载财政部官网,http://search.mof.gov.cn/was5/web/search,最后访问日期:2021年8月3日。

续表

年份	文件名称	补偿公式	激励机制
2012	《2012 年中央对地方国家重点生态功能区转移支付办法》	∑该省限制开发等国家重点生态功能区所属县标准财政收支缺口 × 补助系数 + 禁止开发区域补助 + 引导性补助 + 生态文明示范工程试点工作经费补助 ± 奖惩资金	对生态环境明显改善的县，适当增加转移支付。对非因不可控因素而导致生态环境恶化的县，适当扣减转移支付。其中，生态环境明显恶化的县全额扣减转移支付，生态环境质量轻微下降的县扣减其当年的转移支付增量
2016	《2016 年中央对地方重点生态功能区转移支付办法》	重点补助 + 禁止开发补助 + 引导性补助 ± 生态护林员补助 ± 奖惩资金	对考核评价结果优秀的地区给予奖励。对生态环境质量变差、发生重大环境污染事件、主要污染物排放超标、实行产业准入负面清单不力和生态扶贫工作成效不佳的地区，根据实际情况对转移支付资金予以扣减
2017 ~ 2019	《中央对地方重点生态功能区转移支付办法》	重点补助 + 禁止开发补助 + 引导性补助 + 生态护林员补助 ± 奖惩资金	

资料来源：财政部网站发布的 2009 ~ 2019 年《中央对地方重点生态功能区转移支付办法》。

自重点生态功能区转移支付制度实施后，我国的生态保护取得了一定成效（见图 4 - 1①）。

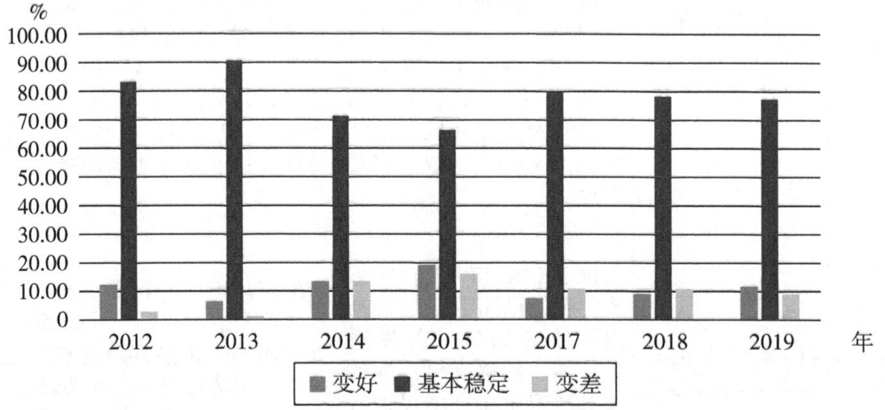

图 4 - 1　2012 ~ 2019 年国家重点生态功能区县域生态环境质量变化

注：2016 年数据未披露。数据来源：根据生态环境部网站公布的 2012 ~ 2019 年《中国环境状况公报》整理所得。

① 参见《中国环境状况公报》（2012 ~ 2019 年），载生态环境部官网，http://www.mee.gov.cn/qwjs2019/? searchword = %E4%B8%AD%E5%9B%BD%E7%8E%AF%E5%A2%83%E7%8A%B6%E5%86%B5%E5%85%AC%E6%8A%A5，最后访问日期：2021 年 8 月 3 日。

(二)重点生态功能区转移支付评价

如上述数据、图表所示,重点生态功能区转移支付制度的实施具有显著效果。大部分的重点生态功能区县域的生态服务质量趋于基本稳定。生态环境质量有所好转。

但也存在以下问题:一是重点生态功能区生态补偿的转移支付资金没能做到专款专用,不仅用来保护生态,还被用来改善民生,容易忽略生态保护。二是重点生态功能区转移支付制度对环境质量改善的并不十分显著。每年生态质量变好的县域数量基本和质量变坏的县域数量相同。三是重点生态功能区转移支付的激励机制不够明显,且其奖惩标准越来越模糊,缺乏严格的操作标准。

二、森林生态补偿政府转移支付制度

(一)森林生态补偿转移支付概况

2001 年,财政部和国家林业局联合发布了《〈关于开展森林生态效益补助资金试点工作的意见〉的通知》,对包括黑龙江、辽宁、浙江、福建、广西等在内的 11 个省(区)的重点防护林和特种用途林进行补助试点。2004 年该项制度在全国正式推行,中央补偿基金平均补助标准为每年每亩 5 元。此后,2007 年中央修订了《森林生态效益补偿基金管理办法》,并于 2013 年发布了《国家级公益林管理办法》(2017 年进行了修订),2014 年发布了《中央财政林业补助资金管理办法》(已失效)等文件,对该制度进行了完善。转移支付的规模和重点公益林的总面积在逐渐增加,对公益林的补偿标准也有所增加(见表 4-5)。

表 4-5　2001~2013 年我国公益林补偿转移支付情况

<table>
<tr><th>年份</th><th>每年补偿资金/亿元</th><th>重点公益林总面积/亿亩</th><th>补偿标准</th></tr>
<tr><td>2001~2003</td><td>10</td><td>2</td><td>5 元/亩</td></tr>
<tr><td>2004~2005</td><td>20</td><td>4</td><td rowspan="2">5 元/亩(其中:补偿性支出 4.5 元/亩,森林防火等公共管护支出 0.5 元)</td></tr>
<tr><td>2006</td><td>30</td><td>6</td></tr>
<tr><td>2007</td><td>33.4</td><td>6.68</td><td rowspan="3">5 元/亩(其中:补偿性支出 4.75 元/亩,公共管护支出 0.25 元/亩)</td></tr>
<tr><td>2008</td><td>34.4569</td><td>6.89138</td></tr>
<tr><td>2009</td><td>52.47</td><td>10.49</td></tr>
</table>

续表

年份	每年补偿资金/亿元	重点公益林总面积/亿亩	补偿标准
2010	75.81	10.49	国有国家级公益林:5 元/亩 集体和个人所有国家级公益林:10 元/亩
2013 年及以后	149	13.9	国有国家级公益林:5 元/亩 集体和个人所有国家级公益林:15 元/亩

数据来源:根据 2001 ~2020 年财政部、国家林业和草原局(原国家林业局)历年公布的《中央财政森林生态效益补偿基金管理办法》、《中央财政林业补助资金管理办法》(已失效)等文件整理。①

(二)森林生态补偿转移支付评价

对森林进行生态补偿转移支付制度使我国的森林数量有了明显增加,森林质量有所提高。据国家统计局公布的"第九次全国森林资源清查"(2014 ~2018 年)资料显示:全国森林面积已经超过了 2.2 亿公顷,森林覆盖率为 23%。与上一次(2009 ~2013 年)清查相比,森林面积增加了 1276 万公顷,森林覆盖率提高 1.3 个百分点。但与此同时,森林生态补偿政府转移支付制度依然有以下需要改进的地方:

1. 标准粗放

目前国家级公益林的补偿标准采取"一刀切"的方式,全国采用统一的标准:国有的为每年每亩 5 元,集体与个人所有的为每年每亩 15 元。但实际上,不同地区、不同林木的管理成本、人工成本是不同的,而且各公益林所发挥的生态效益、生态价值也大不相同。按照公益林的面积进行统一标准发放,忽视了各地环境条件和地方财政状况的差别。

2. 标准过低

出于对森林生态的保护,生态公益林的经营者不能进行经营性的林木经营,仅能够按照规定获得补偿资金。过低的补偿标准将会打击补偿地区居民生态保护的积极性。如广西壮族自治区南宁市 2009 年对本市公益林管护情况进行检查调研后发现,公益林补偿标准远远低于林地用于农业生产或种植经济林带来

① 载财政部官网,http://search.mof.gov.cn/was5/web/search?page=2&channelid=295890&orderby=-PUBORDER%2C-DOCRELTIME&was_custom_expr=doctitle%3D%28like%28%E6%A3%AE%E6%9E%97%E6%9E%97%E4%B8%9A%29%2Fsen%29&perpage=10&outlinepage=10&andsen=%E6%A3%AE%E6%9E%97%E6%9E%97%E4%B8%9A&total=&orsen=&exclude=&searchscope=doctitle&timescope=&sStartTime=&sEndTime=&orderby=-PUBORDER%2C-DOCRELTIME,最后访问日期:2021 年 8 月 3 日。

的 60～100 元/亩的经济收入，导致当地不少林农要求退出公益林管护体系。[①]

三、流域生态补偿横向政府转移支付

（一）流域生态补偿横向转移支付概况

由于水流具有显著的流动性，故流域的生态环境问题不是一方主体能够解决的，需要上下游双方或者多方主体的相互协作。而我国的生态区域划分与行政区域划分存在差异，因此流域的上下游常常会属于不同的行政区域。加之现行环境管理适用属地管理原则，因此流域的不同流段会被不同的行政区管辖，由于沟通不足等问题导致流域环境治理效果不佳，阻碍了财政资金发挥应有效果。因此流域间的生态补偿需要横向转移支付。流域生态的横向转移支付可以分为省内行政单位之间和省际单位之间的生态补偿转移两种。

1. 省内之间的流域生态补偿横向转移支付

福建省九龙江流域的生态补偿转移支付是省内之间的流域生态补偿横向转移支付的实践。福建省是我国著名的水资源大省，河流分支错综复杂，但由于其流域内各地区过去以牺牲环境的方式发展经济，导致水资源质量逐渐恶化。九龙江流域是福建省重点实施生态补偿的流域之一，上游政府（主要是龙岩市和漳州市）为保证九龙江的水质，投入了大量的财政资金。但也造成了上游地区财政困难的窘境，削弱了其保护水质的积极性。于是，福建省政府组织上下游地区的政府就九龙江流域的生态补偿进行协商谈判，并最终达成关于该流域横向生态补偿的方法：福建省厦门市政府作为享受良好水质利益的下游政府，每年需要向上游地区的政府转移支付一定的资金作为补偿，该笔资金由上游政府协商分配，用于保护九龙江流域。

2. 省际之间的流域生态补偿横向转移支付

安徽省新安江流域的生态补偿转移支付是省际之间的流域生态补偿横向转移支付的典型实践。新安江作为一个跨省流域，其上游位于安徽省境内，下游又位于浙江省内。2011 年 9 月，财政部和环境保护部印发了《关于开展新安江流域水环境补偿试点的实施方案》，标志我国首个跨省的流域生态补偿转移支付项目开始实施。这次试点由中央财政提供 2 亿元资金，浙江省提供 1 亿元资金专供安徽省用于对新安江上游流域的污染治理和环境保护，由原环保部每年负责组织皖浙两省对跨界水质进行监测，并以两省省界断面全年稳定达到考核的标准

① 参见沈满洪、魏楚、谢慧明等：《完善生态补偿机制研究》，中国环境出版社 2015 年版，第 90 页。

水质为基本标准。依据该实施方案，如果安徽省提供的水质能优于该基本标准的，浙江省需要对安徽省进行补偿；如果劣于该标准，由安徽省对浙江省进行补偿；若是达到基本标准，则双方都不补偿。[①] 在第一轮的3年试点后，新安江水质得到了大大改善，成功保持在优质水准。

(二)流域生态补偿横向政府转移支付评价

从上述实践来看，横向转移支付可以有效地解决区域间生态环境资源不均衡的问题，优化了资源配置。第一，扩大了生态补偿的资金来源，有效筹集了地区间进行横向生态补偿所需的资金，从而大大减轻了中央财政的压力。第二，可以使生态环境利益相关者有效参与，平等协商，有效沟通，自行决定补偿标准、补偿方式和补偿范围等问题。第三，通过区与区之间进行财政资金的转出和接受，协调生态环境提供者和获益者之间的成本和收益，形成共担成本、共享利益的生态补偿格局，有利于实现生态服务(产品)供给在社会上的最优配置。

但同时也要注意到，目前我国的生态补偿横向转移支付制度，主要依靠由上级政府牵头，双方进行协商签订合作协议等形式开展。这可能会导致稳定性不够，而不能普遍适用的问题。

四、我国生态补偿政府转移支付制度的不足

(一)模式不够健全

1.模式较单一

目前，我国在生态补偿方面进行的转移支付主要是以纵向转移支付制度为主，模式比较单一。该种制度模式存在以下三个方面的缺陷：

一是党的十八届三中全会明确指出："坚持谁受益、谁补偿原则……推动地区间建立横向生态补偿制度。"纵向转移支付模式的适用与"谁受益，谁补偿"的原则存在冲突。

二是纵向转移支付模式与我国生态分布的实际情况之间存在冲突。以重点生态功能区为例，生态功能区的实际分布和我国行政区域的划分并不一一对应，因此常常会导致很多生态功能区跨越数个省级、市级行政区，更有甚者同时跨越了4个省级行政区，完全属于一个省级行政区的生态功能区很少。而纵向转移支付的模式是中央对地方的转移，无法实现跨省级的生态补偿项目资金使用的最优配置。

---

① 参见徐庆：《论生态补偿转移支付制度的建构》，载《长江大学学报(社科版)》2015年第12期。

三是纵向转移支付制度会造成中央的财政压力过大。每年的中央财政收入都是有限的，如果过多的资金被用于生态补偿，势必会导致压缩国家对其他转移支付项目的支出，如教育、科学技术、医疗卫生等方面，从而阻碍我国的全面发展。

2. 补偿标准单一

现阶段实施的纵向财政转移支付制度中，在生态补偿方面主要是按生态保护辖区保护面积、草原森林面积、保护林种植数量等简单粗放的考核标准进行计算予以补偿，这种过于重视量而轻视质的生态补偿计算标准在实践中会造成，受补偿的一方出于尽量多获得生态补偿转移支付资金的目的而只追求树木的数量、忽视树木质量的情形。例如，中央对地方重点生态功能区转移支付的补助系数考虑因素主要有：当地生态保护区域面积、标准财政收支缺口、产业发展受限对财力的影响情况和贫困情况等因素。这些转移支付系数的测算都只考虑了各地区的财政困难程度和生态保护区域的面积。但是对不同生态类型的投入需求、周期等因素没有纳入考虑，补偿标准不够科学。

（二）法律制度还不够完善

1. 行政主导的立法模式效力不够高，缺乏强制性

目前，我国关于生态补偿政府转移支付制度的立法仅有抽象性、原则性的表述，可执行性不强。执行依据大多是国务院、财政部、生态环境部等有关部门出台的行政法规、部门规章、通知、政策文件等。地方层面亦是如此，主要由地方政府对该制度作出规定。这些文件的法律位阶比较低，缺乏强制性，不利于形成长效稳定的机制。尤其是在生态补偿横向转移支付制度领域，我国目前仍是立法空缺状态，仅在一些政策性文件中有所提及。因此，生态补偿的横向转移支付往往都是依据政府间的协议，导致双方（或多方）因为地位不平等，且出于保护地方利益的原因而难以达成协议，同时也不利于项目的监督和管理。

2. 现有法律过于分散、抽象

现行有关生态补偿转移支付制度的法律规定散落于《环境保护法》《水污染防治法》《预算法》等法律之中，并没有形成专门的立法，缺乏系统性。如有关森林生态补偿转移支付的法律规范规定在《森林法》中，而关于流域的生态补偿转移支付又存在于《水污染防治法》中。同时，相关法律规定大多是原则性的条文，如《环境保护法》第 31 条仅规定了国家要建立、健全生态保护补偿制度；加大对生态保护地区的财政转移支付力度。但是，对于补偿主体、标准、范围、方式等具体问题并未涉及，在实施方面也存在不足，可操作性不强。

第三节 我国生态补偿政府转移支付制度的完善建议

一、完善生态补偿政府转移支付模式

（一）完善生态补偿横向政府转移支付

受益与补偿要求生态服务受益区应当向生态服务保护区进行财政资金的转移，有利于公平高效地解决区域间的生态环境问题，以及缓解中央政府的财政压力。因此应当建立健全以纵向转移支付为主、横向转移支付为重要补充的生态财政转移支付制度模式。具体而言，需要一个由上级相关部门的代表以及各下级政府派出的代表组成的，负责生态补偿横向转移支付日常事务的组织机构，其次由上级代表负责组织牵头下级政府代表之间的谈判、协商，对生态补偿转移支付的资金进行监管，使生态补偿横向转移支付系统化。①

（二）确立科学合理的补偿标准

如何确定生态补偿转移支付的补偿标准是生态学的研究重点，也是生态补偿转移支付制度中的重点和难点，对于平衡主体间的利益关系十分重要。生态补偿标准决定生态补偿是否充分，影响生态补偿项目的实施成效，关系其他利益相关者的切身利益。科学合理的生态补偿标准应当能够实现生态效益价值与经济发展水平、受益者的财政承受能力与其对生态效益的需求之间的有机平衡。这要求生态补偿标准的确立既要考虑中央和受益者的经济支付能力和意愿，又要确保生态效益的生产者或保护者获得恰当的补偿。

在生态补偿政府转移支付的补偿标准上需要综合考虑当地经济发展水平、生态效益价值以及中央的承受能力等多方面的因素，并注意以下三个方面：一是各生态种类应当制定不同的补偿计算方法；二是采用动态补偿标准，随当地的生态环境变化作出适当调整；三是明确惩罚或奖励因素，以督促当地政府更高效率地利用转移支付的资金。生态补偿标准的确定还需要综合考虑受益地区经济支付能力以及当地居民对生态补偿的支付意愿等，平衡经济发展水平与生态效益享受。总而言之，生态补偿标准的确定需要考虑多种因素，实现多种利益之间的平衡，包括但不限于生存利益、经济利益、发展利益、生态资源利益等。

二、完善生态补偿政府转移支付法律制度

可以参考巴西生态补偿转移支付的立法经验，采取立法先行的模式，加快生

① 参见杨晓萌：《中国生态补偿与横向转移支付制度的建立》，载《财政研究》2013 年第 2 期。

态补偿法(条例)、财政转移支付法(条例)的出台,使生态补偿和政府转移支付有法可依,为我国的生态转移支付制度提供法律保障。

(一)加快财政转移支付的立法

财政法定的原则要求转移支付制度应当以法律的形式予以确定。当前,我国的转移支付制度规范性和透明性有待加强。而财政转移支付法(条例)可以用法律形式确定转移支付制度的主体、方式、标准和考核等重要内容,有利于减少不确定性,降低人为因素在该制度中的影响,保证制度的有序推进。①

(二)加快生态补偿的立法

我国应当以法律的形式建立和完善生态补偿制度,使生态补偿制度有法可依。生态补偿法(条例)需要对生态补偿的对象、主体、方式、范围、程序、标准、资金来源和管理、奖惩机制、法律责任等多个环节进行规定。实践中,可以采用由中央层面负责制定总的方针和政策、立法精神,然后由地方在中央总体方针、政策、精神的指导规范下,依据各自的经济发展水平和生态状况等实际情况对相关内容进行细化的规定。自2010年起,国务院将研究制定生态补偿条例列入国家立法计划,并组织了包括国家发展改革委、财政部、水利部、国土资源部、环保部等11个部门和单位在内的条例起草小组,进行相关的立法工作。② 2020年才由国家发展和改革委员会发布了《生态保护补偿条例(公开征求意见稿)》,生态补偿的立法工作需要加快推进。

三、完善生态补偿相关法律制度

生态补偿的政府转移支付制度是一项涉及环境法、经济法、财政法等多个部门法的复杂制度。目前,我国依然存在生态保护观念落后,以及产业转型困难等诸多方面的问题。想要更好地完善我国的生态补偿政府转移支付制度,还应当用联系发展的眼光看待问题,通过完善其他相关制度以促进生态补偿转移支付制度的进一步完善。在生态补偿政府转移支付制度完善中,应当注意加强以下三方面的工作:

(一)政府构建绿色GDP考核制度

自改革开放以来,我国采取以GDP为核心的地方政府绩效考核方式,这使地方政府为追求更好的政绩,将大量的人力和财力投入到GDP的增长上;而忽

① 参见安体富:《中国转移支付制度:现状·问题·改革建议》,载《财政研究》2007年第1期。
② 参见贾康、刘薇:《生态补偿财税制度改革与政策建议》,载《环境保护》2014年第9期。

视了那些并不在考核范围内的指标,如生态环境保护等,导致严重的环境污染、滥用环境资源等问题。因此,地方政府追求 GDP 增长的同时,还要增加生态环境因素,并逐渐提高生态环境因素所占的比重。

(二)大力宣传生态保护的观念

徒法不足以自行。想要顺利推进生态补偿制度,应当要让民众知道保护生态环境的重要性和迫切性,让大众认识到生态环境并不仅仅具有经济价值,树立正确的生态服务消费观。坚持以绿色发展、绿水青山就是金山银山的理念为指导,在日常的普法教育中融入生态保护的概念,加大对生态保护观念的宣传力度和宣传范围。从根本上杜绝以破坏生态环境换取经济发展的观念。

(三)拓宽生态补偿的资金来源

当前我国的生态补偿资金的来源几乎只有财政转移支付一种,给政府财政带来不小的压力,挫伤了政府环境治理的积极性。为达到环境与经济的双赢,除财政转移支付外,还可以通过市场手段实施生态补偿。可以先选择一些环境资源产权较明晰,交易成本较低的生态补偿项目进行试点工作,探索在生态补偿中加入市场交易的手段。此外,在生态补偿制度中还可以由经济发达的生态受益区采用人才培养、技术指导等方式对经济较落后的生态受偿区进行补偿,变“输血式”为“造血式”生态补偿,有助于从根本上改变生态保护地区落后的粗放型生产方式,实现经济的发展。

第五章　生态补偿财政监督与参与制度研究

《生态文明体制改革总体方案》(以下简称《方案》)中提出构建生态文明制度,明确现代化导向。生态补偿作为生态文明制度建设中关键一环,在此之前已在我国广袤领土上燃起"星星之火"。《方案》中明确的五大试点区域,时至今日在生态补偿制度构建方面已卓有成效,但在研究相关试点区出台的生态补偿政策性文件后,生态补偿金使用财政监督制度构建各地建设速度不一,财政监督制度完善程度也有较大差异。切实发挥预算在财政监督中的作用,是财税法治的题中应有之义。财税法治源于财税法公共财产法之定位,其内核在于控制国家权力扩张,保障纳税人权利。为使财税法治得以实现,不仅需要优良的财税立法来划定财产权的界限,更需要构建完善的监督制度实现对政府公权力的动态约束,切实发挥出监督制度的作用。

第一节　生态补偿现行监督政策与评述

一、生态补偿财政监督制度之现状

从财政监督制度全局来看,权力机关、财政机关和审计机关是三大最基本的监督机关,新闻媒体和社会公众对财政活动的监督其实也是通过向上述三个机关进行检举,并由其进行审查以决定是否启动监督程序。① 权力机关以对预算编制、审批、执行过程行使监督权力。财政机关的监督职责由财政部门中财政监督专职机构和财政业务管理机构共同分担,承担合规监督与绩效监督两个层面的职责。

审计监督包括内部审计、国家监督与社会监督,一般仅有国家审计机关对财政开支合理性进行监督。我国审计机关虽有一定独立性但仍隶属于行政系统,在生态补偿实践中越来越多地引入第三方机构进行审计监督。生态补偿制度中审计监督主要采取资金专项审计的方式,聚焦事中资金使用管理,督促整改。实行领导干部自然资源资产离任审计项目,重点关注补偿金使用管理情况。依法问责、追责。亦有审计机关对地方生态补偿制度提供政策建议,为生态补偿监督制度法治化建言献策。

生态补偿中还涌现出更多具有制度特色的财政监督制度。生态补偿可按照补偿方和受偿方是否具有行政隶属关系划分为横向、纵向生态补偿。因等级地位不同导致差异化的财政监督制度设置,纵向生态补偿制度主要体现为中央对地方行政机构的监督、省级对省内行政机关的监督,横向生态补偿则主要表现为同级别之间的监督。

(一)纵向生态补偿制度中的财政监督制度

1. 中央对生态补偿制度的财政监督

纵向生态补偿制度中极为突出的部分是中央对地方各省的生态补偿。制度建立初期,以中央各部委领头对生态补偿制度建立给予大力资金支持。为构建以地方横向为主的生态补偿制度,中央财政资金逐渐退出,中央层面现以顶层设计、宏观制度构建为主。

中央财政监督以各种法律、行政规章为抓手,全国一盘棋,逐渐搭建起国家层面上的监督体制。在具体制度层面上,《生态环境损害赔偿资金管理办法(试行)》从损害赔偿金的获得入库开始,层层明确职责,落实责任。既重视事前监督也重视事中监督与管理,要求发挥好绩效管理与社会舆论监督的双重作用。2021年9月出台的《关于深化生态保护补偿制度改革的意见》为制度构建指明了方向,意见中特别提出落实主体责任、健全考评机制并强化监督问责,发挥自然资源资产离任审计制度作用。

中央对生态补偿的财政监督还体现在支持引导地方构建生态补偿机制的实施方案中,对地方生态补偿财政监督机制建立起指导作用。财政部、生态环境

① 参见刘剑文:《财税法——原理、案例与材料》,北京大学出版社2013年版,第136页。

部、水利部、国家林业和草原局《支持引导黄河全流域建立横向生态补偿机制试点实施方案》(财资环〔2020〕20号)提出搭建规范化的核算体系及考核机制,优化补偿金的配置使用。国家发改委《长三角生态绿色一体化发展示范区总体方案》(发改地区〔2019〕1686号)强调深化事后监管制度改革,提出了创新性的监管制度,结合时代背景,开展推进"双随机、一公开""互联网+监管"监管政策,建立第三方专业机构参与机制。《淮河生态经济带发展规划》(发改地区〔2018〕1588号)鼓励公众积极参与实施与监督,强调流域内管理机构联合发力,实现综合管理目标,广泛联合,勠力同心,共同参与绩效评价考核。

除政策性文件外,中央编制的生态保护资金绩效目标表,对地方开展生态保护工作绩效考核也有指导意义。财政部下达地方的《林业草原生态保护恢复资金区域绩效目标表》指明了产出、效益、满意度三大指标。对比其他由财政部下达的绩效目标表,绩效一级、二级指标已基本确定,对规范下级财政绩效指标具有指导作用。对比2020年四川省下达到各市(州)的生态转移支付项目绩效目标表、福建省生态环境厅整体支出绩效目标表、河南省2021年环境质量生态补偿金区域绩效目标申报表等,表中列示的绩效指标都与财政部列明的相同。统一的绩效指标对横向生态补偿制度有重要指导意义。

2. 省内构建的生态补偿制度财政监督

虽然省内财政监督制度规范的不都是纵向生态补偿制度,但采取的规范手段多为上级政府对下级的领导命令式。浙江省温州市、张家港市等省内生态补偿制度多以省级出台的生态补偿金管理办法进行宏观指导管理。此外,各市级机关还可以通过签署横向生态补偿协议实现对生态补偿金的管理。

(1)四川省《沱江流域横向生态保护补偿协议》

该协议设立沱江流域生态补偿资金专门用于生态环境保护。出资比例按照过江各市经济发展情况在整个流域中占比、水资源开发程度及地表水质量确定;资金分配预算按照保护绩效、面积占比、环境改善效果等确定;且水质达标情况及改善情况将作为第二年清算指标,[①]协议形成了较完善的生态补偿财政监督制度,涵盖了事前资金筹集管理、预算编制及事后资金清算。这一体系不仅可以实现对生态补偿金的管理监督,也可以实现对管理机关的正向激励和反向约束作用。此外,根据补偿协议筹集、分配比例及清算扣除金额每年的动态变化,资金

① 参见夏溶矫、包星月、刘新民:《四川省流域生态补偿探索与实践》,载《环境生态学》2020年第9期。

管理适时进行动态调整。

(2)山东省临沂市《森林生态效益补偿资金使用管理暂行办法》

该办法运用“两个清单”“两道关口”“两个加强”措施规范森林生态补偿资金的管理使用。预算方面，在编制和执行中设置“两道关口”。由林业局和财政局双重审核编制年度预算建议后，再报市人大审批。在资金下达后及时编制计划并报市级财政局备案。在资金使用方面，确定“正面清单”和“负面清单”，指明资金使用重点领域。在资金监管方面，确定“两个加强”，加强监督检查和绩效管理，明确林业部门的监管职责。绩效管理方面，要求对绩效目标实现程度及预算执行情况两方面进行监督，定期对绩效信息进行整理、分析，及时纠正，确保如期实现。此外，在大气环境保护方面，委托独立第三方进行绩效评价，并依托绩效结果作出次年资金预算。① 除出台专门的资金管理办法外，生态补偿金管理还散见于各具体实施文件中。

湖南省人民政府办公厅《关于建立长株潭城市群生态绿心地区生态补偿机制的实施意见》(湘政办发〔2020〕6号)专项规定了补偿资金管理制度，要求省级财政厅会同有关单位，定期跟踪监管资金使用情况并及时提出整改意见向省政府报告，落实监管责任，并列明人大、政协及纪检监察、审计的监督检查职责。

河南省人民政府办公厅《关于健全生态保护补偿机制的实施意见》(豫政办〔2016〕184号)，为维护生态补偿制度长期发展奠定了制度基石。在文件中特别提出要完善生态保护补偿保障机制，明确责任分工和监测考核、督促落实资金。意见指出，要统筹好各部门力量，严格落实资金使用管理及跟踪分析监督，加强全省范围内的环境监管网格化体系建设，开展动态评估，做到督察工作与生态保护补偿工作的有机结合。

(二)横向生态补偿典型财政监管制度

1. 新安江跨流域生态补偿中的财政监督制度

皖浙两省于2012年共启新安江试点，现已形成“新安江模式”，有其独特创新之处，对其他地区横向生态补偿有借鉴意义。

在财政监督制度构建上，安徽省出台了《新安江流域生态环境补偿资金管理(暂行)办法》，加强对生态补偿资金针对性的财政监督。管理(暂行)办法进一步明确了补偿资金的来源和使用范围，并设置了监督管理制度，加强对专项资金

---

① 参见田彦钰:《我国空气质量生态补偿法律制度研究——以财政转移支付为视角》，中国地质大学(北京)2019年硕士学位论文，第21页。

拨付管理。对重点项目建立跟踪问效制度，省级环保厅和财政厅对补助项目进行不定期抽查，对不合格者采取通报批评、停止拨款或收回资金、取消申报资格等惩罚措施。此外，还印发了《新安江流域生态补偿项目资金绩效评价管理办法》强化绩效评价机制管理，进一步规范主管部门的职责，规范项目绩效目标管理。根据项目特性，明确绩效评价标准和方法，制定组织管理及工作程序，并再次强调项目绩效结果将对此后项目产生影响。

2. 京津冀："引滦入津"与"密云水库上游潮白河流域"横向生态保护补偿中的财政监督制度

河北省财政厅、生态环境厅、水利厅就两个项目出台了横向生态补偿资金管理办法。两份文件大部分内容相似。在监督制度方面，文件都详细地规定了信息公示、绩效自评监控、设置绩效目标主要规则、省级单位协同北京或天津市各部门开展重点绩效评价，设立项目实施及资金使用季度报告，明确使用单位对资金使用负直接责任，规定了较完善的绩效评价体系和责任制度。就管理办法而言，"引滦入津"较"密云水库上游潮白河流域"的管理办法出台晚，在绩效评价方面进行了更细致的规制。虽同样采取因素法分配生态补偿资金，"引滦入津"项目因素还考虑到常住人口密度与人均一般公共预算收入等，这一考量因素与两个项目流域不同功能的划分有一定关系。更应注意的是，"引滦入津"项目对各要素权重进行了配比，也进一步列明了各项因素数据资料应当如何获得。在此文件中还提出省财政厅可以根据上年度预算执行情况、使用绩效及环境改善成果对资金分配进行调整，体现出更明晰的结果导向，与前一文件中省财政厅按照年度预算规模调整截然不同。

3. 广西—广东：九洲江横向生态补偿中的财政监督制度

作为跨省外河流，桂、粤对九洲江水环境都颇为重视。广东省与广西壮族自治区政府签署了合作协议，联合出台《九洲江流域水环境补偿实施方案》。九洲江流域生态补偿由二省级签署协议后，主要由广西壮族自治区玉林市落实规范，但未出台专门的生态补偿金管理办法，而是以行政命令或通知形式公布于广西壮族自治区官网上。2017 年 12 月，广西壮族自治区玉林市提出加强九洲江专项资金的监督检查，组建专项资金检查组，以现有资金管理办法为基础，分批、分期对专项资金开展检查，明确不同阶段的检查项目。在此基础上，广西壮族自治区玉林市采取多元化的检查方式对列明的几大重点检查内容着重核查，并抓好整改落实。

4. 重庆市森林横向生态补偿制度

与传统的横向补偿制度不同，重庆架构了具有创新意义的森林横向生态补偿制度。重庆市各区县友好协商、充分沟通，由森林覆盖率提升范围有限的区县向其他区县持续支付养护费用，购买绿色指标，以达到全市范围内森林覆盖率的目标要求。这种创新式的横向生态补偿有助于帮助经济较落后地区脱离牺牲环境换发展的怪圈，实现整体行政区划内生态环境的和谐发展。根据《重庆市实施横向生态补偿提高森林覆盖率工作方案（试行）》，以设定各区县新增森林覆盖率或区域内整体森林覆盖率的方法推动横向生态补偿的建立，并通过规定指导价、管护年限、付款方式、主体责任、资金使用去向等促使制度规范化。

二、生态补偿财政监督制度评述

（一）生态补偿财政监督重视程度须加强

经过分析各典型地区生态补偿实施方案可以发现，生态补偿中的财政监督制度是发展较晚的制度之一，且部分地区对生态补偿金的财政监督制度已经有了一些较科学合理的经验尝试，但只是作为地方性文件出台，没有及时形成模式进行推广。各地比较重视达成环境保护指标，而忽视生态补偿金的财政监督。在生态补偿制度建立初期，财政监督层面更缺乏详细制度构建，用一般化的规范来规制具有特殊性的问题。因此，在推进地方不断积极探索、利用好主观能动性的同时，也应发挥出既有经验作用，使其他地区在生态补偿实施初期便能搭建起完善的财政监督框架。值得注意的是，近期出台的各地生态补偿金管理制度中，财政监督制度重视程度有所加强，明确资金项目申报程序、绩效评价制度、强调考核结果与生态补偿资金挂钩等，对财政监督制度有了更具体的构建。

（二）预算编制要树立长远眼光

对首批开启的生态补偿试点地区来说，生态环境已经可以常年稳定处于优良状态、获得积极成效，应当迈入“保长效”阶段，但部分地区未能重视设定长期目标，以长期眼光来看待生态补偿金的适用。

目前，生态补偿的财政监督主要从项目申报、预算编制、项目实施过程中资金使用、绩效评价及奖惩机制来进行。其中，绩效评价是反映当年当期的生态补偿实施效果的主要指标。目前，绩效评价标准包括产出、效益、满意度三大指标，效益指标中又包含了可持续发展指标。在地区公开的生态补偿绩效评价表中，可持续发展指标项下的三级指标有重污染天气应急预案启动率、未达标城市空气质量持续改善率、持续发挥生态作用等，着眼保护水质、大气质量等的长期目标。可见，可持续发展指标针对项目执行对环境生态的长期效果有一定的反馈作用。同时，生态补偿观念亟待由“输血式”向“造血式”转变。生态补偿金本质在于实现"谁保护,谁受益;谁污染,谁补偿"。前期当地政府关停了大批对环境有恶劣影响的企业,从而促成环境改善指标的迅速达成,当地居民的生活生产却受到了极大影响。生态补偿制度亟待从"输血式"向"造血式"转变,生态补偿金也应更多投入,帮助为保护生态环境受影响地区居民生活生产的进一步开展。从财政监督角度来看,应当更多地将帮助当地居民发展绿色友好产业纳入资金项目建设的"正面清单",将其作为可持续发展指标考核之一。

(三)公众参与制度仍需完善

公众参与是体现民生财政、公共财政性质的重要部分。民主视域下的公众参与较现有权力机关监督更有效率。在多份生态补偿资金管理办法文件中都提到公众参与制度,完善公众参与程序、发挥社会舆论监督的力量,但实践中落实得还不够。

公众参与以人大财政监督为基础。人大财政监督是我国公众参与财政监督的最基础制度,对预算进行审查、督促、批准是人大一项重要职责。

公众参与制度构建始于信息公开。预算决算公开的大制度背景下,在各省网站上可以查询下载预算表。但根据清华大学课题组发布的《2020 年中国市级政府财政透明度研究报告》,2020 年度仍有共 126 个地级以上市政府财政透明度未达标准。该报告考量透明度主要关系"四本账"的公开情况,以此来反映预算及其执行情况。可见,财政信息公开透明还有一定进步空间。在生态补偿领域内,各地也针对信息公开有一些较有借鉴意义的实践。现有公开资料中可以查阅到,北京市园林绿化局、北京市财政局《北京市山区生态公益林生态效益促进发展资金管理暂行办法》(京财农〔2011〕256 号)明确提及资金分配方案公示要求。赤水河试点区中毕节市每月发布水质月报,公开当月断面水质。九洲江流域作为开展较早的试点,主要以通知公告形式公开,没有公开透明的年度公开报告、资金管理办法,无法明确是否落实为具体措施。虽然九洲江流域环境改善效果极为明显突出,但资金利用效率、使用落实情况尚未公示,资金使用透明度不高。公众参与的信息公开要求信息应当具有可便捷获取、易于解读的特性,信息公开的渠道应当多样便捷,提高生态补偿金的透明度。财政监督中公布的预算表等具有一定的专业特性,即使对普通公民来说可能难以从中获取有效信息进行监督,要求公开透明便能对行政行为产生一定约束作用。

公众参与制度需要畅通的意见沟通渠道。一些地区通过设置独立电话、邮箱、微信公众号作为意见反映渠道。公众参与渠道应当是双向的,不仅群众意见声音可以能够传递到行政机关,行政机关的回应也应能及时传达到公众。

第二节 生态补偿财政监督制度之构建

财政监督是纳税人参与法治监督、约束政府滥用公权力侵害纳税人财产权的重要途径,是提高财政资金使用效率、预防贪腐的重要途径。预算监督在财政监督中占有重要地位,可以说,健全的预算制度是实现控制政府权力扩张的重要基础。应当注意的是,在现有财政监督制度中,仍以行政机关内部监督为主。只有行政权力发挥其作用,必然无法达到监督的最好效果。公众在监督方面天然具有优势,健全公众参与制度是进一步完善财政监督制度题中应有之义。

发挥公众参与在财政监督中的作用是民生财政的必然之举。随着我国政府执政理念的转变,以服务民生作为直接目的的民生财政,成为财政变革的题中应有之义。[①] 民生财政不仅意味着支出对象要向民生倾斜,还涵盖了公平、民主、人权的追求,蕴含着我国传统文化中"以民为本"的质朴思想,承担着改善人们对财富消费和使用水平的社会职能,是一种特定的财政法治化体系。[②] 强化财政监督中的公众参与既能保障财政支出符合人民实际需求,适应对民生财政的追求,又能使财政管理程序受人民监督,预防贪腐,亦是我国建立多元化财政监督中的重要部分。生态补偿制度构建事关中华民族千秋万代,且生态保护事业需要全民参与。发挥生态补偿财政监督中公众参与的作用,源于公众对生态文明建设的关注,源于财政监督以民为本的价值取向,也源于公众参与无可比拟的制度优势。参与式预算是财政监督中的公众参与的一个重要组成部分。

一、民主财政背景下的参与式预算

参与式预算与公民通过人民代表大会间接参与预算不同,参与式预算为公民提供直接参与编制预算过程的机会,广泛听取普通公民对预算资金使用、配置顺序的意见,并提供公民直接参与预算编制决定的条件,从而真正实现公民对资金安全有效使用分配的事前监督。[③] 参与式预算不仅有助于推动财政资源向公民切身关心的项目公平合理分配,加强财政行为的监督制约,还能够积极引导公民转变身份,成为公共决策行为的参与者和监督者,[④]培育公民的主人翁精神。

---

① 参见张馨:《论民生财政》,载《财政研究》2009 年第 1 期。

② 参见陈治:《我国实施民生财政的法律保障机制研究》,法律出版社 2014 年版,第 11 页。

③ 参见马蔡琛:《现代预算制度的演化特征与路径选择》,载《中国人民大学学报》2014 年第 5 期。

④ 参见陈治:《我国实施民生财政的法律保障机制研究》,法律出版社 2014 年版,第 67 页。

参与式预算在我国现有法律体系中没有明文规定。随着公共财政改革逐渐深入,参与式预算被更多解读、研究,进入公共参与制度地方试验视野中。

(一)参与式预算的地方试验

1."温岭模式":民主恳谈会

浙江省温岭市率先开始探索,在预算审批环节加入民主恳谈,历尽千帆逐渐建立起参与式预算的"温岭模式"。浙江省温岭市参与式预算模式构建体现在预算编制预审、初次审核草案、大会审查批准三个环节加入公众协商环节,在预算审批过程中纳入公众力量。具体而言,在预算编制预审时,"温岭模式"创新性添加了民主恳谈会、专家组预审环节、代表联络站征询恳谈环节;在初次审核草案阶段,引入预算常委会初审表决、街道预算街道工委初审、财政预算财经委初审;在人民代表大会会议期间审查批准阶段,制定并规范了人民代表大会提出修正议案、大会表决财政预算草案、表决部门预算。① 这一模式把工作做在人大会召开前,提前做准备,给予公众足够时间发出声音,并保证公众声音能够得到倾听。同时还引入专家组对公众建议进行预审。公众参与能使预算编制更符合公民实际需求,专家组的指导则能使意见建议更符合预算编制的技术性需要,符合预算实施的需要。除公众外,人大常委会、街道工委及财经委也需要对预算进行初审,切实发挥其职能作用,使预算编制贴合工作计划。更重要的是,在人大会召开过程中,授予人大代表表决部门预算与修正预算的权力,使人大代表预算审查真正做到实质性审查,让人大代表的权力能够得到确实发挥。

在民主恳谈阶段,浙江省温岭市又分为两种不同的参与试验模式,一种是新河镇式,另一种是泽国镇式。新河镇将参会人员按照不同预算支出领域分小组讨论,小组探讨结果经初步审查后交给人大代表表决,人大代表可形成修正案讨论通过。泽国镇通过摇号从户籍人口中随机抽选群众参与,确定后对参会人员进行专业培训,并从中选取主持人理性引导,保障参与人员的平等性。② 泽国镇式高度重视城镇基础建设领域项目中公民的直接参与,在政府初步编制好项目预算后,会拟定民意问卷,由随机抽选的民意代表通过问卷进行项目优先排序。经恳谈会上政府与民意代表充分讨论后,再次填写调查问卷。最后政府会依据代表建议和问卷结果制定优先方案,最终以此优先方案提交人大审查讨论。"温

---

① 参见刘永标:《拓展预算审查监督的制度空间——温岭参与式预算三审制的实践与思考》,载《人大研究》2021 年第 1 期。

② 参见冯志峰、罗家为:《地方参与式预算的实践经验、问题检视与破解之道——一个基层协商民主的比较分析视角》,载《地方治理研究》2017 年第 4 期。

岭模式”中泽国镇与新河镇试验模式都有其先进之处，泽国镇参与式预算模式更直接，这与二者运行的基础条件不同有关。[①]

“温岭模式”形成“公民—专家—人大”这一沟通链条，既避免了非专业人员审查预算的缺陷，提高建议的可实施性，又使公众意见能够得到充分表达，畅通建议实现途径，避免只议不落实。此外，恳谈会是双向表达渠道，既听取了公众意见，也能将政府部门指导精神意见有效地传达给公众，提高公众参政议政能力。预审与初审阶段只挑选重点部门，节约时间成本、提高效率，亦能防止公众参与泛化。

2.“盐津模式”：民主议事员

2012 年，云南省盐津县的参与式预算试验有其独特之处。作为发展较晚的试点，云南省盐津县是由省级政府统筹，财政厅试点推进的乡镇群众参与式预算改革，盐津县为国家级贫困县，改革的主要目的在于提高预算资金使用效益，摆脱资金困境。在盐津县下属乡镇一级进行试点。在保障各村推选一定名额基础上随机抽取村民产生民主议事员，投票决策公共事务。与其他地区试验不同，该地灵活配置财政资金，运用好手中每一笔钱。实行参与式预算的资金为当年财政余额，包括上级拨付未指定项目的款项，由县级财政进行测算，再按比例下达，乡镇将其纳入参与预算的项目资金。[②]

3.“闵行模式”：预算听证会

上海市闵行区于 2008 年举行了第一次正式意义的预算听证会，公众通过网上报名或线下居委会填表报名参加。该听证会有预算草案编制机关、人大代表和普通公众参加，且此后不断完善，项目数量与质量逐年增加，程序日益完善，效果持续向好，多次达成“修正预算”效果，且闵行区人大常委会不断出台办法、规定，巩固改革成果。[③] 闵行区设置的预算听证会将参与主体广泛扩充，分设陈述人和旁听人，二者享有的权利不同。陈述人拥有发言、辩论权，旁听人当场不可以参与讨论，但可以在会后拟定书面意见提交。

除上述 3 种典型模式外，还有江苏省无锡市以社区牵头提出预算备选项目听取居民意见，居民采取直接投票参与等地方模式。

总体而言，地方参与式预算仍以间接参与为主，公众提出意见后经层层审

---

① 参见陈治：《我国实施民生财政的法律保障机制研究》，法律出版社 2014 年版，第 69 页。

② 参见冯志峰、罗家为：《地方参与式预算的实践经验、问题检视与破解之道——一个基层协商民主的比较分析视角》，载《地方治理研究》2017 年第 4 期。

③ 参见上官酒瑞：《参与式预算是全过程民主的实践形式》，载《探索与争鸣》2020 年第 12 期。

查,最终由人大代表决定是否需要进行修正。从"委托—代理理论"看,公众为"委托人",政府为"代理人",公众与政府之间层级越多、链条越长就越不利于公众意见的表达,不利于有效监督的实施。参与式预算优势在于缩短公众与政府的链条距离,公众声音可以直接传达,实现双向沟通,使监督更具可行性。但人民代表大会仍是公众意见反馈得到落实的渠道,甚至可以说,参与式预算中的公众参与实则为人大接收群众声音的辅助制度,是激活人大职责的工具,没有人大代表制度,公众参与也只是议政,无法产生实际效果,即参与式预算应当由公众参与与人大审批二者共同构成。

(二)落实人大审批权

落实人大预算审批权是参与式预算发挥效力的核心。人大监督职能的实现是其他权力得以实现的保障,应当充分发挥出预算监督的作用,警惕预算的"软化",彰显预算的约束力与执行力。预算审批权作为人大进行事前监督的一项重要权力,在人大权力体系中有其独特地位。人大通过立法控制行政机关合法治理国家,预算审批则是人大基于财政资金的审查而实现对国家事务执行的合理性审查。[①] 可以说,人大通过行使预算审批权能实现对政府年度工作计划的合法性审查。但在现有立法中,《预算法》仅原则性规定了预算审批权,没有明确其权限范围、行使权力程序,亟待健全权力体系。

从立法重视程度、监督制度实施成效角度看,现有预算监督体系中呈现出轻事前监督,重事后监督的特点。[②] 生态污染一经发生,便需要付出较污染更多的成本进行治理。腐败一经发生需耗费更多人力财力查处。生态补偿常常跨越行政规划,因腐败导致的信任危机难以弥补。事前财政监督把握生态补偿资金管理命脉。"物必先腐,而后虫生。"构建完善的事前监督制度有助于从生态补偿资金之初遏制腐败发生。事前监督主要是指预算编制、审批、执行前程序,人大预算审批权的落实便是把握事前监督的关键。

为构建人大预算审批制度,应当首先确认人大享有预算修正权。人大享有立法权,按照预算法定原则,虽无明文规定,但理论上人大应同时享有预算修正权。地方上对人大预算修正权有一些积极探索,部分地区还出台了一些地方预算监督条例,但在缺乏上位法规范的情况下,法无授权即禁止,地方缺乏继续推

---

① 参见汤洁茵:《论预算审批权的规范与运作——基于法治建构的考量》,载《清华法学》2014年第5期。

② 参见陈治:《我国实施民生财政的法律保障机制研究》,法律出版社2014年版,第230页。

进的积极性。[①]

人大事前监督还面临审批时限问题。我国全国人大代表会议一般在十几天左右,地方人大会议时间更短,也就是说人大代表预算审查的时间非常短。在短时间内需要对预算案进行调研并准备好修改方案,是难以完成的。一方面,在预算审查中应当有所侧重,对支出额较大、对社会产生较大影响、比往年有较大变化的地方,应当重点审查;另一方面,应当让人民代表提前参与预算编制过程,参与民主恳谈会、听证会,提前了解预算编制情况、政府工作计划,也更加清楚群众热切期待。

(三)生态补偿制度框架下的参与式预算

《环境保护法》第6条是公众参与原则在立法中的体现。在生态补偿制度框架下发展参与式预算,是公众参与原则的要求,也是架构多元化监督机制的需要。

生态补偿制度中预算编制的事前监督仍以行政权力为主导。山东地区看重预算编制环节,将预算编制交由林业局与财政局分步完成,对预算编制有一定监督意义,但未体现出人大在预算审查中的重要作用。预算权力配置问题的解决关键在于转变监督思路,让预算监督回归为人大主导,使人大权力和职能得到切实发挥。[②] 行政机关既为预算执行机关又为编制机关,如果对预算编制不进行实质性审查就实行,则行政机关相当于掌握了资金且不受控制。在这样的背景下,行政机关使用资金将毫无限制。相较其他项目的预算编制,审批生态补偿项目预算应更加强调参照往年绩效评价结果进行预算编制,即人大在审查生态补偿预算表时,应以往年绩效评价结果作为重要参考依据。

生态补偿领域内构建参与式预算有其天然优势。参与式预算面临的一大问题就是其适用层级,过低则资金不稳定,过高则脱离了接近公众的初心。在资金收入方面,生态补偿资金源于补偿方拨款,属于有计划的稳定性收入。生态补偿项目贴切县乡镇街道等基层群众生活,与个人生存环境息息相关。就公众参与意识方面,多数公众已经建立起保护生态环境的意识,对生态补偿项目预算编制更有参与热情。此外,在积极引入社会资金加入生态补偿资金的政策背景下,激励公众参与生态补偿预算编制,增加公众对生态文明建设事业的参与感,使生态补偿资金管理使用透明化,对政策的推行大有助益。有学者对乡镇级别

---

① 参见魏陆:《人大预算修正权困境研究》,载《社会科学》2014年第12期。

② 参见许聪:《省级人大预算监督权力考察——以30个地方预算监督条例(决定)为基础》,载《财政研究》2018年第10期。

公民参政能力提出质疑,否认大众的参与理性。参与本身蕴含教育功能。① 因此,推广公众对生态补偿项目的参与式预算,作为参与式预算推行的先行军有其可行性。

生态补偿制度中的参与式预算应当遵循普遍性、平等性原则。但绝对的普遍不一定会导致绝对的平等,可能会导致少数群体的利益被完全忽视。对生态财政补偿这种地域性较强的政策,应当更多听取保护区等利益密切相关区域范围内公众意见。在选取公众代表时,应保证该区域公众占有一定比例,而不应将普遍选取的范围泛化为户籍区域。生态补偿资金中有一部分来源于民间企业,如赤水河流域生态补偿资金就集合了贵州当地酒企的力量。相应地,在生态补偿项目的参与式预算实施中,应当确定一定比例名额分配给民间参与力量,保障参与者的监督权。

此外,激励公民积极参与,提高政治素质、专业能力,约束公民不正当行权也应纳入制度构建中。从制度实践来看,两种目的的实现都依赖专家人士的引入。在激励公民参与和提高能力方面,温岭市新河镇在恳谈会召开前,特别邀请了教授专家,就预算、人大代表的权利义务等对村民进行培训。② 在其他地区试点中也引入专家人士,对公众提出的意见进行初审,或者邀请专家人士直接参与恳谈会及听证会,与公众进行面对面讨论交流。

生态补偿项目实施参与式预算应当注意的地方在于,参与项目预算讨论的为受偿方所在地居民,实现的是受偿方居民对获得补偿资金预算编制的监督,而无法实现补偿方居民对补偿资金预算编制的监督。参与式预算是公众行使其公民权的表现。就我国现有参与式预算试验来说,公众参与是具有地域性的,只有在当地居住、工作的公众能够参与当地预算恳谈或听证。而生态补偿具有跨区域特点,补偿资金中部分来源于补偿方居民纳税,或可赋予补偿方居民加入受偿方当地参与式预算听证的权利。

参与式预算建立在民生财政及财税法治基础之上,其目的在于解决现有代议机制下委托链条过长的问题,约束公权力、实现民生需求。就生态补偿而言,参与式预算目的在于规范受偿方政府对生态补偿金使用项目预算编制、监督受偿方政府对生态补偿金的管理。参与式预算是公民参与政府公共治理的手段之一。依照《宪法》第 110 条第 1 款规定,地方人民政府对本级人大及其常设机构

① 参见杨肃昌、何眉:《参与式预算:价值审视与可行性边界》,载《甘肃社会科学》2020 年第 5 期。

② 参见褚燧:《参与式预算与政治生态环境的重构——新河公共预算改革的过程和逻辑》,载《公共管理学报》2007 年第 3 期。

负责,可以说地方政府为当地人大的“代理人”,而人大为当地享有选举权公民的“代理人”,即地方政府为当地具有选举权公民的代理人,政府承担公共治理职责对当地公民负责。生态补偿跨区域合作通过政府间协作实施,缺乏受偿方政府对补偿方公民负责的依据。因此,按照行政区划对参与公众进行区分有一定的理论依据,且从实际操作上看更具有可行性。如依据资金来源划分参与公众,将公众参与权利按照资金投入来进行区分,会走入“更多听取纳税大户对政府治理提出的意见”这样的错误。

为实现补偿方对受偿方生态补偿资金监督的公众参与,应当健全全方位监督体系,从而建构起全过程、全民皆可参与的财政监督体系。

二、建立健全生态补偿全方位财政监督体系

(一)事中监督:参与式预算的延伸

在预算实施过程中,可能会出现重要事件或发现预算表安排不合理导致原有预算计划实施中断、无法实施,执行机关只能按其自己意愿重新安排资金,架空经公众意见审核批准的预算计划。因此明确事中财政监督职责亦属于公众参与重要环节。

浙江省温岭市新河镇参与式预算制度中,设置财经小组负责常态化监督预算执行情况。人大开会期间选出的预算审查小组,经市人大批准后即转化为常态存在的财经小组,镇政府需定期主动向其汇报。针对重大变动、需要新增开支等重要事项,小组应及时向主席团汇报,由主席团召开人民代表大会进行审议表决。且财经小组将参与次年预算编制工作。这支由人大派出的小分队能够将预算执行全程了然于胸,财经小组的设置将参与式预算贯彻到预算执行全过程中。限定重大事项才需要向人大主席团汇报表决,赋予了政府机关一定自由空间。设定由人大会发展出来的组织,负责常态化的监督,具有一定的借鉴意义。该组织设置中,界定是否需要向人大汇报的重要事项,是监督日常预算执行的关键。

(二)切实发挥行政机构在事中财政监督的作用

为实现生态资源保护需要,我国构建了河长制、林长制,实现每条河流、每片林区都有负责人。2021 年 1 月中共中央办公厅、国务院办公厅印发了《关于全面推行林长制的意见》,进一步落实各级党委、政府保护、发展森林草原资源的主体责任。安徽省黄山市监督制度构建以“林长制”和“河长制”改革为抓手,创新设立了“河长/林长 + 检察长”制度,将河长制、林长制与检察制度结合起来,增强同流域各部门合力,产生“1 + 1 >2”的设计效果。林长制和河长制不论在制度设计

层面,还是地方实践层面都在不断进步发展中,现有林长制和河长制更重视对涉生态资源犯罪的监督。作为对河流、林区的负责人,对生态环境情况有更细致地把握,发挥林长、河长对预算执行情况的事中监督作用,可精简机构设置、提高监管效率。为发挥林长制、河长制制度优势,可以建立基层林长、河长报告制度,定期由林长、河长向人大常态监督机构或常委会报告近期生态环境重大事项。常态预算监督机构及常委会可就该流域、林区生态环境问题进行质询,出现重大问题则由常态机构及时报告人大常委会。

事中审查目前仍以财政审查为主导,但审计监督作为财政监督制度中不可或缺的一部分,在事中监督方面有其制度优势。生态补偿专项审计制度在事中监督过程中起重要作用,特别是审计报告公告及审计整改结果公告。以公告形式实现信息公开,不仅能及时使生态补偿工作合规合理、切合计划本身,还能为公众参与提供信息支持。

(三)动态与静态相结合,规范绩效评价机制

科学的绩效评价机制是财政事中、事后监督的重要组成部分,但过于重视当年的绩效评价结果可能导致对长期财政管理效果的忽视。财政监督应当坚持动态与静态相结合原则,既要制定符合现状的动态目标,又要有静态长期目标,以历史的、长远的眼光看待财政管理现状。现有横向生态补偿协议多以三年或者五年为一个阶段,以阶段性目标为主。长远看来,监督考核及监测评估方面应保持长期稳定,形成保护长效机制,实现生态保护的长远需求。① 目前生态补偿制度初步建立,构建相对稳定的评价机制应提上日程。

相对稳定的评价机制主要体现在规范绩效指标上。由产出、效益、满意度三大指标构成的评价结构已经大致确定,在评价体系中应当提高长效影响所占比重。对生态环境的长期影响主要体现于效益指标下属二级可持续发展指标中。在实践中大多以生态环境作用、紧急情况发生次数等作为衡量标准。建议在考察时,将生态补偿资金使用是否可以带来长期改善效果纳入评价指标体系。如生态补偿资金中,投入扶持保护区域居民发展绿色产业占资金总量比重达到一定标准,即可纳入衡量标准,以此促进生态补偿由“输血式”向“造血式”转变。

评价指标有助于各地政府明确生态补偿预期目标,能够辅助政府将长期目标向下分解,作出长远的计划预期。此外,规范化的绩效评价机制具有纵向可比

---

① 参见国家发展改革委国土开发与地区经济研究所课题组、贾若祥、高国力:《地区间建立横向生态补偿制度研究》,载《宏观经济研究》2015 年第 3 期。

性,可以对不同历史时期的绩效评价进行比较,从而得出生态补偿财政管理的发展情况;规范化的绩效评价机制还具有横向可比性,可以对横向生态补偿区域内不同地区财政资金管理水平进行比较。但值得注意的是,各地情况不同,不应片面以此作为各地管理水平高低标准,宜因地制宜综合考察。

(四)推进信息公开、共享平台建立

信息公开是公众参与监督的根基。信息公开的透明度对生态补偿这一长期项目来说至关重要。信息获取方面可运用互联网平台提供信息支持,实现公民全过程的监督。[①] 生态环境部在官网上开辟环境质量专栏,放置生态环境公报和大气、水、土壤环境等实时数据及月报周报,公布环境达标情况,正是运用现有网络技术实现数据公开的例子。在生态补偿领域内,政府相关部门应当联合参与生态补偿主体,定期公开相关工作的进展信息,提高对信息披露的质量要求,保证生态补偿工作开展得公开、透明。2016 年,新安江流域宣传工作方案中,对新安江保护信息报送稿件的数量和质量提出了要求,将媒体曝光情况与试点专项资金安排挂钩,以此确保信息公开工作的开展。应注意的是,还应拓宽公民声音传达通道,保障声音发出后有回音。公民参与需要结果激励,如公众发现参与制度仅为形式得不到落实,将使政府公信力逐渐丧失。

构建生态补偿领域多元化、全面的财政监督制度是生态补偿制度长期持续、资金保持高效益运转的命脉所在。各地生态补偿财政监督制度涌现出众多富有创造力、生命力的监督试验,应及时将经验成果制度化、法律化,使负有地方特色、行之有效的政策生命得以延长。

生态补偿体系构建之初,由中央各部门出台方案、派驻官员协助各地因地制宜发展。生态补偿财政监督制度作为生态补偿体系中发展较不完善的制度之一,在其起步阶段,中央部门应出台规范性文件,强调其重要性,统一精神与原则遵循,规范构建体系要件,为各地实施生态补偿财政监督提供指引。现实背景是,财政监督仍主要以行政机关内部监督为主。出台行政规范性文件有助于发挥上级领导关心敦促下级机关重视财政监督制度、提高完善构建制度效率。相较法律法规,行政机关出台规范性文件更具灵活性,程序效率更高,有助于更快地制定适应各地实际情况的财政监督制度。当前部分地区已有借鉴意义的财政监督措施,为推进财政监督规范性文件出台提供了基础,应及时推广优秀经验并

---

① 参见陈静宇:《论我国生态补偿横向财政转移支付法律制度的构建》,安徽财经大学 2016 年硕士学位论文,第 26 页。

加以规范化。出台财政监督规范性文件应从项目准入正面、负面清单,预算编制制度、参与式预算、项目资金管理、绩效评价与审计、责任机制等方面出发,健全生态补偿的财政监督体系架构。生态补偿制度的制定因各地情况不一,制度规范应在明确原则下,以授权性规范为主,给予地方政府灵活空间,探索适宜当地的方案。

第三编　技　术　篇

第六章 生态环境价值衡量机制研究

随着生态体系恶化速度的加快,人类开始转变资源取之不尽、用之不竭的观念,并意识到生态环境资源的稀缺性和有价性。后生态学界和哲学界将这种生态环境资源的有价性统称为"生态价值",一种用于维系生态系统的正常运行,以及满足人和社会现实需要的客观物质。在生态补偿中,补偿标准尤为重要,是生态补偿的核心和难点。科学的资金计算方式有利于实现生态产品的均等提供,明确的资金额度有利于约束政府行为,使生态补偿项目可以切实落实。然而到目前为止,国内外学者对生态补偿标准还有待达成共识,我国立法也有待对其进行明确的规定。

第一节 生态价值衡量

一、生态价值的内涵及分类

"生态价值",又称"生态环境价值",是建立在自然资源环境和整体生态系统的可持续发展经济价值。党的十八大报告首次提出要建立体现"生态价值"的生态补偿制度,加强推进生态文明建设。从利益的本质来说,"生态价值"是生态系统对人类一定需求的满足。

准确理解"生态价值"的内涵,需要把握以下两大关键要点:第一,"生态价值",是指人类直接地或间接地从生态系统中所获得的所有受益,包括生态系统产品和服务价值,而生态系统服务价值实则为生态系统产品和服务价值的简称,本书所指"生态价值",实际上是指"生态系统服务价值”。“生态系统服务”一词最早于 1983 年被保罗 · R. 埃利希(Paul R. Ehrlich)首次提出,[①]随后戴利(Daily)于 1997 年对生态系统服务的内涵作出较明确的界定,即“自然生态系统及其物种所提供的能够满足和维持人类生活需要的条件和过程,称之为生态系统服务”。[②] 这也是目前公认度最高的“生态系统服务”的概念。第二,生态环境的价值从人类产生价值观念之前便客观存在,“生态价值”具有自身的内在价值。正确的生态文明价值观,不仅要承认生态环境为人类所利用的工具价值,而且要承认生态环境自身的内在价值,这种内在价值是人类力量所无法取代的。换言之,“生态价值”不等同于“资源经济价值”,而是构成人类必要生存和生活条件的“环境价值”。

在明确生态价值的内涵之后,对其进行合理分类是生态价值衡量的关键前提。1967 年,克鲁迪拉(Krutilla)提出了“舒适型资源的经济价值理论”,为生态环境价值的分类奠定了一定的基础。[③] 1979 年,波蓝(Boland)和弗里曼(Freeman)提出生态系统服务价值可分为使用价值(直接使用价值、间接使用价值、选择价值)和非使用价值(存在价值和遗赠价值)。[④] 随着社会经济的发展,哈尔科斯(Halkos)和马乔里(Matsiori)于 2012 年提出生态系统服务价值不仅涵盖为人类所利用的工具价值,而且还涵盖了内在价值,[⑤]生态系统的工具价值和内在价值都是不可忽视的。目前,在生态系统服务价值衡量中较被熟知的分类体系是千年生态系统衡量(the Millennium Ecosystem Assessment,MA),[⑥]MA 将生态系统服务功能分为:支持、供给、调节和文化四大类,它们分别对应不同的生态价值。

二、生态价值的衡量方法

目前,国际上通常依据生态系统与自然资本的市场发育程度衡量生态价值,

---

① Ehrlich P., *Extinction, Substitution and Ecosystem Services*, Bioscience, Vol. 33:4, p. 248 – 254 (1983).

② Daily G. C., *Nature's Services: Societal Dependence on Natural Ecosystems*, Washington DC, USA: Island Press, 1997, p. 3 – 6.

③ Krutilla J. V., *Conservation Reconsidered*, The American Economic Review, Vol. 57:4, p. 777 – 786 (1967).

④ Boland J. J. & Freeman A. M., *The Benefits of Environmental Improvement: Theory and Practice, Baltimore, Maryland*, The Johns Hopkins University Press, 1979.

⑤ Halkos G. & Matsiori S., *Determinants of Willingness to Pay for Coastal Zone Quality Improvement*, The Journal of Socio-Economics, Vol. 41:4, p. 391 – 399 (2012).

⑥ The Millennium Ecosystem Assessment(MA).

衡量方法大致可以分为三大类:实际市场衡量法、替代市场衡量法、模拟市场衡量法。[①]

(一)实际市场衡量法

实际市场衡量法(见表6-1),是指某类生态系统服务(如供给食物、药材)在市场中有实际价格,其价值可以通过生态资产在市场上进行交易和转让的价格来衡量的方法类型。实际市场衡量方法主要包括市场价值法、费用支出法、收入因子法等具体方法。

表6-1　实际市场衡量法

具体方法(主要)	优势	不足
市场价值法	衡量价值相对比较客观和精确	可能会忽略间接价值,以及受到市场不完全和政府干预等影响
费用支出法	可以得到一个粗略的价值衡量结果	统计过程较烦琐,统计结果与实际价值存在较大的误差
收入因子法	可以广泛应用于生产性活动的价值衡量	可能会导致生态价值的重复计算

第一,市场价值法。市场价值法主要应用于那些比较容易获得市场价格的生态产品,如食物、燃料、药材等,人们根据自己的消费需求和支付意愿支付价格的衡量方法。因此,市场价值法一般用于衡量生态资产的直接使用价值,该方法获取的衡量价值相对比较客观和精确。但是,市场价值法可能会忽略间接价值,导致衡量结果较片面化;其次也难免会受到市场不完全和政府干预等影响。

第二,费用支出法。费用支出法是通过人们为满足自己的生活需求所自愿支付的总费用来衡量生态价值的方法。因此,费用支出法可以得到一个粗略的价值衡量结果,但是费用的统计过程较烦琐,如果统计数据不够全面,则可能导致统计结果与实际价值存在较大的误差。

第三,收入因子法。收入因子法主要应用于生产性活动(如农夫种植水稻、蔬菜等农产品),根据人们从生态系统所获得的收入价格来衡量生态价值的方法。因此,收入因子法对于以生态产品谋业的生产活动来说适用性较强,但是该方法对自然资源面积、单位产量等数据要求严格,可能需要构建资源的投入和产出模型,否则可能会导致生态价值的重复计算。

---

① 参见张振明、刘俊国:《生态系统服务价值研究进展》,载《环境科学学报》2011年第9期。

(二)替代市场衡量法

替代市场衡量法(见表6－2)是针对那些不具有市场实际交易价格,但具有替代市场价格的生态系统服务,通过采取技术手段获得这些服务的替代品的市场价格来衡量价值的方法类型。替代市场衡量法主要包括替代成本法、机会成本法、旅行费用法、享乐价值法等具体方法。

第一,替代成本法。替代成本法,是指当某类不具有市场实际交易价格的生态系统服务消失,通过获取人们所愿意支付可以替代该类服务的人工系统的最小成本价格,并以这个最小成本价衡量这类生态系统服务价值的方法。替代成本法主要用于衡量生态系统调节服务价值,比如,采取替代成本法衡量森林资源涵养水源的服务价值。[①] 由于替代成本法只需衡量市场上替代品的价格,因此其衡量过程和数据收集都相对简单。但同时,市场上很难找到与生态系统服务价值完完全全吻合的替代品,因此采取替代成本法衡量出来的生态系统服务价值与其真实的生态价值总是存在一些误差。

第二,机会成本法。机会成本法,是指当人们选择牺牲某类生态系统服务价值从事经济活动时,为恢复或弥补之前牺牲的生态系统服务价值所愿意支付的成本来进行价值衡量的方法。有学者[②]曾采取机会成本法估算过南水北调东线水源地一期生态建设工程的机会成本,以土地为载体,根据建设前后土地利用类型的面积以及相关用地单位面积产值,估算出工业用地和农业用地转换为生态用地的机会成本。机会成本法操作性相对较强,衡量测算也相对简单,但是机会成本法通常只适用于具有一定稀缺性的生态环境资源。

第三,旅行费用法。旅行费用法,又称旅行成本法,是指通过计算人们为享受生态系统提供的游憩、旅游等服务而自愿支付的费用来进行价值衡量的方法。旅行费用法通常采取问卷调查、实地观察、网络数据挖掘的方式来衡量价值。旅行费用法能够较好地应用于生态系统游憩使用价值的衡量,但由于旅行费用法受旅客的主观影响较大,而不同的旅客对于生态价值的认识程度不同,可能会导致最后的衡量结果不够准确;旅行费用法不能衡量生态系统的非使用价值。

第四,享乐价值法。享乐价值法,又称享乐成本估价法,是根据人们为优质环境的享受所支付的价格来衡量生态系统服务的一种方法。享乐价值法适用于

---

① 参见孙玥璠、徐灿宇:《自然资源资产生态系统服务价值评估方法探究》,载《经济研究参考》2016年第44期。

② 参见蔡邦成、陆根法等:《生态建设补偿的定量标准——以南水北调东线水源地保护区一期生态建设工程为例》,载《生态学报》2008年第5期。

衡量居民区或者工作地附近生态环境(如空气、水、噪声等)的生态价值。例如,位于优质景区附近的房价通常比工业区的房价要高,但大多数人们还是愿意支付更高的价格选择优质景区附近的房子,这种由于环境质量的不同所产生的差价即生态价值。享乐价值法可以较好地适用于衡量存在现实交易的生态环境价值,但是其对市场透明度要求较高,且需要进行大量的数据统计。

表6－2　替代市场衡量法

具体方法(主要)	优势	不足
替代成本法	衡量过程和数据收集相对简单	衡量价值不完全准确,存在一些误差
机会成本法	操作性相对较强,衡量测算也相对简单	通常只适用于具有一定稀缺性的生态环境资源
旅行费用法	能够较好地应用于生态系统游憩使用价值的衡量	衡量结果不够准确;不能衡量生态系统的非使用价值
享乐价值法	可以较好地适用于衡量存在现实交易的生态环境价值	对市场透明度要求较高,且需要进行大量的数据统计

(三)模拟市场衡量法

模拟市场衡量法,又称条件价值法、意愿调查法,最早由鲍恩(Bowen)①和西里阿希－旺特卢普(Ciriacy-Wantrup)②提出,他们提议采取公开调研的方法对公共产品价值进行衡量。模拟市场衡量法通过设定生态系统服务这一公共产品的假想市场,询问人们对于假想市场中生态系统服务的支付意愿,从而确定此类生态系统服务的经济价值。该方法往往借助问卷调查的方式,通过调查生态破坏者的支付意愿和生态保护者的受偿意愿,综合分析和衡量生态系统服务的价值。模拟市场衡量法是生态价值衡量方法中应用比较广泛的方法之一,③而且该方法可以对生态系统服务的非使用价值进行价值衡量,如衡量后代人赖以依靠的森

① Bowen H. R., *The Interpretation of Voting in the Allocation of Economic Resources*, The Quarterly Journal of Economics, Vol. 58:1, p. 27－48(1943).

② Ciriacy-Wantrup S. V., *Capital Returns from Soil-conservation Practices*, Journal of Farm Economics, Vol. 29:4, p. 1181－1196(1947).

③ 参见周宏、李国平、林晚发:《生态价值评估方法与补偿标准应用情况研究》,载《调研世界》2014年第11期。

林环境资源的遗产价值。但是,由于模拟市场衡量法的衡量结果依赖于被调查者的主观意愿,主观性较大,还受假设偏差、调查问卷设计偏差、分析方法偏差等影响,最终的价值衡量结果也会与实际价值存在偏差。

综上所述,生态价值的衡量往往是多元化的,单一的衡量方法不足以衡量丰富的生态系统服务价值。总的来说,实际市场衡量法主要应用于供给服务的价值衡量;替代市场衡量法主要应用于调节服务和文化服务的价值衡量;模拟市场衡量法主要应用于文化服务和支持服务的价值衡量。但是,无论是实际市场衡量法,替代市场衡量法,还是模拟市场衡量法,每一种具体的衡量方法都各自存在优势和局限性,还需尽可能地缩小局限性,减少衡量偏差,增强实践应用性。

三、生态价值衡量可能存在的问题

(一)衡量指标体系缺乏统一的标准

生态系统的衡量指标类别大致可以分为主题指标和具体指标,主题指标如调节服务中的洪水调控主题指标,其对应的具体指标为湿地和冲积平原面积或者洪水风险区面积;再如,文化服务的休闲娱乐主题指标,其对应的具体指标为绿地和湿地景观覆盖率。[①] 但是,目前选用的不管是以科斯坦萨(Costanza)为主要代表的学者们提出的衡量指标体系,还是以千年生态系统衡量所建立的衡量指标体系,他们的生态系统具体服务价值指标都没有涵盖主题指标的全部内容,有些具体指标可能只涵盖了主题指标的某个方面,指标的可量化度还不够高。而且,衡量过程中指标的选取也至关重要,实践中由于生态价值的衡量者缺乏统一规范的指导,对于衡量指标和核算方法的选取存在一定的不规范性和随意性。因此,目前亟须建立一个统一且完善的标准衡量指标体系。

(二)价值衡量结果存在一定的偏差

根据我国目前生态价值衡量体系得出的生态价值衡量结果,与一个完全精准的实际生态价值总会存在一定的偏差,主要原因在于:第一,衡量方法的不一致导致衡量结果偏差。由于生态系统服务的特点各不相同,因此生态系统服务价值衡量往往不会采用单一的衡量方法。由于每一种衡量方法都不是完美的,都存在或多或少的不足之处,故衡量者针对同一种生态系统服务价值可能也会采用多种衡量方法,但是每一种衡量方法得出的衡量结果都是不一样的,甚至

---

① 参见傅伯杰、于丹丹、吕楠:《中国生物多样性与生态系统服务评估指标体系》,载《生态学报》2017年第2期。

会出现大相径庭的情况。第二,由于人类受到自身价值观的影响,或者对生态价值的认识存在一定的局限性,导致生态系统的价值并未得以全部衡量。生态系统对人类来说,既存在使用价值,也存在非使用价值。更多情况下,人类只关注到生态系统提供的食物、原材料、休闲娱乐场地等使用价值,而没有准确认识到生态系统的非使用价值,如生态系统对后代人的遗赠价值,生态系统未来可能存在的价值(选择价值)。第三,生态系统最终服务与中间服务的混淆,会造成重复衡量。以地下水这一生态产品为例,它的最终服务为供水和预防地面沉降,在提供最终服务之前,其中间服务为径流量的调蓄和补给,如果衡量者在进行价值衡量时混淆了这两项服务,则会造成生态价值的重复计算。①

(三)加强植被覆盖稀少生态区域和复合生态系统服务价值研究

第一,目前我们对生态系统价值的研究多集中在易于观测、方便收集和统计数据的生态区域,而对于植被覆盖稀少或者无植被覆盖的生态区域涉足不深。尽管目前有学者对人流稀少的荒漠、戈壁等生态区域展开了研究,②但多数采取适用植被覆盖较多生态区域的衡量指标和衡量方法,③并未考虑植被覆盖稀少生态区域的独特生态价值(如太阳能潜力价值),导致生态系统服务价值衡量不准确甚至低估。第二,现阶段的生态系统服务价值衡量主要针对单一的生态系统类型,对"社会—经济—自然"的复合型生态系统服务价值研究不足。随着科技的发展和进步,已经出现了人工生态系统和半人工生态系统,这些经过人工改造的生态系统也为人类提供了生态系统服务价值,但目前对其研究不足。另外,生态系统的退化对于那些"靠山吃山、靠海吃海"以生态产品谋生的人们来说,这无疑加重了他们的生活压力。

四、生态价值衡量的发展与展望

(一)建立统一完善的标准衡量指标体系

建立一个统一完善的标准衡量指标体系,一般涉及衡量指标选取、数据获取、综合核算三个阶段。④ 第一,选取衡量指标。首先,生态价值衡量指标的选取

---

① 参见张丽云、江波等:《洞庭湖生态系统最终服务价值评估》,载《湿地科学与管理》2016 年第 1 期。

② 参见任晓旭、王兵:《荒漠生态系统服务功能的评估方法》,载《甘肃农业大学学报》2012 年第 2 期。

③ 参见程磊磊、郭浩、卢琦:《荒漠生态系统服务价值评估研究进展》,载《中国沙漠》2013 年第 1 期。

④ 参见殷楠、王帅、刘焱序:《生态系统服务价值评估:研究进展与展望》,载《生态学杂志》2021 年第 1 期。

应区分生态系统类型,即不仅要提取不同生态系统类型之间的共性指标,更要区分差异性指标。例如,海洋生态系统和陆地生态系统都为人类提供食物,都蕴含着人类不可或缺的稀缺环境资源,但是陆地生态系统和海洋生态系统都各自有特殊的生物物种,如陆地生态系统有海洋生态系统所没有的蝴蝶,海洋生态系统有陆地生态系统所没有的鲨鱼。其次,选取指标时尽量多考虑可以直接测算、观察和模拟的指标,增强指标数据的客观性。最后,选取指标时应把握合适的空间尺度,选择适用于中国特色的区域和全国的空间尺度。第二,获取衡量数据。遥感的精准度高且适合较大的空间尺度,因此尽量采用遥感技术获取数据。若不适合使用遥感技术获取数据,可以通过试验、查找相关文献、模型模拟等方式获取。第三,综合核算衡量结果。综合核算衡量结果时,应形成一套标准规范式的核算体系,明确统一的核算方法。

(二)提高生态价值衡量结果的精准度

提高生态价值衡量结果的精准度,一直是生态价值衡量领域的研究重点和难点。通过对相关文献的梳理和分析,可以采取以下方法提高生态价值衡量结果的精准度:第一,开展不同衡量方法的对比和交叉验证研究,选出区域适用度较高的方法,最后再针对不同的生态系统形成统一的衡量方法。① 对于较简单的生态系统,可以统一一种或两种较简单的价值衡量方法;对于较复杂的生态系统,可以统一多种价值衡量方法,实现优势互补。第二,充实并细化一级地类生态系统的类型。② 目前的研究大多是针对一级地类的生态系统,对于一级地类下的二级、三级生态系统很少研究。而二级、三级生态系统的服务价值并不完全相同,如草原生态系统下的干草原生态系统和湿草原生态系统所提供的服务是存在差异的。因此,应当尽可能充实和细化生态系统的类型,从而提高不同类型生态系统价值衡量的应用精准度。第三,明确生态系统最终服务的范围。生态价值最后衡量的是最终服务的价值,通常情况下,生态系统的供给服务和文化服务往往是最终服务,支持服务是中间服务,只有调节服务在中间服务和最终服务之间切换。实践中人们一般在对调节服务进行价值衡量时,可能会出现混淆,因此,应更加明确生态系统的最终服务的范围,避免生态系统价值衡量的重复计算。

---

① 参见李丽、王心源等:《生态系统服务价值评估方法综述》,载《生态学杂志》2018年第4期。

② 参见赖敏、吴绍洪等:《三江源区生态系统服务间接使用价值评估》,载《自然资源学报》2013年第1期。

(三)加强植被覆盖稀少生态区域和复合生态系统服务价值衡量的研究

为提高生态系统价值衡量在实践中适用的广泛性,应加强植被覆盖稀少生态区域和复合生态系统服务价值衡量的研究。第一,加强植被覆盖稀少生态区域价值衡量的研究。由于植被覆盖稀少生态区域存在独特的生态价值,因此应当建立具有该生态系统特色的价值衡量指标体系,将那些可能被忽视的生态价值(如风能、太阳能)纳入衡量指标。第二,加强生态系统价值衡量与全社会及经济可持续发展之间关系的研究。对生态系统进行价值衡量,最终是为实现生态保护,社会和经济可持续发展的“双重”目标,因此,在对生态价值进行衡量时,还应认真分析生态价值的变化与社会经济发展之间的关系,从而更好地为当代人和后代人提供可持续性的生态系统服务。

第二节　生态价值补偿标准

一、我国生态补偿实践中的补偿标准

(一)退耕还林(草)工程中的补偿标准

20 世纪 90 年代,林木遭到大量砍伐,天然植被遭到破坏,农民为了短期利益而开垦草原,导致草地退化、沙化和碱化,加剧土地的荒漠化。我国政府开启了退耕还林工程,该工程已成为迄今世界范围内赦免最广、补偿金额最大的生态补偿项目之一。①

我国的退耕还林工程大致分为两个阶段:第一阶段是从 1999 年到 2014 年实施的第一轮退耕还林,具体分为三步,第一步是试点,第二步是全面启动,第三步是巩固工程成果;第二阶段是从 2014 年起实施的新一轮退耕还林。退耕还林工程详细展开的工作如下:

第一阶段,从 1999 年到 2014 年实施的第一轮退耕还林。

分为三步走:第一步,1999 年展开退耕还林工程的试点。1999 年,退耕还林工程以四川、陕西、甘肃三个省份为试点展开初步尝试。第二步,2002 年全面启动退耕还林工程。基于两年多的试点工作的良好进展,为推进退耕还林工程的稳步开展,2002 年 4 月,国务院《关于进一步完善退耕还林政策措施的若干意见》(国发〔2002〕10 号,已失效)提出要加快进度、落实林权、兑现补助和落实各项配

① 参见李国平、石涵予:《退耕还林生态补偿标准、农户行为选择及损益》,载《中国人口·资源与环境》2015 年第 5 期。

套措施等新规定。第三步,2007 年逐步开始巩固退耕还林工程的成果。2007 年 8 月,国务院《关于完善退耕还林政策的通知》(国发〔2007〕25 号)规定了两大政策:第一,规定粮食和生活费补助期满后继续对退耕农户直接补助。① 第二,由中央财政安排专项资金巩固退耕还林成果。②

第二阶段,从 2014 年起实施的新一轮退耕还林。

2014 年,国家发展改革委、财政部、国家林业局等五部委联合下发《关于印发新一轮退耕还林还草总体方案的通知》(发改西部〔2014〕1772 号),规定了四大补助政策:第一,统一全国范围内的补偿标准。③ 第二,退耕还林和退耕还草的补助资金分别分三次和两次下达给省级人民政府。④ 第三,省级政府对地方的具体补偿标准和分次数额具有决定权,但前提是不低于中央补偿标准。第四,地方各级政府关于退耕还林的政策宣传和兑现等工作的经费,中央财政给予适当补偿。

(二)天然林保护工程中的补偿标准

1998 年,天然林保护工程在云南、四川等 12 个省启动。2000 年,国务院批准了《长江上游、黄河上中游地区天然林资源保护工程实施方案》和《东北、内蒙古等重点国有林区天然林资源保护工程实施方案》,上述两个方案的通过标志天然林资源保护工程正式实施,天然林保护工程分两期展开。

2000 年批准的《长江上游、黄河上中游地区天然林资源保护工程实施方案》主要对保护长江上游、黄河上中游地区所采取的"封山育林"⑤"飞播造林"⑥"人

① 补助标准为:退耕地长江流域及南方地区每年补助现金 105 元/亩,黄河流域及北方地区每年补助现金 70 元/亩。原每亩退耕地每年 20 元生活补助费,继续直接补助给退耕农户,并与管护任务相挂钩。补助期为:还生态林补助 8 年,还经济林补助 5 年,还草补助 2 年。各地可结合本地实际,在国家规定的补助标准基础上,再适当提高补助标准。

② 退耕还林成果专项资金,主要用于西部地区、京津风沙源治理区和享受西部地区政策的中部地区退耕农户的基本口粮田建设、农村能源建设、生态移民以及补植补造,并向特殊困难地区倾斜。

③ 退耕还林每亩补助 1500 元,其中,财政部通过专项资金安排现金补助 1200 元、国家发展和改革委员会通过中央预算内投资安排种苗造林费 300 元;退耕还草每亩补助 800 元,其中,财政部通过专项资金安排现金补助 680 元、国家发展和改革委员会通过中央预算内投资安排种苗种草费 120 元。

④ 中央安排的退耕还林补助资金分 3 次下达给省级人民政府,每亩第一年 800 元(其中,种苗造林费 300 元)、第三年 300 元、第五年 400 元;退耕还草补助资金分 2 次下达,每亩第一年 500 元(其中,种苗种草费 120 元)、第三年 300 元。

⑤ 近山区、人口稠密区按照封山育林 5 年,每年 14 元,即封山育林每亩补助 70 元。

⑥ 飞播造林近山区、人口稠密区每亩补助 120 元,远山区每亩补助 50 元。

工造林"[①]"森林管护事业费"[②]"社会性支出"[③]"职工下岗一次性安置"[④]"森林防火专项资金"[⑤]等措施的生态补偿标准作出较明确的规定。此外,还对种苗设施、养老保险、地方财政减收、科技支撑等方面规定了相应的补助原则。2000 年批准的《东北、内蒙古等重点国有林区天然林资源保护工程实施方案》,主要对保护东北、内蒙古等重点国有林区所采取的"森林管护"[⑥]"社会性支出"[⑦]"职工一次性安置"[⑧]等措施的生态补偿标准作出较明确的规定。

2010 年,国务院决定实施天然林资源保护第二期工程,在第一期基础上增加了丹江口库区的 11 个县(市、区)。2017 年,中共中央、国务院指出要"完善全面停止天然林商业性采伐补助政策"。全国所有国有天然林因此纳入停伐补助的范围,非国有天然商品林停伐分步骤纳入管理补助范围。具体标准是,国有林按照每立方米补助 1000 元的标准,重点国有林区每个林业局安排社会运行支出补助 1500 万元。2019 年,集体和个人所有天然商品林停伐补助标准从每亩 15 元提高到每亩 16 元,国家级生态公益林补偿标准同步提高到每亩 16 元。

(三)生态公益林建设中的补偿标准

1996 年,中共中央和国务院提出要逐步建立生态效益补偿费制度和生态公益林投入机制,[⑨]并于 1997 年相继提出建立森林生态效益补偿基金。

2000 年 10 月,国家林业局认为目前森林生态效益补偿基金以补偿公益林管护费为主,未包括营造、抚育费用,因此于 2001 年 3 月明确了中央基金和地方基金的森林生态效益补偿基金。森林生态补助最先是对 11 个省的重点防护林和特种防护林进行试点。2004 年,财政部和国家林业局为保护重点公益林资源,规范补偿基金的管理,发布了《中央森林生态效益补偿基金管理办法》(财农〔2004〕169 号,已失效)。2007 年,各级政府按照事权划分建立森林生态效益补

---

① 人工造林,长江上游每亩补助 200 元,黄河上中游每亩补助 300 元。

② 森林管护事业费,按照每人管护 5700 亩,每人每年补助 10,000 元。

③ 教育经费每人每年补助 12,000 元,医疗经费每人每年补助 6000 元,公检法司经费每人每年补助 15,000 元。

④ 职工下岗一次性安置,按照上年平均工资的 3 倍补助。

⑤ 为加强工程区森林防火设施建设,每年专项安排 4000 万元。

⑥ 对于森林专业管护队伍职工,每人每年补助 10,000 元。

⑦ 社会性支出,教育经费每人每年补助 12,000 元,医疗经费每人每年补助 2500 元,公检法司经费每人每年补助 15,000 元。

⑧ 内蒙古、大兴安岭集团公司按每人每年 8000 元计算,吉林省、黑龙江省按每人每年 7440 元计算。

⑨ 参见王前进、王希群等:《生态补偿的经济学理论基础及中国的实践》,载《林业经济》2019 年第 1 期。

偿基金。目前我国公益林补偿标准可以分为地方标准和中央标准。

2010 年,国家林业局明确规定,属集体林的国家级公益林,中央财政补偿标准由每年每亩 5 元提高到 10 元,并随着财力的增长逐步提高补偿标准,地方财政也要根据实际加大补偿力度。

(四)牧还草中的补偿标准

草原作为我国重要的生态系统,有保持水土,涵养水源等功能,改革开放后大力发展工业导致草原规模大范围退化。2003 年,国务院西部开发办和农业部等部委共同提出退牧还草工程,主要包括内蒙古地区、新疆地区、甘肃地区、宁夏回族自治区和青藏高原地区等 11 个省区。2003 年,以草定畜的方式控制载畜量,根据国家发展改革委、国家粮食局、国务院西部开发办等八部委发布的《退牧还草和禁牧舍饲陈化粮供应监管暂行办法》,对牧民进行粮食和饲草料补助,饲料粮补助期限为 5 年。

2005 年国家发展改革委等部门提出,对于退牧还草的农户,按照草原类型给予草原围栏建设资金、补播草种费和饲料粮补助。轮牧不享受饲料粮补助政策。原围栏建设资金和饲料粮补助数量,根据草原类型和区域范围来确定。①

2011 年,提高了中央投资补助比例和标准,对禁牧封育的草原每年给予 90 元/hm^2的禁牧补偿,并设立 5 年的补助周期;实行草畜平衡奖励,对禁牧区外未超载的牧民每年奖励 22.5 元/hm^2。

2017 年,禁牧区补偿提高至 112.5 元/hm^2,草畜平衡区补助提高至 37.5 元/hm^2。围栏建设中央投资补助比例由现行的 70% 提高到 80%,②地方配套由 30% 调整为 20%。按照中央投资总额的 2% 安排退牧还草工程前期工作费。

除上述之外,还有部分法律法规提出提高生态补偿标准。如 2016 年国务院《关于印发“十三五”生态环境保护规划的通知》(国发〔2016〕65 号)和国务院办公厅《关于健全生态保护补偿机制的意见》(国办发〔2016〕31 号),皆提出

---

① (1)青藏高原地区,禁牧、休牧、划区轮牧围栏建设资金补助标准,每亩建设投资 25 元;其中,中央补助 70%,地方和个人承担 30%。禁牧、休牧饲料粮补助标准,全年禁牧每亩每年补助饲料粮 5.5 斤,季节性休牧按休牧 3 个月计算,每亩每年补助 1.38 斤,补助年限按 10 年计算。(2)其他地区,禁牧、休牧、划区轮牧围栏建设资金补助标准,每亩建设投资 20 元。其中,中央补助 70%,地方和个人承担 30%。禁牧、休牧饲料粮补助标准:全年禁牧每亩每年补助饲料粮 11 斤,季节性休牧按休牧 3 个月计算,每亩每年补助 2.75 斤,补助年限按 5 年计算。

② 青藏高原地区围栏建设每亩中央投资补助由 17.5 元提高到 20 元,其他地区由 14 元提高到 16 元。补播草种费每亩中央投资补助由 10 元提高到 20 元。人工饲草地建设每亩中央投资补助 160 元,舍饲棚圈建设每户中央投资补助 3000 元。

要合理提高生态补偿标准。部分法律法规提出探索新的生态补偿标准的计量方法。①

我国生态补偿标准现行有效的部分中央政策文件（见表6－3）和地方性政策文件（见表6－4）梳理如下：

表6－3　我国生态补偿标准部分中央政策文件梳理

年份	发布主体	文件名称	补偿标准
2016	国务院办公厅	《关于健全生态保护补偿机制的意见》	1. 森林：健全国家和地方公益林补偿标准动态调整机制 2. 草原：扩大退牧还草工程实施范围，适时研究提高补助标准；合理提高禁牧补助和草畜平衡奖励标准 3. 湿地：探索建立湿地生态效益补偿制度，率先在国家级湿地自然保护区、国际重要湿地、国家重要湿地开展补偿试点 4. 海洋：完善捕捞渔民转产转业补助政策，提高转产转业补助标准 5. 水流：在江河源头区、集中式饮用水水源地、重要河流敏感河段和水生态修复等重点治理区，全面开展生态保护补偿，适当提高补偿标准 6. 耕地：对在地下水漏斗区、重金属污染区、生态严重退化地区实施耕地轮作休耕的农民给予资金补助
2016	财政部、环境保护部、国家发展和改革委员会、水利部	《关于加快建立流域上下游横向生态保护补偿机制的指导意见》	根据流域生态环境现状、保护治理成本投入、水质改善的收益、下游支付能力、下泄水量保障等因素，综合确定补偿标准
2020	财政部、生态环境部、水利部、国家林草局	《关于印发〈支持引导黄河全流域建立横向生态补偿机制试点实施方案〉的通知》	因素分配法：水源涵养指标30%、水资源贡献指标25%、水质改善指标25%、用水效率指标20%

① 财政部、生态环境部、水利部、国家林草局于2020年在《关于印发〈支持引导黄河全流域建立横向生态补偿机制试点实施方案〉的通知》中提出，探索开展生态产品价值核算计量，逐步推进综合生态补偿标准化、实用化，为市场化、多元化生态补偿机制建设提供有力支撑。鼓励各地积极探索开展综合生态价值核算计量等多元化生态补偿机制创新探索。

续表

年份	发布主体	文件名称	补偿标准
2020	财政部、国家林业和草原局	《关于印发〈林业草原生态保护恢复资金管理办法〉的通知》	1. 林业草原生态保护恢复资金：承担相关改革或试点任务的可以采取定额补助 2. 天保工程社会保险补助：按照《实施方案》确定的单位和人员范围内相关人员数量和缴费补助基数及缴费比例分配 3. 天保工程政策性社会性支出补助：补助标准根据《实施方案》确定，并根据物价和经济发展水平适时调整，人员数量减少部分按照调整前的补助标准分配 4. 全面停止天然林商业性采伐补助：包括重点国有林区天然林停伐补助、天保工程区外天然林停伐补助、重点国有林区金融机构债务贴息补助 5. 退耕还林政策补助：长江流域及南方地区每亩退耕地每年补助 125 元，黄河流域及北方地区每亩退耕地每年补助 90 元；还生态林补助期限为 8 年，还经济林补助期限为 5 年 6. 退耕还林还草补助：退耕还林每亩退耕地补助 1200 元，5 年内分 3 次下达，第 1 年 500 元，第 3 年 300 元，第 5 年 400 元；退耕还草每亩退耕地补助 850 元，3 年内分 2 次下达，第 1 年 450 元，第 3 年 400 元 7. 草原生态修复治理补助：按照退化草原修复任务、草原面积、绩效、政策等因素分配，权重分别为 60%、15%、15% 和 10% 8. 生态护林员补助：存量资金重点巩固前期脱贫攻坚成效，增量资金按照中西部 22 个省贫困人口数量、资源面积、政策等因素分配，权重分别为 70%、20% 和 10% 9. 国家公园补助：按照国家公园面积、重要程度、人口、绩效等因素分配，权重分别为 40%、30%、20%、10%，可以根据财力状况适当调节

资料来源：依据国务院、财政部、国家林业和草原局等部门网站资料整理。

表6-4　我国生态补偿标准部分地方性政策文件梳理

年份	发布主体	文件名称	补偿标准
2016	江苏省昆山市人民政府	关于印发《昆山市生态补偿实施办法》的通知	补偿标准:基本农田每亩补偿100元、水稻田每亩补偿700元、生态公益林每亩补偿150元、重要湿地每亩补偿150元、拆除围网养殖(村级集体组织发包的大水面)每亩补偿50元、水源地一级保护村每个补偿100万元;二级保护村每个补偿60万元
2017	河南省人民政府办公厅	关于印发《河南省城市环境空气质量生态补偿暂行办法》和《河南省水环境质量生态补偿暂行办法》的通知	1. 省财政根据财力情况,每年确定生态补偿转移支付资金分配总额,具体分为生态保护基础性补偿资金与生态保护激励性补偿资金两部分,权重各占50%; 2. 基础性补偿资金采用因素法分配; 3. 生态保护激励性补偿资金根据相关指标考核结果计算确定
2019	安徽省合肥市生态环境局	关于印发《合肥市水环境生态补偿民生工程实施办法》的通知	1. 月度断面水质优于年度水质目标一个类别的,责任辖区每次获得30万元生态补偿金; 2. 优于年度目标两个类别及以上的,责任辖区每次获得60万元生态补偿金
2020	福建省人民政府办公厅	关于印发《建立武夷山国家公园生态补偿机制实施办法(试行)》的通知	1. 生态公益林保护补偿:从2020年起,对省级以上生态公益林保护补偿,在原有标准基础上,连续3年每年每亩递增2元; 2. 天然商品乔木林停伐管护补助:从2020年起,对天然商品乔木林停伐管护补助,在原有标准基础上,连续3年每年每亩递增2元; 3. 林权所有者补偿:对武夷山国家公园内生态公益林、天然商品林(经营性毛竹林除外)的林权所有者,按每年每亩3元标准予以补偿; 4. 地役权管理补偿:通过集体林地地役权改革,在不改变林地权属的基础上,建立科学合理的地役权补偿机制和社区共管机制; 5. 退茶还林补偿:省级林业主管部门优先安排造林绿化补助资金,用于补助复绿责任主体
2021	天津市人民政府办公厅	关于印发《天津市湿地生态补偿办法》的通知	1. 对补偿范围内的集体土地流转,每年每亩补偿500元; 2. 补偿标准根据本市社会经济发展水平和土地流转成本定期进行调整

资料来源:各省财政厅、政府办公厅等政府网站公布的文件整理。

综上所述,我国目前的生态补偿标准大多数规定较笼统,应进一步细化。地方立法也很少对补偿标准作出详细规定,且集中于地方政府规章中,效力较低,适用范围较窄。[①] 虽然已经有法律法规提出对于生态标准的计算进行多元化的拓展以及提出提高生态补偿标准,但是多为倡导性规定,并且没有提出具体的措施,怎么提高标准,依据什么计算,都没有涉及。

二、改进生态补偿标准

(一)增加生态补偿力度

首先,生态补偿标准偏低。例如,在内蒙古杭锦旗退牧还草工程中,农牧民的草原畜牧业由个人到集体化,涉及一系列的基础建设问题,如水利设施,棚圈建设等。但是国家还没有对这类型的支出成本提供补助,这样导致了农牧民生产成本的增加;并且杭锦旗本身是贫困县,政府对牧民的补助较少,工程效果不好,牧民选择到其地方继续放牧,反牧、偷牧的现象也层出不穷。另外,在确定生态补偿标准时往往将经营成本按错生态补偿标准,忽视了机会成本,导致生态补偿标准较低。[②]

其次,生态补偿标准宜多元。不同的生态环境的类型,质量差异很大,这就意味着不同地区的养护成本不同,以森林生态补偿为例,其补偿标准是按森林面积补偿,全国统一,而森林的种类差别很大,生态环境和设备配置、道路交通等因素也会对林木的养护成本造成较大影响。

最后,拓宽生态补偿标准的范围。现有的生态补偿政策法规,中央层面的主要集中森林、草原、流域等领域。地方层面,河南省 2017 年的补偿规定涉及水资源、空气,天津市 2021 年的补偿规定涉及湿地领域,还有许多领域的生态补偿标准有待探索。

(二)配套措施仍需完善

首先,技术支撑缺乏。生态补偿标准体系、生态补偿衡量体系的建设不完善,对于生态补偿的标准缺乏共识,没有形成统一和权威的衡量办法。其次,产权制度不健全。明晰的产权界定是确立生态补偿标准的前提条件。2019 年 4 月 14 日中共中央办公厅、国务院办公厅印发了《关于统筹推进自然资源资产产权制

① 参见王清军、陈兆豪:《中国森林生态效益补偿标准制度研究——基于 10 省地方立法文本的分析》,载《林业经济》2013 年第 2 期。

② 参见魏晓燕、毛旭锋、夏建新:《我国自然保护区生态补偿标准研究现状及讨论》,载《世界林业研究》2013 年第 2 期。

度改革的指导意见》，其中明确提出要健全自然资源资产产权体系，明确自然资源资产产权主体，以及完善其产权法律体系。但是到目前为止，自然资源资产产权登记制度和有关法律法规仍有待完善。

（三）相关法律制度尚需健全

我国目前尚未对生态补偿进行专门立法。有关生态补偿的规定，大多散见于部门规章或者政策性的文件，在一些单行法中，也对生态补偿作出规定（如《森林法》第 7 条、《草原法》第 35 条），但这些单行法、规章或者政策性文件中，对于生态标准的规定比较模糊，导致其可操作性不强。在实践中，受偿主体可能得到的补偿过低或根本得不到补偿。如前文所述，现有的政策法规仅涉及森林、草原、流域、水、空气等领域，还有很多生态领域尚未纳入法律的规制范畴。这些问题投射到实践中，就容易导致相关的部门规章、政策性文件被束之高阁。

三、生态补偿标准的发展与展望

（一）加大生态补偿力度

目前，生态补偿主要依赖于政府的转移支付，可以区分不同地区、不同领域，设定不同的转移支付系数，提高转移支付的力度。此外，还可以通过形成多元的补偿方式来提高补偿的力度。我国现有的生态补偿主要以资金为主，可以根据具体的情形拓宽其他的补偿方式的运用，如智力补偿、实物补偿等。对已有的专项资金应规范使用，制定分配的标准与程序，完善对滥用专项资金的监督机制、考核机制和责任追究机制。增加各种资源税中用于生态补偿的支出，可以考虑将其比例固定并法定化。可以先在地方试点，积累经验，然后将更多的生态产品或服务纳入生态补偿的范畴。

（二）健全相关配套措施

继续更深入地推进产权制度改革，完善产权登记制度。明确界定林权、草原承包经营权、矿山开采权、水权。建立生态补偿衡量体系、生态补偿标准体系，使其具备可操作性，统一性。与此同时，我国幅员辽阔，不同的地区有各自的特点，因此生态补偿标准的测算方法不仅要考虑到其统一性，同时也要因地制宜，符合不同地区，以及不同类型资源的特点。此外，生态补偿标准的建立非一时一日之功，任何测算生态补偿的标准都有其局限性，况且事物都是在不断发展变化之中，即使相关领域的生态补偿标准已经建立，也需要在实践中持续对其进行检验。因此，需要建立生态衡量指标体系，对生态状况进行动态检测衡量，以便根据相关情况，对相关生态补偿标准进行提高、降低、取消或者整合。

(三)制定生态补偿法

国务院于 2010 年将《生态补偿条例》纳入立法规划,并于 2013 形成了条例的草稿,并开始就草稿广泛征求社会各界的意见。2020 年国家发展和改革委员会发布《生态保护补偿条例(公开征求意见稿)》,生态补偿条例的立法经验为生态补偿法的制定奠定基础。① 此外,地方立法经验和相关生态补偿的实践经验为生态补偿法的制定提供了样本。

生态补偿的顺利实施有赖于生态补偿标准的明确规定,一方面是因为没有具体的操作依据,补偿难以执行。另一方面,补偿标准的缺失或模糊规定,不利于保护受偿主体的利益。因此,应在生态补偿法中规定生态补偿标准。首先,根据生态领域确定补偿标准的测算方法,即相同的领域补偿标准的测算方法应当相同。有学者认为,可以用机会成本法来制定生态补偿的标准,但基于公平原则,补偿标准的制定应逐渐向生态服务功能价值过渡。② 其次,生态补偿的立法实践中,地方立法已经走在了"法律"的前面。③ 目前,地方立法层面的生态补偿有 2014 年公布的《苏州市生态补偿条例》,以及 2019 年公布的《无锡市生态补偿条例》。这两部地方性法规皆于第 10 条对生态补偿标准作出了规定。未来生态补偿法的制定可以参照这两部地方性法规,生态补偿标准可以每三年调整一次,以适用实际生态情况的发展变化,做到灵活性与稳定性的和谐统一。再次,生态补偿标准的建立应当以生态价值以及我国生态文明的建设要求为基础,并综合考虑社会总体的经济发展水平、受偿主体的收入水平、受偿意愿等。④ 最后,生态补偿法需对补偿标准的制定权限、程序作出规定。⑤

---

① 参见陈丽平:《生态补偿条例草稿已经形成》,载中国法院网 2013 年 2 月 21 日,https://www.chinacourt.org/article/detail/2013/02/id/896502.shtml。

② 参见史玉成:《生态补偿制度建设与立法供给——以生态利益保护与衡平为视角》,载《法学评论》2013 年第 4 期。

③ 此处的法律乃狭义的法律,即全国人大以及全国人大常委会制定的法律。

④ 参见廖华:《重点生态功能区建设中生态补偿的实践样态与制度完善》,载《学习与实践》2020 年第 12 期。

⑤ 参见王社坤:《〈生态补偿条例〉立法构想》,载《环境保护》2014 年第 13 期。

第七章　生态环境损害鉴定评估制度研究

如果说,生态补偿是对保护生态环境行为的正外部性所做的利益填补,那么生态损害赔偿则是对损害生态环境行为的负外部性的责任追究,从而修复生态环境,填补受损害的权益。其共性在于,分别从正向激励和反向惩罚两个方面,结合法律与技术,认定并衡量与生态有关的行为所创造的或者被损害的生态价值。当前,环境污染导致的健康损害、公私财产损失和生态环境破坏已经成为全社会关注的焦点。我国高度重视生态环保工作,党的十九届四中全会指出,要落实生态环境损害赔偿制度。由于环境污染问题具有隐蔽性、累积性和滞后性的特点,解决生态环境损害的问题,其难点在于通过生态环境损害鉴定评估,从技术和证据上判断因果关系,认定生态环境损害。推进生态文明建设,要把制度建设作为重中之重。[①] 我国的生态环境损害鉴定评估工作起步较晚且基础薄弱,生态环境损害鉴定评估在我国处于探索发展阶段。法律必须适应社会的需要,[②]生态环境损害鉴定评估的法律规则亦应随着社会生活的变化而革新,不断进行修正与完善,以良法保障善治。2017 年 12 月《生态环境损害赔偿制度改革方案》出台,要求自次年起在全国范围内对生态环境损害赔偿制度进行试点。自此,环境违法案件中利益保护的关注

① 参见吕忠梅:《论环境法的沟通与协调机制——以现代环境治理体系为视角》,载《法学论坛》2020 年第 1 期。

② 参见胡玉鸿:《法律原理与技术》,中国政法大学出版社 2002 年版,第 16 页。

点从具体的个人利益赔偿扩展到整体的具有预期价值的公共利益赔偿之上，这种关注点的上升和拓宽亦符合环境法治理水平和治理能力提升的内在要求。而与此同时，很多学者也意识到，在技术特性较强的环境领域，要让赔偿制度真正在司法体系内落地扎根还缺少最关键的一环，即符合中立性、合法性和客观性特征的环境损害评估司法鉴定制度的建立完善。

第一节　生态环境损害鉴定评估的法律规则

一、生态环境损害鉴定评估的法律阐释

法律是一种阐释性的概念。① 我国现行立法对生态环境损害及其鉴定评估存在不同阐释。

第一种阐释认为生态环境损害是多类损害，包括因环境污染或生态破坏所导致的人身、财产和生态损害。如我国环境保护部于2014年10月发布《环境损害鉴定评估推荐方法(第Ⅱ版)》的通知(环办〔2014〕90号)(以下简称《推荐方法(第Ⅱ版)》)。《推荐方法(第Ⅱ版)》将“生态环境损害”作为拟评估的“环境损害”的一部分，“生态损害”是指生态环境本身及其生态服务能力由于环境污染或破坏所遭受的“可观察或可测量”的不利改变或损伤。2014年《推荐方法(第Ⅱ版)》亦规定鉴定评估由鉴定评估范围、因果关系判定、恢复措施、数额量化等四个部分组成，其评价范围系指广义的环境损害。

第二种阐释认为生态环境损害是生态环境本身的损害。2016年之后，我国立法对生态环境损害的表述有所限缩，趋向于解决生态环境本身所受损害鉴定评估的问题。2016年6月，《生态环境损害鉴定评估技术指南　总纲》(环办政法〔2016〕67号)(以下简称《总纲》)规定，生态环境损害，是指因污染环境、破坏生态造成各类生物要素的不利改变和生态系统功能的退化。该文件细化了生态环境损害鉴定评估的内容，将环境鉴定评估的范围限定为生态损害本身。2017年12月，中共中央办公厅、国务院办公厅印发《生态环境损害赔偿制度改革方案》，该方案所称生态环境损害与《总纲》界定一致。② 最高人民法院《关于审理生态环境损害赔偿案件的若干规定(试行)》(法释〔2019〕8号)将生态环境损害

① 参见[美]德沃金：《法律帝国》，李常青译，中国大百科全书出版社1996年版，第364页。

② 《生态环境损害赔偿制度改革方案》规定，生态环境损害，是指因污染环境、破坏生态造成大气、地表水、地下水、土壤、森林等环境要素和植物、动物、微生物等生物要素的不利改变，以及上述要素构成的生态系统功能退化。

赔偿限定于因污染环境、破坏生态造成生态受损的情形，而将“人身损害、个人和集体财产损失”排除在生态环境损害赔偿之外。《民法典》颁布之后，生态环境部公告“2020 年第 79 号”的规定进一步细化了环境损害的范畴，界定了“生态环境损害，既包括了各类生物要素的不利改变，也包括了各类生物要素构成的生态系统的功能退化和服务减少”。依据《民法典》《环境保护法》《民事诉讼法》等法律的规定，结合审判工作实际，最高人民法院制定了《关于审理生态环境损害赔偿案件的若干规定（试行）（2020 修正）》，严格保护生态环境。2021 年司法部发布《环境损害司法鉴定白皮书》规定了环境损害司法鉴定解决的专门性问题。

尽管生态环境损害的认识在不断发展，生态环境损害的范畴在不断扩大和细化，但是，现行关于生态环境损害的阐释还存在两个问题。

一是环境损害鉴定评估的范围存在冲突。《推荐方法（第Ⅱ版）》和《总纲》《生态环境损害赔偿制度改革方案》、最高人民法院《关于审理生态环境损害赔偿案件的若干规定（试行）》均现行有效，但其所指称的生态环境损害鉴定评估的范围并不一致。《推荐方法（第Ⅱ版）》规定生态环境损害鉴定评估既包括人身、财产损害，也包括生态损害；后三者更限缩，鉴定评估范围指向生态环境本身的损害。相较 2016 年之后的生态环境损害鉴定评估相关司法解释和部门规章，2014 年《推荐方法（第Ⅱ版）》）属于旧法。按照“新法优于旧法”的原则，生态环境损害鉴定评估的范畴应当按照 2016 年之后的立法来理解，即具有法定鉴定评估资质的机构，按照法定程序对环境污染和生态破坏行为所造成的生态环境本身的损害进行事实确认、量化其损害数额的过程。

二是对生态环境损害赔偿正当性的认识存在分歧。我国目前关于生态环境损害后果的规定以民法规范为主、部分环境法规范为辅。《民法典》《刑法》《环境保护法》等法律中涉及生态环境损害鉴定评估的条款并不多见，且原则性规定居多。因不同时期环境治理的需要，生态环境损害鉴定评估的规则多见于“通知”“方案”“推荐方法”等政府文件，并不属于法律规范的范畴，并且上述“通知”“方法”类的文件也只是供各级部门使用时参考，不具有约束力。现行立法的共识在于，以受害人为中心的人身权益和财产权益应当在生态环境损害的赔偿责任和赔偿金额中得以体现；其分歧在于，由该生态环境损害行为所导致的生态减损、功能退化等环境公益的损害是否纳入损害赔偿的范围。

在我国环境诉讼[①]项下，环境行政诉讼主要针对政府的不当行政行为，而对于环境损害具体后果证明程度要求较高的领域则集中在刑事环境犯罪领域以及民事环境侵权领域当中，通过对民事及刑事领域的环境立法变迁过程的分析可以得出“环境损害”的内涵包括三种：仅限于私益主体遭受的损害、仅限于生态环境损害以及包括两者在内的损害。我国第一部《刑法》并未对环境犯罪进行规定，而是于1997年修订时加入“破坏环境资源保护罪”专节，其中“重大环境污染事故罪”（现为污染环境罪）的后果要件为犯罪行为造成对于人身或财产的具象损害，[②]而在2020年《刑法修正案（十一）》中对“污染环境罪”的犯罪客观要件要求为“严重污染环境”，犯罪客观构成要件从具象公私财产损失和人身伤亡到抽象的“严重污染环境”的变化，可以明显看到环境犯罪入罪门槛降低的同时对于环境污染行为损害后果关注侧重点的变化，即从关注人身财产损害到关注对环境生态的损害。在民事环境诉讼开展之初，由于我国法律将民事诉讼的原告限于“直接利害关系人”，故环境诉讼原告皆为由于人为干扰而从环境遭受人身、财产损害的私益主体。2011年环境保护部发布《关于开展环境污染损害鉴定评估工作的若干意见》中，第一次把法律意义上的环境污染损害的鉴定评估范围从环境破坏对个体利益的损害扩展到环境损害对公共利益的现时或预期不良影响，我国已经逐渐将环境损害赔偿的侧重点转向私益与公益并举，只是相对应在实务的诉讼当中未能将这样的价值导向落在实处，仅仅是通过“停止侵害”“恢复原状”等诉求完成对于环境公益的保护，而针对这些的环境公益诉讼也才开始从解决“由谁提起”出发等待完善；此后，在2019年6月5日最高人民法院《关于审理生态环境损害赔偿案件的若干规定（试行）》中，将因污染环境、破坏生态造成的私益损害排除在该项司法解释适用范围之外，且该项司法解释以“生态环境损害”的命名方式，将其与“环境损害”相区别，则更加明确了我国法律领域对于“环境损害”的定义。故虽然在发展之初存在实务与规范之间的不匹配，但通过现行法律体系内部的比较以及立法进程的判断，毋庸置疑的是“环境损害”不仅包括私益亦包括公益的观点早已得到承认。综上所述，“环境损害”，又称“环境

---

① 环境诉讼：目前无论学界或者法律实践中对此并无统一的界定方式，仅从程序机制而言，现行的环境诉讼主要划分为环境民事纠纷、环境行政纠纷和环境刑事纠纷，从而环境诉讼实质上划分为环境民事诉讼、环境行政诉讼和环境刑事诉讼3种类型。参见蔡学恩：《专门环境诉讼研究》，武汉大学2015年博士学位论文，第17页。

② 即规定重大环境污染事故罪，除须造成重大的环境污染事故外，还须致使公财产或者私财产遭受到重大的损失或者存在人身伤亡的严重后果。

污染损害”，是指通过环境作用于人身、财产造成的损害以及生态环境损害。①

尽管存在不同阐释，然而不论是在立法上还是在实践中，如何衡量或鉴定评估由于环境污染或者破坏行为所造成的自然资源和生态系统的损害是生态环境损害赔偿的难点。就损害后果而言，生态公益的损害在规模、程度、范围和救济困难程度上远甚于私益损害；从法律规制上看，污染或破坏环境的行为所导致的人身损害和财产损害已有相应的填补规则，也比较容易量化，生态环境本身的损害较之人身、财产等传统损害的类型存在认定难、举证难和鉴定评估难的困境。在现行立法中，生态环境本身的重要性和生态价值逐步得到法律的关注。例如，《民法典》颁布以前，根据我国《环境保护法》第 64 条的规定，生态环境损害者因污染环境和破坏生态造成损害的，依照原《侵权责任法》的规定承担侵权责任；而原《侵权责任法》只规定了环境污染的侵权责任的私益损害，对于受害人之外的公共利益的损害即破坏生态的责任并无规定，救济方式也限于普通民事救济而将生态修复排除在外。在缺乏明确规定和有效指导下，上述矛盾直接导致公益损害的追究出现偏差。②《民法典》颁布之后，不仅在第 9 条确立了“绿色原则”，有关生态环境损害鉴定评估的认识也有了新的发展。我国《民法典》第七章“环境污染和生态破坏责任”第 1229 条、第 1232 条、第 1234 条和第 1235 条分别规定了环境、生态保护的侵权责任和惩罚性赔偿、生态环境修复责任和赔偿范围。③

二、生态环境损害鉴定评估法律适用的现状与问题

（一）多元鉴定评估主体并行模式及其衍生问题

我国《环境保护法》《突发事件应对法》以及相关的规范性文件、司法解释先后规定了三类主体的生态环境损害鉴定评估权限，形成了“政府部门、政府推荐机构、司法鉴定机构”多元主体并行的模式。

第一类主体是各级人民政府及其生态环境部门。根据《突发事件应对法》第 59 条和第 63 条之规定，人民政府在突发事件应急处置工作结束后，应当立即组

① 《生态环境损害赔偿制度改革方案》第三部分对生态环境损害有明确的定义，针对人为因素干扰下环境所遭受的损害。

② 参见吕忠梅、窦海阳：《以“生态恢复论”重构环境侵权救济体系》，载《中国社会科学》2020 年第 2 期。

③ 《民法典》第 1235 条规定：“违反国家规定造成生态环境损害的，国家规定的机关或者法律规定的组织有权请求侵权人赔偿下列损失和费用：（一）生态环境受到损害至修复完成期间服务功能丧失导致的损失；（二）生态环境功能永久性损害造成的损失；（三）生态环境损害调查、鉴定评估等费用；（四）清除污染、修复生态环境费用；（五）防止损害的发生和扩大所支出的合理费用。”

织评估突发事件造成的损失。根据我国《环境保护法》的相关规定,除环境保护部门外,县级以上人民政府的农业、林业、渔业、国土、海事、海洋、水利等多个部门兼具环境保护工作的监督管理职责,可以组织开展相关监管领域的生态环境损害鉴定评估工作。

第二类主体是环境保护部门推荐的鉴定评估机构。我国环境保护部办公厅2014年1月和2016年2月先后发布了《环境损害鉴定评估推荐机构名录(第一批)》和《环境损害鉴定评估推荐机构名录(第二批)》,推荐了多个生态环境损害鉴定评估机构。这在一定程度上弥补了相关鉴定机构数量供给不足的缺憾。但是,推荐机构名录不具备法律约束力,仅供需要鉴定评估机构有关信息的单位和个人参考;而且,各级环境保护主管部门也可以向当事人推荐没有列入该名录的评估机构。

第三类主体是司法鉴定机构。依据最高人民法院、最高人民检察院、司法部《关于将环境损害司法鉴定纳入统一登记管理范围的通知》(司发通〔2015〕117号)和司法部、原环境保护部《关于规范环境损害司法鉴定管理工作的通知》(司发通〔2015〕118号),生态环境损害司法鉴定被纳入统一管理,由司法部会同原环境保护部制定管理办法。2016年10月,我国环境损害司法鉴定机构审核登记和专家库的专门管理办法出台。① 2018年发布的《环境损害司法鉴定机构登记评审细则》,为规范环境损害司法鉴定机构的准入,科学、客观、全面地开展生态环境损害鉴定评估提供了依据。② 2019年,《环境损害司法鉴定执业分类规定》细化了生态环境损害司法鉴定七大类鉴定事项。至此,我国生态环境损害司法鉴定管理规则体系渐成。

由于我国生态环境损害鉴定存在机构数量较少、地区分布不均、费用较高等问题。为此,我国确定了鉴定、检验、检测、监测、评估5种方式互为补充的证据管径。③ 司法鉴定机构、国务院环境资源保护监督管理相关主管部门推荐的机

① 2016年10月12日,司法部、环境保护部共同发布了《环境损害司法鉴定机构登记评审办法》和《环境损害司法鉴定机构登记评审专家库管理办法》。

② 参见司法部、生态环境部《关于印发〈环境损害司法鉴定机构登记评审细则〉的通知》(司发通〔2018〕54号)。具体规定了环境损害司法鉴定机构登记评审的程序、评分标准、专业能力要求、实验室和仪器设备配置要求等。

③ 参见最高人民法院、最高人民检察院《关于办理环境污染刑事案件适用法律若干问题的解释》(法释〔2016〕29号)第12条;最高人民法院《关于审理环境侵权责任纠纷案件适用法律若干问题的解释》(法释〔2015〕12号)第10条;最高人民法院《关于审理生态环境损害赔偿案件的若干规定(试行)》(法释〔2019〕8号)第10条。

构、环境保护部门及其委托的机构、环境保护部门所属监测机构等生态环境损害鉴定评估主体所出具的符合法定要件的鉴定意见、检验报告、检测报告、评估报告、监测数据等，都可以作为认定案件事实的根据。多元主体并行的模式在生态环境损害鉴定评估实践中衍生了下列问题：

1. 生态环境损害鉴定评估结论可能相互矛盾。我国生态环境损害鉴定评估的主体既有各级政府、环境保护部门和其他具有环境监管职能的政府部门，也有司法鉴定机构和科研服务机构。这一现状足以反映生态环境损害鉴定评估的复杂性和专业性。然而，以资源板块和利益分配为格局的管理体制很难系统性、综合性地协调解决生态环境损害问题；加之生态环境损害鉴定评估主体众多，其鉴定评估结论可能存在相互矛盾之处。

2. 鉴定评估主体资质的认定衔接不够。《环境损害司法鉴定机构登记评审办法》尚未明确原环境保护部《环境损害鉴定评估推荐机构名录》中列举的鉴定评估机构的地位。由于该名录的效力低于部门规章，因此不能简单地将原推荐机构视为符合《环境损害司法鉴定机构登记评审办法》的生态环境损害司法鉴定机构。所以，名录中的推荐机构能否继续作为环境损害鉴定评估机构？其出具的鉴定评估报告能否作为判案依据？[①] 此外，生态环境损害鉴定评估虽然是以鉴定评估机构的名义作出的，实际的工作却是由具体的评估人员完成的。2018 年《环境损害司法鉴定机构登记评审细则》的附件 2 提出司法鉴定人员的专业能力要求，并将之纳入鉴定机构的评审考察，但并未提出鉴定人员鉴定资格的审查依据。

3. 鉴定评估主体的法律责任有待厘清。自 2016 年我国将生态环境损害鉴定纳入第四类司法鉴定以后，生态环境损害鉴定可以适用《司法鉴定机构登记管理办法》中关于法律责任的规定，但不能适用于环境司法鉴定领域外的鉴定评估活动。对于鉴定意见因不合理而未被法院采纳的“不合理评估”“乱评估”“评估误差”是否要承担法律责任的问题，现行规定也缺乏必要的回应。

（二）生态环境损害鉴定评估技术规则和法律规则不统一

通过立法的形式赋予环境技术规范以法律效力是公平、公正、科学鉴定评估生态环境损害的基础。为解决生态环境损害鉴定评估在执法和司法实践中的认定问题，我国政府部门制定了一系列环境技术规则，为执法部门、司法机关和环

---

① 参见曹锦秋、王兵：《论我国环境损害鉴定评估主体法律制度的完善》，载《辽宁大学学报（哲学社会科学版）》2017 年第 2 期。

境鉴定评估机构提供支持。2011 年,《关于开展环境污染损害鉴定评估工作的若干意见》(环发〔2011〕60 号)提出要规范环境污染损害的认定、鉴定评估、修复和监测工作,制定相关标准、技术规范与方法。① 例如,2020 年 5 月司法部发布《耕地和林地破坏司法鉴定技术规范》(SF/T0074 - 2020)。不同主体所制定的生态环境损害鉴定评估技术规范彼此之间存在相互博弈,主要表现为以下几个方面:

1. 鉴定评估标准多样。尽管我国生态环境损害鉴定评估的标准和技术规范体系日臻完善,但是仍然存在评价标准不统一和多样化的问题。从规则构成来看,我国生态环境损害鉴定评估标准主要由原环境保护部、原农业部等机构分别制定,均属于部门规章。内容上,原环境保护部制定的鉴定评估技术指南适用范围较广,时间较新;②而适用上,原农业部和国家海洋局的鉴定评估标准在实践中得到了较广泛的运用。虽然林业部、原农业部、原环境保护部、国家海洋局等部门出台了相关生态环境损害技术规范,但这些技术规范均基于不同侧重点,缺乏有效的融合,需要梳理形成严谨的环境鉴定评估标准体系,实现各技术方案的整合。

2. 鉴定评估方法问题。原环境保护部《推荐方法(第Ⅱ版)》和《总纲》提出了环境价值评估方法和替代等值分析方法。环境损害应急处置费用按照《突发环境事件应急处置阶段污染损害评估技术规范》进行鉴定评估。③ 不同鉴定评估方法的设置给生态环境损害鉴定评估预留了选择的可能。实践中,生态环境损害案例反映的核心争议就有案件应该采用何种损害赔偿计算方法。鉴定评估机构或法院采用的计算方法是否准确,直接决定了污染责任人承担赔偿责任的数额是否合理,也关系到法院的判决是否公正。

3. 鉴定意见的证明力问题。由于缺乏相关的法律依据,实践中对同一鉴定评估对象可能会产生不同鉴定评估结论,当人民法院面对不同鉴定主体就相同的事项所作出的鉴定评估报告、检验报告、监测数据等多项结论时,由谁来进行"鉴定中的鉴定"? 目前环境审判中,确定损害赔偿额度主要依据鉴定或专家意

---

① 参见我国原环境保护部发布的《关于开展环境污染损害鉴定评估工作的若干意见》(环发〔2011〕60 号);原农业部制定的《渔业污染事故调查鉴定资格管理办法》(农渔发〔2000〕7 号,已废止);《农业环境污染事故损失评价技术准则》(农业部公告第 846 号);《海洋生态损害评估技术指南(试行)》(国海环字〔2013〕583 号);原国家质量监督检验检疫总局、国家标准化管理委员会制定的《海洋生态损害评估技术导则 第 2 部分:海洋溢油》(GB/T 34546.2 - 2017);国家市场监督管理总局、中国国家标准化管理委员会《渔业污染事故经济损失计算方法》(GB/T 21678 - 2018)。

② 参见《总纲》和《生态环境损害鉴定评估技术指南 总纲和关键环节 第二部分:损害调查》。

③ 参见《总纲》第 8 页。

见和法官自由裁量。[①] 如果没有独立、公正的评审机构对鉴定评估报告的科学性和可靠性从技术上进行甄别和筛选，将会影响人民法院对案件的判决和争议的妥善解决。[②] 如果要妥善解决这一问题，就需要搭建法律规则与技术规则之间的桥梁，打通法律与技术的多方信息互相印证的路径。

（三）生态环境损害鉴定评估程序规则的片段性

《突发环境事件应急处置阶段环境损害评估推荐方法》（环办〔2014〕118号）规定应急处置阶段损害评估工作程序包括：开展评估前期准备、启动评估工作、信息获取、损害确认、损害量化、判断是否启动中长期损害评估以及编写评估报告。2016年《总纲》第4.3条规定了生态环境损害鉴定评估工作包括鉴定评估准备、生态环境损害调查、因果关系分析、生态环境损害实物量化、生态环境损害价值量化、报告编制和生态环境恢复效果评估。为解决因果关系界定难、损害后果量化难的问题，2014年《推荐方法（第Ⅱ版）》提出生态环境损害行为与生态环境损害之间的因果关系分析的基本规则，明确环境暴露与生态环境损害间的因果关系判定的一般原则，确立环境污染物从源到受体的暴露路径的建立与验证的方法。2016年《总纲》明确因果关系分析的前提、环境污染物的同源性分析、污染物迁移路径的合理性分析、生物暴露的可能性分析和生物发生损害的可能性分析。上述生态环境损害鉴定评估程序规则存在的问题主要有：

1. 生态环境损害鉴定评估程序规则设计整体性不足。缺乏生态环境损害鉴定评估的分级分类、启动、受理、实施主体、鉴定评估权限、鉴定期限、实施对象、实施程序、补充鉴定评估和重新鉴定评估、意见审查判断、职业伦理、监督管理和执业法律责任等规则。例如，在"泰州环境污染责任纠纷案"中，上诉人的上诉理由中指出鉴定评估意见和鉴定评估报告中没有签字盖章，虽然该理由没有使鉴定评估报告、鉴定评估意见不被法院采信，但以此来看，鉴定评估报告的程序性事项未得到应有的重视。[③]

2. 生态环境损害鉴定评估程序缺乏关键规则。我国在环境侵权领域并未设置独立的证明标准，法院在处理生态环境损害赔偿案件时仍然适用民事诉讼领域的高度盖然性的证明标准。[④] 生态环境损害鉴定评估报告中的因果关系分析

---

① 参见陈幸欢：《生态环境损害赔偿司法认定的规则厘定与规范进路——以第24批环境审判指导性案例为样本》，载《法学评论》2021年第1期。

② 参见熊秋红：《我国司法鉴定体制之重构》，载《法商研究》2004年第3期。

③ 参见"泰州市环保联合会与江苏常隆农化有限公司、泰兴锦汇化工有限公司等环境污染责任纠纷案"，江苏省高级人民法院（2014）苏环公民终字第00001号民事判决书。

④ 最高人民法院《关于民事诉讼证据的若干规定》（法释〔2019〕19号）第85条。

侧重于技术推演。鉴于目前生态环境损害技术规范还有待细化,从技术和证据上判断污染物迁移途径、分析因果关系存在诸多困难。即使生态环境损害鉴定评估报告得以对因果关系是否存在提供技术论证结论,该结论是否可以作为执法依据、法院如何识别和采信鉴定机构的技术分析报告中的因果关系论证还是一个问题。

3. 生态环境损害鉴定评估费用较高。由于缺乏统一的收费标准,实务中生态环境损害鉴定评估案件的收费相差很大。例如,“北京市朝阳区自然之友环境研究所等诉谢某某等侵权责任纠纷案”鉴定评估费用为0.6万元;[①]“中华环保联合会与德州晶华集团振华有限公司环境污染责任纠纷案”的鉴定评估费用均为10万元;[②]“安徽海德化工科技有限公司与江苏省人民政府环境污染责任纠纷案”鉴定评估费用为26万元。[③] 高额的鉴定评估费用让当事人对生态环境损害鉴定评估望而却步,很可能会因此放弃鉴定评估,导致当事人无法取得关键性证据,最终导致败诉的不利后果。

4. 生态环境损害鉴定评估结果后期难以落实。例如,在责任者怠于承担或承担不能的情形下如何实现法律责任的承担,如何保障环境恢复的资金来源,如何顺利恢复生态环境及其功能等。虽然中央财政安排重点生态保护修复治理专项资金,但是根据《重点生态保护修复治理资金管理办法》(2021年修订)第3条“专项资金使用原则”的规定,适用范围仅限于公益性、全国性、跨区域性和影响较大的修复和治理工作。[④]

三、生态环境损害鉴定评估规则的建构路径

生态环境损害鉴定评估规则整体改革是准确适用法律的前提。德沃金认为,“法律的生命在于整体性。整体性包括立法的整体性原则和审判的整体性原则。立法的整体性原则要求那些以立法制定一项法律的人在原则上保持该项法律的一致性。审判的整体性要求那些负责确定法律内容的人在理解和实施法律

---

① 参见“北京市朝阳区自然之友环境研究所等诉谢某某等侵权责任纠纷案”,福建省高级人民法院(2015)闽民终字第2060号民事判决书。

② 参见“中华环保联合会与德州晶华集团振华有限公司环境污染责任纠纷案”,最高人民法院指导案例131号(2020年)。

③ 参见“安徽海德化工科技有限公司与江苏省人民政府环境污染责任纠纷案”,最高人民法院指导案例129号(2020年)。

④ 参见财政部关于印发《重点生态保护修复治理资金管理办法》的通知(财资环〔2021〕100号)。

时以上述方式保持一致性"。[1] 我国既有的生态环境损害鉴定评估立法在内容和形式上尚未形成整体,生态环境损害鉴定评估规则尚未形成体系,相互之间还存在一定的矛盾,需要进行法律规则的统筹设计。

(一)明确生态环境损害鉴定评估对象是生态法益

在立法者启动并完成立法工作之前,法益就已经作为先定的概念独立产生。法益是一种先于成文法规范存在的范畴。立法者所做的工作,是将普遍存在的生活利益上升为应当受到保护的利益即法益,最终形成系统的法益保护制度。[2] 伴随生态环境问题的迭代和科学技术的发展,当代社会对生态功能、生态价值、生态利益形成了基本的伦理道德认知,即良好的生态环境和健全的生态系统功能是人类社会生存与发展的基石。"法律价值体系是为赋予构筑社会秩序的行为以动机而存在着的,所以它必然拥有统一协调(均衡)并维护其存在与发展的力量。"[3]在生态环境损害鉴定评估的价值取向层面,生态环境损害鉴定评估的法律应当回归生态保护和生态修复的初心,从生态价值的视角分析环境资源的问题,构建完整的法律规则体系,从而实现"从生态价值认知到生态法益确认的法律递进"。[4] 在生态环境损害鉴定评估的法律规则层面,则需要生态环境损害鉴定评估相关规则可以相互援引、互为补充、相互配合,形成单个环境资源要素或区域立法的整体性构造。[5] 通过法律识别与确认生态利益赋予法律权利,或将生态利益确认为法律救济和保护的生态法益,是保障正当的公共环境利益、解决生态环境损害的必经之途。[6]

罗斯科·庞德曾言:"法律是通过理性发展起来的经验,是被经验证实了的理性。"[7]生态法益的保护也是环境侵权法的发展趋势。综观我国环境侵权领域的立法和实践,生态法益的理性认知和侵权法的历史经验相互滋养,生态法益的保护渐行渐近。"环境侵权制度在行为认定上从单一的环境污染转向环境污染

---

① [美]德沃金:《法律帝国》,李常青译,中国大百科全书出版社 1996 年版,第 150 页。

② 参见孙山:《民法上"法益"概念的探源与本土化》,载《河北法学》2020 年第 4 期。

③ [日]川岛武宜:《现代化与法》,王志安、渠涛、申政武、李旺译,中国政法大学出版社 2004 年版,第 246~247 页。

④ 柯坚:《破解生态环境损害赔偿法律难题——以生态法益为进路的理论与实践分析》,载《清华法治论衡》2012 年第 2 期。

⑤ 参见吕忠梅:《论环境法的沟通与协调机制——以现代环境治理体系为视角》,载《法学论坛》2020 年第 1 期。

⑥ 参见柯坚:《破解生态环境损害赔偿法律难题——以生态法益为进路的理论与实践分析》,载《清华法治论衡》2012 年第 2 期。

⑦ [美]罗斯科·庞德:《法的新路径》,李立丰译,北京大学出版社 2016 年版,第 19 页。

与生态破坏的双重认定，在救济对象上从单一的私益转向私益与公益的双重保护，在救济方式上从传统的民事救济转向以生态为主的综合救济。”[①]作为法律续造的我国最高人民法院的司法解释明确扩大了法益的范围，司法判例亦反映出保护生态法益的趋势。[②] 从最高人民法院2019年发布的生态环境损害赔偿典型案例的判决结果来看，生态环境损害赔偿的范围包括生态环境损害行为所产生的生态环境损害赔偿、生态环境损害鉴定评估费用、生态修复及鉴定评估费用、危险废物处置费用、送检化验费用、综合整治费、后期跟踪检测费等。[③] 生态法益也是法律政策发展的趋势。例如，《民法典》确立了绿色原则、生态环境保护的基本义务，全面规定了生态修复、破坏生态者等民事主体，确立了生态修复的责任，将生态环境损害鉴定评估赔偿的范围拓展至生态修复完成阶段。美国、挪威、芬兰、丹麦、瑞典等国家的法律已经就生态法益作出回应，在立法中规定生态环境损害赔偿。[④] 例如，美国《综合环境反应、赔偿和责任法》[⑤]第107条(a)(4)(C)款规定了“对自然资源的损害、破坏或损失的赔偿责任，包括鉴定评估损害、破坏或损失的合理费用”的责任。[⑥] 生态法益的法律保障和有效的司法应对是解决生态环境损害鉴定评估问题的根本措施。

(二)完善生态环境损害鉴定评估主体的资质审查规则

在环境资源案件中，鉴定评估机构出具的鉴定评估报告是因果关系判断、损害价值量化的关键。在案件审理中，由于生态环境与自然科学技术联系紧密，法官较多依赖鉴定机构等专业机构作出的鉴定报告和鉴定评估报告。而科学鉴定

① 吕忠梅、窦海阳：《以“生态恢复论”重构环境侵权救济体系》，载《中国社会科学》2020年第2期。

② 最高人民法院《关于审理生态环境损害赔偿案件的若干规定(试行)》(法释〔2019〕8号)第2条、第6条。

③ 2019年6月5日，最高人民法院发布人民法院保障生态环境损害赔偿制度改革典型案例。其中，3个案例共同呈现了生态损害赔偿的范围，即“重庆市人民政府、重庆两江志愿服务发展中心诉重庆藏金阁物业管理有限公司、重庆首旭环保科技有限公司生态环境损害赔偿诉讼案”(案例二)；“绍兴市环境保护局、浙江上峰建材有限公司、诸暨市次坞镇人民政府生态环境损害赔偿协议案”(案例四)；“贵阳市生态环境局诉贵州省六盘水双元铝业有限责任公司、阮某某、田某某生态环境损害赔偿诉讼案”(案例五)。参见最高人民法院：《人民法院保障生态环境损害赔偿制度改革典型案例》，载最高人民法院官网2019年6月5日，http://www.court.gov.cn/zixun-xiangqing-162312.html。

④ 柯坚：《破解生态环境损害赔偿法律难题——以生态法益为进路的理论与实践分析》，载《清华法治论衡》2012年第2期。

⑤ The Comprehensive Environmental Response, Compensation, and Liability Act, CERCLA, 42 U.S.C. §9601 et seq. (1980).

⑥ 42U.S.C. §9607(a)(4)(C)(1988).(注：1988年版《美国法典》第42卷第9607节第a条第4款第C项)

需要翔实、充足的样本材料和一定水平的技术支撑以及鉴定时机等条件，个别案例的损害鉴定过程难免出现困难，或者只能鉴定出一定条件下的因果关系。损害后果认定所涉的计算相当复杂，专业性很强，法院一般依据鉴定报告和相关规章或规范性文件处理。鉴定评估主体本身的专业化水平直接影响案件审理是否公平合理。因此，生态环境损害鉴定评估的主体应回归专业机构。只有明确生态环境损害鉴定评估机构的资质和权限，理顺司法鉴定机构和政府部门在生态环境损害鉴定评估中的关系，才能保障鉴定评估结果的权威性和执行性。因此，生态环境损害鉴定评估应当完善鉴定评估主体的资质审查规则，具体措施如下：

1. 尽快解决关于生态环境损害鉴定评估主体资质规则的冲突。首先，应当明确《环境损害鉴定评估推荐机构名录》中的评估机构是否能够继续从事生态环境损害司法鉴定工作，其出具的评估报告是否具有诉讼参考价值。其次，应当整合关于生态环境损害鉴定评估主体资质的规定。由于我国环境保护部门在技术管理上积累了丰富的经验，也制定了相应的技术规范，因此可以尝试在现行规定的基础上，明确环境损害司法鉴定机构审核登记评审程序。由司法部会同生态环境部进行生态环境损害司法鉴定评估机构的资质审核，在工作机制上实现生态环境损害鉴定评估技术规则与法律适用的一体化运作。

2. 设立一套鉴定评估主体的资质审核制度。生态环境损害鉴定评估的价值不仅在于能科学合理地量化生态环境损害，更在于其鉴定评估结论能够运用到具体案件的判决和执法中，从而实现"污染者付费、受益者补偿"。虽然环保机关拥有较多的专业人才和资讯而具有行政专业性，但是环保机关未必在每一个问题点上都拥有较大的专业优势。许多特定环境保护管制措施所要求的专业知识，学术界、顾问公司乃至环保团体最有优势。[①] "专业理论的僵硬适用，将使环保机关在相对专业欠缺事项上的鉴定评估失去正当性。"[②]专业模式须借助参与模式来作鉴定评估权正当性的补充。环境鉴定评估主体的设置应当强化生态环境损害鉴定评估的业务标准、淡化行政标准。我国可以在加强监管的情况下，拓展资质申请途径，鼓励各类具有鉴定能力的机构参与到现有的生态环境损害司法鉴定机构体系中来，实现生态环境损害鉴定专业化和资质合法化的有效结合，以解决现有司法鉴定机构环境评估经验不足、环境评估机构缺乏司法鉴定资质的问题。对鉴定主体资格进行判断时，应当规范鉴定人资质审核标准。

---

① 参见叶俊荣：《环境行政的正当性法律程序》，台北，翰芦图书出版有限公司 2001 年版，第 38 页。

② 叶俊荣：《环境行政的正当性法律程序》，台北，翰芦图书出版有限公司 2001 年版，第 39 页。

3. 厘清生态环境损害鉴定评估主体的法律责任。《司法鉴定机构登记管理办法》第 38 条至第 42 条规定了以行政处罚为主的环境司法鉴定机构的法律责任,其他类型生态环境损害鉴定评估主体的法律责任亦可以参照《司法鉴定机构登记管理办法》进行设置。由于生态环境损害鉴定评估对技术的要求较高,加之生态环境损害鉴定评估的各项规则还在完善当中,鉴定评估机构作出的鉴定评估报告可能会存在鉴定评估错误或误差的情形。故对生态环境损害鉴定评估机构法律责任的认定应保持适当的谦抑,重点考察鉴定评估机构的主观过错和所导致的损害大小等因素。未来的改革中,如果生态环境损害鉴定评估机构全面实施资质审核制度、并轨到司法鉴定评估系统,届时可以细化生态环境损害鉴定评估机构资格罚的适用条件,建立生态环境损害鉴定评估机构资质评级制度,将鉴定评估主体失信预警和鉴定评估报告的证明力相关联以追究法律责任。[①]

(三)协同生态环境损害鉴定评估的技术规则与法律规则

环境保护法的基本原则、基本制度都是从环境科学研究结论和环境保护实践中,由技术规范上升而来的。离开科学技术,就没有环境保护法。[②] 生态环境损害鉴定评估规则的建构应当从环境保护法的科学技术性的特征出发,立足生态环境损害鉴定评估的新发展,促进技术规则向法律规则的转化。当然,随着经济的发展、科技的进步和环境质量要求的提高,环境技术标准亦需要定期进行修改和完善。[③] 可以采取以下措施:

1. 细化生态环境损害鉴定评估标准和方法的立法。只有在统一的生态环境损害鉴定评估技术指南、评估方法和指标体系下形成的鉴定结果,才能保障生态环境损害鉴定评估结论的权威性和可靠性。在案件中运用环境标准,例如,判断环境污染主体是否造成生态环境损害并承担私法责任主要依据是环境质量标准;[④]如何判断是否达到环境质量,又需要依赖环境方法标准、技术标准和样品标准。因此,应将环境标准这一环境法的渊源,更加明晰、具体地融入具体案件适用中。生态环境损害鉴定评估机构在报告中应清楚地阐明选择某一评估方法的法律依据和现实原因,以便当事人和法官能够了解评估过程和评估信息,减少因损害赔偿数额所引起的争议。

---

① 参见熊晓彪:《"发生优势":一种新证明力观——狭义证明力的概率认知与评价进路》,载《交大法学》2020 年第 2 期。

② 参见韩德培主编:《环境保护法教程》,法律出版社 2018 年版,第 19 页。

③ 参见韩德培主编:《环境保护法教程》,法律出版社 2018 年版,第 115 页。

④ 参见陈伟:《环境标准侵权法效力辨析》,载《法律科学(西北政法大学学报)》2016 年第 1 期。

2. 建立生态环境损害司法鉴定工作规则。通过司法鉴定机构的工作，在实际操作中链接法律规则和技术规则，解决同一损害下不同标准、不同鉴定评估结果的冲突。2005 年全国人民代表大会常务委员会《关于司法鉴定管理问题的决定》实施以来，列入法定登记管理范围的司法鉴定事项有法医、物证、声像资料和生态环境损害司法鉴定四大类，评估不属于司法行政部门统一管理的鉴定事项。① 在经验上，环境司法鉴定在我国已经具备一定的法律基础，形成了制度规则的基本框架，在实践中积累了有益的经验，因此能够在现有法律框架下守正。例如，最高人民法院《关于民事诉讼证据的若干规定》专门规范了鉴定制度，提出鉴定应当遵守相关技术规范，确保证据不被污染。② 在功能上，生态环境损害司法鉴定兼具标准技术性、结论法律性和程序可执行性的特点，可以做到法律与技术的兼容。我国可以在环境司法鉴定机构改革的基础上，尝试进行环境司法鉴定规则的创新。

3. 促进技术规则向法律规则转化。生态环境损害鉴定评估具有法律性、技术性和复杂性的特征。生态环境损害鉴定评估的过程是自然科学和社会科学多学科成果相互渗透和吸收的过程，也是法律规则与技术规则的对话、相互影响和相互融合的过程。例如，工业导致的环境污染对人们的健康和共同生活造成了影响，但是同样的污染物对不同的人会有不同的含义，因此，解决环境问题不仅要有自然和技术的科学思维特征，还需兼具社会思维的特征。在生态环境损害的鉴定评估和损害结果的认定中，应当正视科学理性与社会理性的交织和相互依赖。③ 我国应以环境科学的最新成果来指导、丰富生态环境损害鉴定评估法律规则，通过立法完成技术规则到法律规则的转化。法律政策的制定者还应当跨过科学技术和法律阐释的鸿沟，促进法律规则与技术规则的协作与互鉴，提升法律规则的透明度和可操作性，采用人工智能等技术辅助方法，④从而使环境鉴定评估的技术被公众所理解和认同，使控辩双方建立对生态环境损害鉴定评估的信任，使环境鉴定评估的内容更科学地影响法院的判决等。

---

① 2018 年司法部《关于政协十三届全国委员会第一次会议第 3705 号提案答复的函》。

② 参见最高人民法院《关于民事诉讼证据的若干规定》（法释〔2019〕19 号）第 30～42 条、第 79～82 条。

③ 参见［德］乌尔里希·贝克：《风险社会：新的现代之路》，张文杰、何博闻译，译林出版社 2018 年版，第 19 页。

④ 例如，运用人工智能的“心理推测模型”帮助推测相关方在辩护、庭外和解、排除潜在的偏见证据等程序中的心理状态。参见［英］约翰·A. 巴登、［美］唐纳德·彼得森：《人工智能、心理推测和法律推理》，载赵万一、侯东德主编：《法律的人工智能时代》，法律出版社 2020 年版，第 302 页。

（四）生态环境损害鉴定评估的程序回归全过程管理

在生态环境损害鉴定评估过程中，应当坚持科学严谨、客观公正、依法评估的原则，保证生态环境损害鉴定评估流程的科学性和可操作性。

1. 应当按照生态环境损害鉴定评估的全过程完善程序规则。形式层面上，参照生态环境损害鉴定评估的周期，把生态环境损害鉴定评估工作划分为事前、事中、事后 3 个阶段，分别规定每个阶段的具体实施规则。操作层面上，当前我国环境污染案件数量繁多，鉴定评估机构的数量远远不能满足现实需求，在实践中出现"供不应求"的局面。为提高鉴定评估效率，建议实行生态环境损害鉴定评估分级分类管理，对于污染程度和范围较小的事件，适用简易鉴定评估程序；对于大型环境污染事故，适用普通鉴定评估程序，对污染物质的种类、污染的范围和程度作深入细致的考察。立法层面上，根据《民事诉讼法（2017 年修正）》第 76 条至第 79 条关于鉴定的一般程序规则：（1）细化和完善生态环境损害鉴定评估的程序；（2）明确资格认定规则，包括法院认定鉴定人的资质规则、鉴定机构和鉴定人员的资格认定规则；（3）明确事实认定规则，包括生态环境损害调查规则、生态环境损害基线确认规则、因果关系确定规则、环境价值鉴定评估的技术规则、环境标准、认定鉴定评估结论的规则，判断鉴定评估人解释说明的规则等。[①] 对鉴定主体资格、鉴定程序、生态环境损害司法鉴定意见的审查判断标准通过立法予以明确规定。[②]

2. 加快构建生态环境损害评估案件审判智能服务系统，助力生态环境损害因果关系认定和证据认定。例如，通过建立大数据平台，实现生态环保案件数据的交互共享；建立生态环保类案件责任界定规则、证据认定标准、损失评估方法和因果关系推理的智能审查系统，智能研判生态环保类案件的整体涉环境资源情况，涉案企业、单位或个人情况，涉环境资源案件因素分布情况等内容，辅助查明案件事实和相关证据关联。再如，可以通过构建生态环境损害鉴定评估案件的智能服务平台，运用系统推送类案。通过类案智能推送，促进审判标准的相对统一，避免"同案不同判"，提高审判效率。此外，还可以基于大数据人工智能技术，助力法院和相关部门建立生态环境损害案件审判分析和生态风险态势预警机制。

3. 全面建立以审判为主导的生态环境损害认定机制。专家的参与可以协助

---

① 参见王兴利、吴晓晨、颜为军、王晨野、王晶博、穆晓东：《环境损害鉴定评估领域难点探讨》，载《中国环境管理》2019 年第 2 期。

② 参见朱德宏：《环境损害鉴定的程序价值及其制度完善》，载《江西社会科学》2016 年第 6 期。

法院对生态环境损害作出全面的判断,“如果缺乏训练有素的专家的决定性合作,就不可能有正式阐述的法律”。[①] 法院可以通过建立人民法院、环境专家、鉴定专家协同的智库平台,客观、全面、高效地进行生态环境损害的调查和案件的审理。在生态环境损害因果关系和事实认定上,“无论在确认条件的出现或在规定制裁方面,司法判决都具有一种构成性”。[②] 承办生态环境损害案件时,法官应当将技术规则或结论作为审判的参考与辅助,在此基础上根据客观的法律行为和其他因素,对普遍适用的法律和个别案件的客观事实进行联结与解释,在全面审查证据的基础上形成法官的判断,从而执行法律。[③] 法院还可以运用人民法院的中立地位和公信力,建立“审判、鉴定评估、磋商”多元纠纷解决机制,促进各方主体信息的协同,通过生态环境损害鉴定评估磋商,促成各方认同的鉴定意见,科学地认定事实和因果关系。[④]

4. 尝试建立统一的收费标准和公益诉讼专项基金,拓宽生态环境损害赔偿与修复专项基金的融资渠道,完善资金监管制度。统一的收费标准不仅有助于规范生态环境损害鉴定评估机构的经营行为,也可以更好地发挥生态环境损害鉴定评估制度的作用,更好地保障当事人的权利。由于自然资源损害鉴定评估技术性强、专业要求高、时间长、费用高,[⑤]在责任者确定但不愿、不能承担、承担能力有限或责任者难以确定的情形下,可以设立专项基金为政府部门和私法团体修复自然资源及其功能提供资金支持。[⑥] 通过完善环境污染责任保险制度,丰富生态环境损害鉴定评估的资金来源;[⑦]建立生态环境损害治理评价制度以监督专项资金使用效果。

---

① [德]马克斯·韦伯:《论经济和社会中的法律》,张乃根译,中国大百科全书出版社1998年版,第86页。

② [奥]凯尔森:《法与国家的一般理论》,沈宗灵译,中国大百科全书出版社1996年版,第153页。

③ 马克思认为,“法律是普遍的,应当根据法律来确定的案件是个别的。要把个别的现象归结为普遍的现象,就需要判断……要执行法律就需要法官”。参见《马克思恩格斯全集》第1卷(上),人民出版社1995年第2版,第180页。

④ 参见王瑜:《完善环境损害鉴定评估机制　守护绿水青山》,载《人民法院报》2019年10月13日,第2版。

⑤ 参见廖华、潘佳宇:《美国路易斯安那州自然资源损害评估制度及其启示》,载《中国环境管理》2019年第3期。

⑥ See Julie L. Mendel, *CERCLA Section* 107: *An Examination of Causation*, Journal of Urban and Contemporary Law, Vol. 40:83, p. 88 – 89(1991).

⑦ 参见竺效:《论我国环境污染责任保险单行法的构建》,载《现代法学》2015年第3期。

四、生态环境损害评估制度的展望

生态环境损害范围宽广、过程和机制复杂、损害表现形式多样，探寻有效的法律应对途径十分困难。生态环境损害鉴定评估的立法也不是一蹴而就的，即使在环境立法比较发达的国家也概莫能外。例如，欧盟虽然起步较晚，但环境损害鉴定评估的立法不断完善。欧盟各成员国也在《预防和补救环境损害的环境责任指令》(Directive 2004/35/CE)的基础上，依据本国国情建立起适合各自国家的生态环境损害鉴定评估法律体系。① 鉴于现行立法中各类生态环境损害鉴定评估规则成熟度各异，我国应基于保护生态法益和整体主义理念，完善现有的生态环境损害鉴定评估规则，统一生态环境损害鉴定评估的语义阐述，在相关立法中确立生态环境损害鉴定评估行为的正当性。例如，在《民法典》等法律中将环境权益的救济性保护纳入侵权请求权范畴；②在《环境保护法》中明确生态环境损害的基本法律范畴，规定生态环境损害鉴定评估的主体资格、评估范围、鉴定评估程序、资金保障等生态环境损害鉴定评估的基本要素。由于环境要素及其损害的多样性和复杂性，各环境保护单行法和《突发事件应对法》可以根据该领域生态环境损害的特点，按照“风险预防”原则，遵照生态环境损害的生命周期规律，制定各类型、全过程防控的生态环境损害的具体鉴定评估规则。在此基础上，加快制定专门的生态环境损害鉴定评估行政法规以明确生态环境损害鉴定评估的范畴、标准和程序。“新的发展使得法律制度中的专门化有所增加……现代法的专门化趋势意味着更多地考虑实体问题。”③可以在条件成熟的情况下，制定专门的《生态环境损害鉴定评估法》，将生态环境损害及其鉴定评估的具体规则法律化，包括规定生态环境损害鉴定评估的原则、生态环境损害鉴定评估的范围，鉴定评估机构和从业人员的权利义务、鉴定评估程序、监督管理、信息公开、公众参与、法律责任等内容。

任何时代之任何法律，均在时常变动之中，各种法律亦因社会背景之变迁而

---

① Directive 2004/35/CE of the European Parliament and of the Council of 21 April 2004 on Environmental Liability with Regard to the Prevention and Remedying of Environmental Damage. 转引自蔡守秋、海燕:《也谈对环境的损害——欧盟〈预防和补救环境损害的环境责任指令〉的启示》，载《环境科学与管理》2005 年第 4 期。

② 参见吕忠梅:《论环境法的沟通与协调机制——以现代环境治理体系为视角》，载《法学论坛》2020 年第 1 期。

③ [德]马克斯·韦伯:《论经济和社会中的法律》，张乃根译，中国大百科全书出版社 1998 年版，第 304 页、第 305 页。

时有变迁。在今后的环保工作中,作为生态环境损害定性与定量的关键制度,生态环境损害鉴定评估制度将扮演越来越重要的角色。生态环境损害鉴定评估法律规则亦须呼应时代需求,不断进行改革与完善。由于生态环境损害鉴定评估的问题所具有的技术共通性,因此不同国家生态环境损害鉴定评估法律、政策具有比较法的基础。生态环境损害鉴定评估制度的全面建立需要内培植根于中国生态保护实际的法律规则体系,外引他国优秀的立法成果和实践经验,实现立法的精确化和系统化。

第二节 环境损害评估司法鉴定制度的建构

一、环境损害评估司法鉴定制度的研究与实践现状

无论是学界还是政府部门,都对环境损害司法鉴定评估做了许多有益的探索和实践:这其中包括出台并实施最高人民法院、最高人民检察院、司法部《关于将环境损害司法鉴定纳入统一登记管理范围的通知》和司法部、原环境保护部《关于规范环境损害司法鉴定管理工作的通知》此类部门规章文件,司法鉴定试点工作亦在吉林、山东、重庆等地稳步推进;并提出建立环境损害司法鉴定机构黑名单制度。而从20世纪七八十年代起到现在,学界已经积累了一定的研究成果,从目前知网已发表的学术文献看,多数研究成果集中在2017年至今,其中有部分学者已对环境损害司法鉴定制度进行研究和探讨,其中张瑞峰、王江、李清、文国云等学者主张从立法、技术、监管、保障、援助等方面出发构建环境损害司法鉴定制度框架。由于环境损害司法鉴定的专业性和复杂性更多学者将研究重点集中在对鉴定技术路径的探讨上,具有代表性的即於方等学者。还有学者将研究重点细化到环境损害鉴定主体法律制度的构建:具有代表性的即吴宇欣、陈爽晰、曹锦秋、王兵等学者。

现存的环境损害评估司法鉴定领域的法律规范数量多种类繁杂,且其中大部分为国务院行政部门颁发的部门规章,占比较少的由全国人大及其常委会颁布的正式法律文件中的规定则较抽象,且可操作性不强,具体将在下文第三部分通过表格进行整理叙述;而目前学界当中虽已积累了一定的研究成果,但与对法律制度的研究相比,对技术路径的探讨更多更深入,且其中对于环境损害司法鉴定概念的剖析仍存分歧,如环境损害司法鉴定是否包含对个人私益损害的鉴定,还是仅针对生态环境的损害;此外,学界现存成果亦缺乏结合司法鉴定学科相关理论基础的系统性研究。故本节试图结合司法鉴定学学科的相关

理论知识,从国内外的有益经验出发探索环境损害评估如何逐步与我国的司法鉴定制度体系接轨,明晰环境损害评估司法鉴定内涵,研究环境损害司法鉴定的监管机构选择及监管制度设计,探索如何构建多部门协调管理的工作机制。

需要指明的是,根据司法部、原环境保护部《关于规范环境损害司法鉴定管理工作的通知》的规定,[①]现行法律框架下的环境损害司法鉴定仅涉及环境公益损害鉴定。但同一环境污染行为往往会同时侵害到公益和私益,其中私益主体所遭受的损害亦需要具有客观中立性的鉴定意见作为其诉讼支撑。因此,应适当拓宽环境损害评估司法鉴定制度的延展范围,以协助环境污染事件中的受害主体维护其合法权益,促进环境公益诉讼与私益诉讼有机衔接,并更好地实现和保障诉讼整体的结果公正。基于此,本节的研究范围将建立在一个更广的维度之上,以包括环境污染私益损害评估在内的环境损害评估司法鉴定作为基础进行论述。

二、环境损害评估司法鉴定制度内涵界定

如前文所述,"环境损害评估司法鉴定制度"属于典型的复合概念,需要解析综合各子术语的法律定义,以完整准确地定位环境损害评估司法鉴定制度内涵。[②]"环境损害",又称"环境污染损害",是指通过环境作用于人身、财产造成的损害以及生态环境损害。[③]

在司法鉴定学中,"司法鉴定"的含义根据其服务对象的不同被区分为广义与狭义两个层面。广义的司法鉴定所提供的科学实证结果既服务于诉讼领域,也服务于非讼领域。我国司法鉴定立法显然采用了狭义,参见全国人民代表大会常务委员会《关于司法鉴定管理问题的决定》第1条。[④]而随着社会的进步与发展,司法鉴定的含义采用广义则与国家和社会对司法鉴定的需求更契合,也更

---

① 环境损害司法鉴定,是指在诉讼活动中鉴定人运用环境科学的技术或者专门知识,采用监测、检测、现场勘察、实验模拟或者综合分析等技术方法,对环境污染或者生态破坏诉讼涉及的专门性问题进行鉴别和判断并提供鉴定意见的活动。环境诉讼中需要解决的专门性问题包括:确定污染物的性质;确定生态环境遭受损害的性质、范围和程度;评定因果关系;评定污染治理与运行成本以及防止损害扩大、修复生态环境的措施或方案等。

② 参见侯雪璟:《环境损害鉴定评估制度研究——以京津冀区域为例》,河北大学2017年硕士学位论文,第7页。

③ 《生态环境损害赔偿制度改革方案》第三部分对生态环境损害有明确的定义,针对人为因素干扰下环境所遭受的损害。

④ 参见全国人民代表大会常务委员会《关于司法鉴定管理问题的决定》第1条。

加符合司法鉴定行业的生长趋势。但目前环境领域利益诉求才初步发展,且公益性较强,为加强文章研究的针对性,本节对于环境损害司法鉴定采用与立法相契合的界定方式,即仅针对环境诉讼活动中需要的司法鉴定进行讨论和研究。另外,除"司法鉴定"广义与狭义的区别外,还需要注意的问题在于,法律对诉讼活动中"鉴定"的称谓增加"司法"这一前缀,并不是对鉴定活动司法职能的肯定,而是鉴于鉴定存在于司法诉讼活动中,因此并不能将之与法官的判断相等同。① 之所以对此进行强调,原因在于环境领域专业性和技术性较强,很容易导致司法审判者对之过分依赖,而使环境污染主体完全陷入被动的不平等地位,破坏法律上的控辩平等格局。

"环境损害司法鉴定"目前认可度较高的界定方式亦针对广义:即对环境损害司法鉴定的解释是,在涉及环境损害的诉讼活动中,鉴定人运用与环境信息收集和测量相关的技术或者与之匹配的知识,采用实地勘探、监测、长效实时预警等技术方法,对环境污染或者生态破坏诉讼中所涉及的专门性问题进行信息的重新收集,已有信息的鉴别和判断并提供具有建设意义的鉴定意见的活动。②

根据我国司法鉴定学学者所述,"司法鉴定制度",是指由司法鉴定的启动、实施、质证采信、认证制度以及其程序、标准等制度构成的制度体系。③ 包括管理制度和实施制度两个部分:前者重在规制"司法鉴定由谁管、怎么管",后者则重在规制"司法鉴定由谁做、怎么做"。将司法鉴定制度具化到环境损害领域,自然也应当包括这两个部分。因此,笔者认为,环境损害司法鉴定制度,是指包括环境损害司法鉴定的具体实施和实施过程监督管理在内的制度体系。实施制度包括司法鉴定的启动、受理、实施(主体、对象、程序)、补充鉴定和重新鉴定、意见审查判断、职业伦理和执业法律责任等;监督管理的制度则包括管理主体、管理客体、管理模式等方面。

三、完善环境损害司法鉴定体系的需求及阻碍

(一)完善环境损害司法鉴定体系的需求

1. 人民对优美生态环境的需求不断增长

新的社会发展阶段下,我国社会主要矛盾转化为人民日益增长的美好生

① 参见霍宪丹主编:《司法鉴定学》(第2版),北京大学出版社2018年版,第5~6页。

② 参见《环境损害司法鉴定执业分类规定》第2条,司法部、原环境保护部《关于规范环境损害司法鉴定管理工作的通知》。

③ 参见霍宪丹主编:《司法鉴定学》(第2版),北京大学出版社2018年版,第119页。

活需要和不平衡不充分的发展之间的矛盾。人民对于优美生态环境的强烈需求是此项主要矛盾的重要体现之一，尤其目前我国正处在经济发展攻坚期，与环境保护之间的矛盾摩擦不可避免，故环境诉讼发生频次呈现逐年增长的趋势。

为更直观地展现环境诉讼案件数量的增长趋势，笔者在中国裁判文书网站以“环境污染”“环境损害”为条件对案件进行逐年全文检索（因为新型冠状病毒疫情的特殊性，便从2020年2月起倒推五年进行统计）形成图7－1，而需要注意的是，在环境态势严峻、引起全民甚至世界广泛关注的情况下这样的趋势必然会一直存在。

图7－1 2015～2020年环境诉讼案件数量增长趋势

而针对环境诉讼需求的膨胀，我国法律体系也作出初步回应，即将环境损害评估纳入司法鉴定的统一管理规范中。但为与利益关系复杂且利益波及面广、事实认定难度高的环境诉讼之间形成良好制度互动还需要不断深入地探索以及时间的打磨。目前与环境诉讼发展需求错层的状态，便不可抗拒地对环境诉讼产生了部分消极作用力，例如，诉讼主体委托评估后因其资质瑕疵不能为司法程序所认可、因为缺乏监管的环境评估司法鉴定市场的价格飙高而使诉讼主体怯于寻求取证协助、政企利益挂钩导致的正常鉴定程序无法顺利进行等。因此，人民日益增长的对美好生态环境的需求使具有客观中立性的环境损害评估司法鉴定制度的继续深入完善变得尤为紧要。

2. 环境诉讼当事双方对司法公正的需求

环境损害行为涉及的利益公共性较强，诉讼程序和结果的公正对于公共利益的实现和维护具有鼓励意义，而除鼓励更多的主体参与环境公益的保护外，诉讼程序和结果的公正对于被告方也至关重要。往往环境污染诉讼当中被告方都将面临巨额的赔偿，从环境生存关系中的强者转变为司法程序中的弱者，而在此时，如果法律制度不完备、评估标准不统一，则被告将陷入极大的不确定性和不平衡的诉讼关系当中。对此,我国亦有学者认为:在他类民事案件中(不包括环境损害赔偿案件),对同一对象进行重新鉴定的案件是相对较多的,甚至在同一案件就同一对象存在多次重复鉴定的情况,而通过对环境公益诉讼案件的数据统计,几乎很少有显示被告人提出对环境损害赔偿数额进行重新鉴定的请求。除被告认可侵权事实外,还需要注意的是,被告申请重新鉴定的意识并不强甚至其申请重新鉴定的权利并未受到法庭的平等保护。[①] 与此同时,现行环境损害评估主体是由原告方单方确定,在目前的环境损害评估体系当中并未建立起原被告共同选择的制度,一方面是由于司法鉴定机构的缺失,另一方面也说明了现行的环境损害评估制度中确实存在或大或小的程序公正缺陷。

因此,环境诉讼当事双方对于司法公正的强烈需求以及现行环境损害评估制度的程序公正缺陷,都对继续深入完善环境损害评估司法鉴定体系,保障评估的公正、中立和客观提出了要求。

3. 中国特色司法鉴定制度建立完善需求

2015 年最高人民法院、最高人民检察院会同司法部联合发布了《关于将环境损害司法鉴定纳入统一登记管理规范的通知》,在这一具有里程碑意义的决定中将环境损害司法鉴定亦纳入先前所实行的统一登记管理的范围,其同时具有很大的形式意义与实际意义,因为这毫无疑问会使环境损害评估在司法鉴定体系中的地位进一步地确立和提高。而在司法实务当中环境损害鉴定评估的运用也早已进入常态化,随着司法鉴定体系变革期的推进,环境损害司法鉴定制度的建立也进入窗口期。在依法治国大背景下,司法鉴定法制建设在向法治建设转变。而推动中国特色司法鉴定法治建设则需要我国尽快推进《司法鉴定法》的出台,对司法鉴定制度问题进行全面规范,而“一只脚”已经踏入司法鉴定体系[②]的环境损害评估制度的完善则是推动司法鉴定制度体系完善发展的前提要求。

(二)完善环境损害司法鉴定体系的现实阻碍

1. 环境损害评估司法鉴定法律规范缺口

对于我国环境损害评估法律规范制度的缺失之处,学界中很多学者也进行了相当深入的研究,得出不少具有建设意义的结论,其中比较具代表性的观点

---

① 参见朱德宏:《环境损害鉴定的程序价值及其制度完善》,载《江西社会科学》2016 年第 6 期。

② 我国早已在2015 年 1 月 1 日颁布的司法部、原环境保护部《关于规范环境损害司法鉴定管理工作的通知》中,对环境损害司法鉴定的工作进行了初步的部署和安排,只是具体的制度规范尚未完善,相较其他领域司法鉴定,还未能完全与司法鉴定体系相融合。

是，我国目前存在的环境损害法律体系事实上是民事法律和环境法律并存且经常出现交叉或二者皆不明确的双核心体系，而在这样的双核心环境损害法律体系当中，经常出现法律规定交叉甚至冲突、举证责任分配界限模糊或有待商榷、诉讼程序缺乏公平公正公开的保障等一系列的问题也就不足为奇。虽然《环境保护法》、《大气污染防治法》、原《侵权责任法》、《司法鉴定机构登记管理办法》等法律及其司法解释对环境损害、司法鉴定作出原则性规定，但对环境损害司法鉴定实务来讲可操作性不强。① 而除以上作统领及原则性规定的法律文件，对环境损害评估司法鉴定进行专项规定的法律文件效力层级集中体现为部门规章（详见表 7－1），内容包括环境损害评估司法鉴定内涵界定、环境损害评估的鉴定机构登记管理、环境损害评估司法鉴定技术路径推荐等方面，在一定程度上弥补了专门法律规范空白的缺陷，但受到其法律效力层级和文件内容繁杂分散的影响，对解决司法实务难题作用还不够明显。

表 7－1　截至 2021 年 6 月环境损害评估司法鉴定法律文件汇总

法律法规文件名称	发布时间	法律效力层级
环境保护部《关于开展环境污染损害鉴定评估工作的若干意见》	2011 年 5 月 25 日	部门规章
环境保护部《关于印发〈突发环境事件应急处置阶段污染损害评估工作程序规定〉的通知》	2013 年 8 月 2 日	部门规章
环境保护部办公厅关于印发《环境损害鉴定评估推荐方法（第Ⅱ版）》的通知	2014 年 10 月 24 日	部门规章
环境保护部办公厅关于印发《突发环境事件应急处置阶段环境损害评估推荐方法》的通知	2014 年 12 月 31 日	部门规章
司法部、环境保护部《关于规范环境损害司法鉴定管理工作的通知》	2015 年 12 月 21 日	部门规章
最高人民法院《关于审理环境民事公益诉讼案件适用法律若干问题的解释》	2015 年 1 月 7 日	司法解释
最高人民法院《关于审理环境侵权责任纠纷案件适用法律若干问题的解释》第 8～10 条	2015 年 6 月 3 日	司法解释

① 参见曹东、齐霁：《环境损害鉴定评估的问题及破解路径》，载《环境保护》2014 年第 17 期。

续表

法律法规文件名称	发布时间	法律效力层级
最高人民法院、最高人民检察院、司法部《关于将环境损害司法鉴定纳入统一登记管理范围的通知》	2015 年 12 月 21 日	部门规章
环境保护部办公厅关于印发《生态环境损害鉴定评估技术指南总纲》和《生态环境损害鉴定评估技术指南损害调查》的通知(已失效)	2016 年 6 月 29 日	部门规章
最高人民法院、最高人民检察院《关于办理环境污染刑事案件适用法律若干问题的解释》第 11 条	2017 年 1 月 1 日	司法解释
司法部、生态环境部关于印发《环境损害司法鉴定机构登记评审细则》的通知	2018 年 6 月 14 日	部门规章
司法部、生态环境部关于印发《环境损害司法鉴定执业分类规定》的通知	2019 年 5 月 6 日	部门规章
司法部办公厅《关于进一步做好环境损害司法鉴定管理有关工作的通知》	2019 年 5 月 24 日	部门规章
最高人民法院《关于审理生态环境损害赔偿案件的若干规定(试行)》	2019 年 6 月 5 日	司法解释

因此,欲使环境损害评估司法鉴定体系的完善程度上升一个台阶,首先要解决的问题即在于将现行法律框架下已存的制度进行整合统一,并出台专项法律文件进行规范,建立起环境损害司法鉴定运作的基本规程。

2. 环境损害评估司法鉴定机构配置及管理缺口

深入完善环境损害评估司法鉴定除软件制度构建存在缺口外,司法鉴定机构的配置及管理也无法满足环境损害评估的司法鉴定需求。司法鉴定机构的配置缺口主要表现在数量不足、地域分布不均以及资质不够三个方面。目前全国已经对环境损害评估司法鉴定机构采取了统一的登记管理措施,但是笔者在司法部司法鉴定名录网站中以“环境损害”为条件对鉴定机构进行检索,除去无效结果,仅查询到大约 125 家涉及环境损害鉴定的机构,而其中 3/5 的鉴定机构为 2019 年的初设机构,鉴定经验缺乏、收案量有限。这样的数量必然与我国目前的环境诉讼数量不匹配。环境损害评估司法鉴定机构的地域分布不均也可以从网站数据当中得到体现,重庆市有环境损害评估司法鉴定资质的机构 6 家、内蒙古自治区 3 家、辽宁省 1 家、吉林省 2 家、甘肃省 2 家、云南省 8 家。这种短缺和不平衡的现状则会对双方当事人对鉴定机构的选择权落于空泛,并且增加司法鉴定成本和出庭质证阻碍。同时,这些司法鉴定机构的业务范围多都集中在土壤或者水域或者生物损害某个具体方面,只有屈指可数的几个机构具备综合性鉴定的资质和能力,而环境损害往往都不只涉及水域或者土壤某个具体方面,而具有综合性。所以无论从环境损害司法鉴定机构的数量还是资质方面,都无法较好地适应目前环境领域的诉讼需求。

对于环境损害司法鉴定机构的管理,所颁布的部门规章文件已经具备初步的准入和审核的框架,但是对于环境损害司法鉴定机构的市场价格管控还有待加强。在对中国裁判文书网中环境诉讼案件的整理过程中,笔者随机抽取了25个案件(涉及民事、刑事以及行政诉讼),其中刑事诉讼由于其特殊性,裁判文书未对环境损害评估司法鉴定的价格予以载明,而民事案件所体现出的环境损害评估司法鉴定价格则从3000元到20万元不等,波动幅度较大,价格随意性较高,这也是环境损害评估司法鉴定制度推行的又一阻碍,即环境诉讼发起者的资金阻碍。此外,在环境损害评估的司法鉴定领域,对于司法鉴定机构和人员的职业伦理和执业法律责任的确定也应引起一定的重视,要想建立符合目前司法鉴定体系的具备中立性、合法性、客观性的司法鉴定机构,必须与其他领域的司法鉴定机构一样进行职业伦理培养并确定其执业法律责任。

3. 环境损害司法鉴定管理模式选择

对于环境损害评估司法鉴定的管理涉及的主体主要包括:环境损害评估司法鉴定机构的设立者、司法行政部门、行业协会、生态环境部门。从司法鉴定管理机制出发探寻专门领域管理模式的建立则更有益。根据全国人民代表大会常务委员会《关于司法鉴定管理问题的决定》第3条的规定,诉讼中司法鉴定机构及人员由国务院司法行政部门作为其主管领导部门。而司法鉴定管理机制的建立必须梳理好以下四个方面的工作关系:(1)政府部门与行业自律协会;(2)司法鉴定主管部门与技术鉴定业务主管部门;(3)国家司法鉴定主管部门与侦查管理部门;(4)司法鉴定主管部门与司法鉴定适用部门。[①] 但环境损害评估司法鉴定领域的特殊性在于其数据取证的依赖性较强,除需要借助实时环境监测外,还需要与环境监测的过往数据进行对比才能作出具备科学性的鉴定意见,而环境监测的过往数据往往由生态环境主管部门管理,如果不能通过制度建立起司法鉴定机构与环境监测机构之间的联系,则可能使环境损害评估司法鉴定无法正常

① 参见霍宪丹主编:《司法鉴定学》(第2版),北京大学出版社2018年版,第120页。

进行。

因此,在行业协会、生态环境部门以及设立司法鉴定机构者和司法行政部门之间建立怎样的多部门联合机制,而不会让环境损害评估鉴定活动的管理和使用陷入混乱局面,不会让部门间推诿或争执的情况出现,就成为环境损害评估司法鉴定管理制度建立所必须要克服和解决的又一难题。

4. 环境损害评估鉴定收费方式及性质确定

原本司法鉴定收费管理是由国务院价格主管部门协同相同级别的司法行政部门负责制定基价,①而在司法体制改革的大背景下,该管理办法于 2016 年 3 月 29 日被废止,全国 31 省在 2017 年前制定并出台了相应的地方司法鉴定收费标准,司法鉴定收费决定权则由中央下放至地方。这样的改革方式使各省具有衡量其地域经济发展水平确定鉴定价格的空间,比原有的全国基准更符合当地的支付水平和支付能力。但即使在这样的背景下,依然存在高额收费的情况,2017 年 2 月四川省的贺某收到了四川某鉴定所的催款短信:"包括笔迹、指纹以及印章在内的 3 项鉴定费用共计 172,800 元。"②对此鉴定所给出的解释是按照《司法鉴定收费管理办法》(已失效)得出的结果,而该项办法早已于 2016 年废止。这样的天价现象在新兴的环境损害赔偿领域更是屡见不鲜,这样的价格飙高的现象无疑阻碍了公益诉讼主体展开诉讼,更不用说受到人身、财产损害的私益个体。为此,中央试图探寻不预先收费的环境损害诉讼,并于 2019 年 5 月 24 日发布通知要求"每个省份原则上至少报送 1 家在检察公益诉讼当中不预先收取鉴定费的环境损害司法鉴定机构"。这样的政策提倡仅小范围地针对检察公益诉讼,同时这种方案的推进是以与司法鉴定机构进行直接协商的方式,这样的方式显然收效甚微,只有屈指可数的数个司法鉴定机构愿意采取这样的方式。但是司法鉴定机构的选择并不应受到苛责,目前环境损害司法鉴定机构多是由一些研究机构自发设立,而对于其的政策补贴较少,其不可能脱离市场特性,为维持机构的正常运转自然要去寻求利益的最大化规避风险。在环境损害赔偿诉讼当中,被告企业成为负担巨额赔偿的主体,加之环境损害赔偿司法鉴定费用,必然会面临支付困难的情况,那么出于规避风险实现利益的考虑,鉴定机构拒绝采用预先收费的鉴定方式也就无可厚非。环境损害赔偿司法鉴定费用到底是公益性还是服务性,这样的定性指向也对费用监管制度建立具有启示意义。如果是服

---

① 参见《司法鉴定收费管理办法》(已失效)第 6 条。

② 叶含勇:《17 万元的司法鉴定"天价"收费合理吗?》,载新华网,http://www.xinhuanet.com/legal/2017-02/12/c_1120451964.htm。

务性那必然是与其他服务业一样具有一定的价格波动空间，因服务不同收费有所区别，而如果是公益性则应具有同一性，公益性更符合环境损害赔偿领域的特征，但目前环境损害司法鉴定机构运作方式依然具有较强的市场特性。

如何在不挫伤环境损害司法鉴定机构积极性的情况下，确定符合环境公益诉讼需求的收费标准，也是继续深入完善环境损害评估司法鉴定体系所需要克服的困境。

四、环境损害评估鉴定的域外实践

在环境问题尖锐的国际趋势下，许多国家都对环境损害评估鉴定制度的建立作出探索并形成相对成熟的制度体系，因此在环境损害评估司法鉴定制度建立的过程中考察国外的成熟经验能够让建设进程的推进更加顺利。而在世界各国中，欧美等属于工业化起步较早的地区和国家，也即相应更早承受发展引起的环境污染事件损害后果，并开始在环境保护和环境损害鉴定评估实践领域进行探索，至今都已形成了较完备的制度体系。故在下文中对美国、意大利、日本三个国家的环境损害评估领域制度架构特点进行总结。

（一）域外环境损害评估鉴定法律规范体系

美国环境损害鉴定法律规范体系的发展也经历了类似我国的趋势变化，从早期的仅对特定的自然资源损害的赔偿实行严格责任制度，但缺乏具体规定和统一评估技术方法，到将环境损害恢复费、期间损失以及损害评估费用纳入评估范围。直到1990年出台美国《油污染法案》（Oil Pollution Act，OPA），拓宽了赔偿主体范围和环境损害后果的评估范围，美国针对环境损害赔偿的立法才实现了针对私益损害的评估范围和赔偿范围的拓宽和完整，在生态环境损害等公益损害方面的制度体系也愈加完整健全。① 现在美国对于环境损害评估鉴定的法律规定采取以专门性立法为主导，对重点领域与污染方式再进行细化立法的体例，即其用意规制环境损害评估的法律包括专门性立法：《美国综合环境反应、赔偿和责任法》（Comprehensive Environmental Response, Compensation, and Liability Act，CERCLA），重点领域与污染方式的细化立法：《美国清洁水法案》（Clean Water Act，CWA）、OPA，②此外，美国亦形成了其专门

① 参见张红振、曹东、於方等：《环境损害评估——国际制度及对中国的启示》，载《环境科学》2013年第5期。

② United States. Comprehensive Environmental Response, Compensation, and Liability Act. Washington DC: United States, 1980.

的评估模式。[①]

意大利作为欧盟的成员国,其法律法规体系构建则以欧盟的相关规定为基础。欧盟第一部关于环境损害评估制度的指令是于2004年颁布的《关于预防和补救环境损害的环境责任指令》(以下简称《环境责任指令》),[②]其内容主要包括环境损害内涵、环境损害评估技术标准、成员国执行情况报告制度以及环境损害预防恢复及赔偿制度框架。[③] 意大利虽然从1933年起就已经开始进行立法上的尝试,并制定关于环境的多部单行法规,[④]但直到2006年才制定了其国内具有系统性的环境法律:即以欧盟颁布的《环境责任指令》为基础与国内旧的《环境法典》相整合出台的《环境法典》。此外,意大利同样通过国内其他法律(如刑法、刑事诉讼法、民事诉讼法等)对环境损害评估事项进行配合规定。总体来讲,即以欧盟《环境责任指令》为指导,以《环境法典》为主、其他多部门法律协同规定为意大利的法律法规体系。

日本在环境法律制定前期将因人为因素对生活环境本身以及通过环境对人体健康造成的损害称为"公害",故日本公害应对的相关法律法规为日本环境损害法规体系中不可分割的重要部分。[⑤] 我国多位学者对日本环境损害相关法律法规体系变化进行总结,即其体系也经历了由传统法过渡到专项法、由有限的健康损害赔偿过渡到严格环境健康责任、由被动健康损害救济过渡到污染预防转变的漫长过程,[⑥]继而形成日本具有创造性的立法模式,即包括日本民法典以及民事诉讼法等法律规定在内,以环境领域系统性立法《环境基本法》为统领,以多个专门的单项法规[⑦]进行特别具体规定的体系。[⑧]

综上所述,美国采取的立法体例是以专门法律为基础重点领域立法相配合的方式,专门性和针对性较强;而意大利则采取以专门性法律为统领、其他一般

---

① 参见宋宇:《国外环境污染损害评估模式借鉴与启示》,载《环境保护与循环经济》2014年第4期。

② Directive 2004/35/CE (OJ2004 L143/56 21/4/2004) (Directive 2004/35/CE of the European Parliament and of the Council of 21 April 2004 on Environmental Liability with Regard to the Prevention and Remedying of Environmental Damage).

③ 参见谷望舒:《浅议意大利环境损害鉴定评估制度》,载《河南司法警官职业学院学报》2019年第2期。

④ 参见李钧:《一步之遥:意大利环境"法规"与"法典"的距离》,载《中国人大》2018年第1期。

⑤ 参见袁玲:《我国生态环境损害赔偿制度研究》,杭州师范大学2019年硕士学位论文,第16页。

⑥ 参见张红振、曹东、於方等:《环境损害评估——国际制度及对中国的启示》,载《环境科学》2013年第5期。

⑦ 如《公害健康被害の補償等に関する法律》《公害に係る健康被害の救済に関する特別措置法》《公害紛争処理法》《土壌汚染対策法》《石綿による健康被害の救済に関する法律》等。

⑧ 参见於方、牛坤玉、刘倩:《成败参半的日本环境损害法律救济》,载《环境经济》2015年第5期。

法律进行原则性配合规定的法律体例;日本则是综合美国与意大利两国的立法特点,既通过分散性规定加强整个法律体系内部的配合程序,又通过专门的单项立法对重点领域进行规定。

(二)域外环境损害司法鉴定机构管理模式

美国所建立的自然资源损害评估体例(Natural Resource Damage Assessment, NRDA),采取了行业和鉴定机构自律管理为主,加之政府管理辅助的方式,具有明显的资本主义国家特点。其对于司法鉴定机构并未采取十分严格的管控模式,只要具有一定技术力量和相关操作资质的公司或机构都可以接受委托开展损害评估。在目前的法律环境下,美国的自然资源损害评估机构选择了偏向于商业化的运营方式,甚至还有部分拥有相关经验的公司也充分介入到美国的自然资源损害评估实践当中,探索和改进 NRDA 过程中的合作方式以及评估技术模式。① 另外在 NRDA 实践过程中,美国环境保护署(EPA)充分发挥其在环境污染事件处置前期与污染治理后期的重要作用,而作为自然资源受托人的相关政府及其部门相互之间协调配合,在没有法律明确其职责的前提下,充分体现其在环境保护综合协调方面以及监督管理方面的重要职能。

欧盟成员国,在欧盟出台的《环境保护责任指令》指导下,实施环境损害评估的主体、评估机构以及运行方式都由各成员国自主设计。而环境、领土与海洋部则为意大利的环境损害评估主管部门,全国环境损害评估专业机构仅为意大利环境保护与研究院。②

日本则是多元多层级的环境损害评估管理机构构架模式,中央层面负责公害相关标准及原则指导性法令的颁布,即由环境省在国会颁布的法令基础上牵头制定法令,且其中涉及费用征收等牵涉经济运行的条款则需与经济产业省协商后制定;③地方层面各都道府县以法令④为基础制定和细化符合地方实际的细则和标准,并负责特定管辖区域内部的公害病人相关监控事项、审批以及开展调查研究。此外,大部分认定工作由公害多发都道府县或者法定市设立的公害认

---

① 参见张红振、曹东、於方等:《环境损害评估——国际制度及对中国的启示》,载《环境科学》2013年第5期。

② 意大利第152/2006号法令。

③ 《公害健康被害の補償等に関する法律》第十八条:この章に定めるもののほか、認定の申請その他の補償給付に関する手続に関し必要な事項は、環境省令で定める。

④ 包括法律、内阁制定的"政令"以及内阁各省厅制定的"省令"。

定审查委员会完成,[①]而申诉至国家的公害患者以及关于石棉救济事项则由中央公害调整委员会来实施认定工作。[②] 这种环境损害评估管理机构的架构模式是以完全的行政化为显著特征,并未允许社会第三方机构介入公害认定过程,无论是公害认定抑或是赔偿金的发放都带有行政色彩具备行政属性,同时日本所建立的公害赔偿行政对接机构根据公害类型有所区分,具有较强的针对性。

综上所述,美国采取更开放的市场主导型模式,意大利则采取较集中的管理模式,而日本则是以中央为主导,地方具体实施并且多部门配合协调。日本环境损害赔偿救济工作包括损害事实的认定以及赔偿金的发放都由政府所设机构完成,具备完全的行政化属性,而其行政管理机构的选择则具备较强的针对性和多元化特征,即将管理机构分为中央和地方两个层面,中央由环境省牵头与经济产业省等相互配合协商,地方层面则根据公害类型不同分别由公害认定审查委员会以及公害调整委员会实施救济。我国可在环境损害评估的管理模式上参考其多元化的构架方式,即不是由司法部门进行垄断管理,而是采取以司法部门为首生态环境部门相配合的多元管理模式;至于完全行政化的管理实施模式,并不符合我国目前简政放权的政治理念,也具有较大的政治垄断风险,且将环境损害认定工作全盘施加给政府也会过度加重政府的行政负担。

(三)域外环境损害评估司法鉴定费用及损害赔偿支付方式

美国利用其所探索建立的环境责任险、金融基金等风险社会化的分摊方式来保障环境污染损失得到赔偿,并借此积累充足的环境损害恢复资金。CERCLA 中所设置的超级基金即为美国资金保障的关键措施,其来源包括但不限于财政拨款、环境及原料税收以及来自责任人的相关追偿费用和罚款。而为环境损害评估设立的基金并非仅限于此,美国内政部还专门设立了专项恢复基金。

日本的“公害”赔偿资金来源采取“责任者负担”原则的他种表现方式,更灵活,即根据不同地区疾病的特异性与非特异性差别,综合采用税收、公积金等方式,由中央以及地方政府、污染行为主体、污染高发行业以及社会公众等途径募款以确保受害主体能够获得足够的赔偿。[③] 简单来讲,即预先向全国企业者征收

---

① 《公害健康被害の補償等に関する法律》第四十四条:この法律によりその権限に属させられた事項を行なわせるため、第一種地域又は第二種地域の全部又は一部をその区域に含む都道府県又は第四条第三項の政令で定める市に、公害健康被害認定審査会を置く。

② 参见於方、牛坤玉、刘倩:《成败参半的日本环境损害法律救济》,载《环境经济》2015 年第 5 期。

③ 参见张红振、曹东、於方等:《环境损害评估——国际制度及对中国的启示》,载《环境科学》2013 年第 5 期。

排污费用纳入损害赔偿基金，优先支付符合环境污染损害疾病特征的公民个人，在判定的过程中采取简易的判定程序。

美国和意大利都偏重采用金融基金、保险等途径来分担环境损害者的赔偿责任、保障环境损害赔偿资金的及时到位。欧盟环境责任指令中有相应制度设置，根据《环境责任指令》第14条的规定：各成员国政府应当对相关金融经营者采取鼓励措施，鼓励其发展金融安全手段，运用金融担保的方式分担环境责任指令对其规定的责任。[①] 但美国和日本除金融基金保险外，还通过政府行政手段，如税收等方式来完成环境损害赔偿资金的兜底制度建设。美国将石油税、特定进口物质税、特定化学物品税和环境收入税专门用于超级基金，这四类税种由税收部门统一征管后经由财政部转入超级基金，再由美国环境保护署依法投入环境损害赔偿工作当中；而日本也以环境税收等为基础建立公害救济专项资金作为环境损害赔偿的兜底资金池。虽然美国和日本将环境保护税用以环境损害赔偿的途径有所区别，但其都显示出专款专用的共同趋势。我国于2016年12月通过《环境保护税法》所建立的环境税收制度，则将环境保护税收直接纳入地方收入统筹支出。[②] 这种统筹使用的方式具有其合理性，即在对污染企业负外部性进行干预的同时可以在集中资金的情况下根据地方发展情况的变化改变资金支出结构，具有足够的灵活性；但这种统筹使用方式弊端也同样明显，我国也已有学者关注到这一问题并展开相关论述，其主张环境保护税收纳入地方收入统筹使用存在功能与目的合法性危机。[③]

五、环境损害评估司法鉴定体系的建构

(一)推动专门性法律规范出台统一技术标准和管理途径

如前所述，继续深入完善环境损害评估司法鉴定体系，是实现环境司法公正所提出的要求。只有通过建立更加科学的法律规范体系才能促进环境损害评估司法鉴定与现行的司法鉴定制度体系更好融合，才能更大程度保障环境损害评估的中立性、客观性和合法性特征在司法程序中的彰显，更好地保护当事人的诉讼利益以及环境公共利益。

目前我国法律体系主要是以一般法律规定作原则性指导，多部门分散制定

---

① 参见刘佳奇：《环境保护税收入用途的法治之辩》，载《法学评论》2018年第1期。

② 这一政策指示在2017年12月22日发布的国务院《关于环境保护税收入归属问题的通知》(国发〔2017〕56号)中得以印证。

③ 参见刘佳奇：《环境保护税收入用途的法治之辩》，载《法学评论》2018年第1期。

部门规章进行实际操作程序的规定相结合的方式。而在这样的框架下则易出现技术性规范冲突、法律效力层级较低导致的司法公信力不够以及现行法律条文的可操作性不强等问题。针对当下严峻的环境问题，法律制度体系跟随社会的变化而调整即尤为必要。“就人而言，其行为受到法律的通知，根据人与人之间环境的改变，法律也可以正当地改变。”①而国际经验也证实专门性立法的重要性。因此，出台规范环境损害评估司法鉴定的专门性法律规范则尤为必要。

我国已经在吉林省、山东省、江苏省、湖南省等地进行了环境损害司法鉴定制度构建的试点，应当在法律制定过程中借鉴试点地区的有益经验，并将现存司法鉴定体系的共同特性与环境损害司法鉴定领域的特性相结合。对鉴定主体条件、鉴定法定程序、鉴定机构及其相关人员的选择、环境损害司法鉴定意见的审查判断标准以及其收费标准通过立法予以明确，缓解目前立法框架下鉴定主体资格规定的冲突特性，②统一技术标准，明确管理体制。

（二）明晰环境损害评估司法鉴定机构公益属性给予政策倾斜

目前，环境损害评估司法鉴定机构数量不足且存在地域分布不均的情况，一方面是由于环境损害评估目前还是司法鉴定的新兴领域，另一方面则是因为环境损害司法鉴定的公益性与市场性冲突的表现：环境损害案件往往具有受害主体范围广、影响大的特征，其具有与其他领域司法鉴定相比较更强的公益性色彩。但在现行的法律背景下，环境损害司法鉴定机构的设立依然由市场主导。在利益杠杆驱使下，环境损害评估司法鉴定机构的市场化定价与损害评估需求不相适配，且机构的地域分布也开始呈现不平衡状态，环境损害司法鉴定机构的市场化特性的负面效应逐渐显现。但如果完全摒弃环境损害领域司法鉴定机构的市场化属性，无疑会挫伤社会设立环境损害司法鉴定机构的积极性；但如果过分强调环境损害评估司法鉴定机构的市场特性，则会在司法鉴定的过程中产生私益与公益的价值冲突。这一定性难题在宏观司法鉴定体系中亦有体现，且学界对于司法鉴定机构性质还有诸多争议：有的学者认为司法鉴定机构的市场化是司法鉴定机构中立性和独立性保障的重要前提也是其发展的必然趋势；③而有的学者则认为司法鉴定所具有的最本原的表征应当是公益性，④也有学者主张二

---

① ［意］托马斯·阿奎那：《论法律》，杨天江译，商务印书馆2018年版，第91页。

② 参见朱德宏：《环境损害鉴定的程序价值及其制度完善》，载《江西社会科学》2016年第6期。

③ 参见侯佳：《论鉴定机构市场化与司法公信力》，载《法制博览》2017年第5期；贾治辉：《论司法鉴定“市场化”的负面效应及治理对策》，载《中国司法鉴定》2014年第4期。

④ 参见李苏林：《我国司法鉴定公益性问题省思与改革探究》，载《中国司法鉴定》2019年第3期。

者并重。[①] 笔者较赞同第二种观点，即承认其市场特性的同时更注重对公益属性的保护，相对应在管理政策上即要鼓励环境损害司法鉴定机构行业竞争的同时给予政策支持。这里所称的政策支持，是指通过税收优惠政策拓宽环境损害评估司法鉴定机构的利益空间，控制评估价格的同时鼓励更多环境损害评估司法鉴定机构进入市场。而在目前我国的税收优惠政策框架下，将环境损害评估司法鉴定机构开展的业务纳入《企业所得税法》第 27 条第 3 项[②]所规定的税收优惠事项更符合税收法定原则的要求，原因在于环境损害司法鉴定服务于环境损害赔偿诉讼，是针对生态修复和环境违法行为的制止，司法鉴定的中立和合法开展在环境保护诉讼中具有不可替代的作用。

（三）建立司法部门为主、多部门协调管理的工作机制

因为环境损害评估是一个涉及面较广的系统性工程，关涉司法、环保、农业、国土、水利等多个部门。在这样多部门牵涉的司法活动进行过程中，如果不将管理部门予以明确，则可能出现多部门争执推诿的情况。而主管机构的选择必须将各个部门相联系，才能最大程度减少部门力量在环境损害司法鉴定过程中的阻碍。目前我国司法鉴定管理模式在 2005 年出台的全国人民代表大会常务委员会《关于司法鉴定管理问题的决定》中进行了统一，取消审判机关和司法行政机关所下设鉴定机构，并将鉴定机构管理权集中于司法行政机关，行业协会辅助管理，即由司法行政机关负责司法鉴定机构的相关证书颁发、设立批准等事项，由行业协会和司法行政机关共同受理司法鉴定投诉事项并着手调查。但由于依然存在公安检察机关以及国安机关内设的司法鉴定机构，其管理权未能在真正意义上实现统一。目前，我国环境诉讼主要包括由公民个人提起的环境侵权诉讼、由检察院提起的环境公益诉讼以及环境刑事诉讼、由省市地级人民政府及其授权的部门或者机构提起的环境损害赔偿诉讼 4 类。证明环境损害的证据类型主要有两大类：委托具备资质条件的司法鉴定机构出具的司法鉴定报告、负有对环境资源进行保护监督管理职责的部门或其授权的机构在行政执法当中形成的相关书面文件。以上证据都需要在法庭经过质证并无异议后方能作为认定案件事实的依据，这符合我国关于证据能力的相关规定。那么环境损害评估司法鉴定机构的管理模式是应当与现行的司法鉴定管理模式保持相一致，还是进行调整？在司法部和生态环境部于 2018 年发布的《环境损害司鉴机构登记评审细

---

① 参见卞建林、郭志媛：《鉴定机构性质辨析》，载《中国司法鉴定》2007 年第 2 期。

② 《企业所得税法》第 27 条规定："企业的下列所得，可以免征、减征企业所得税……（三）从事符合条件的环境保护、节能节水项目的所得……"

则》中规定，由司法行政机关和生态环境主管部门共同牵头组织进行环境损害评估司法鉴定机构的资格审查工作，环境保护部门辅助司法行政部门对环境损害评估司法鉴定机构的质量进行保障，所以与其他领域司法鉴定管理的不同之处在于生态环境保护部门在环境损害司法鉴定机构管理工作中的辅助作用。笔者认为这样的管理模式具有其合理性，在真正单项立法的过程中应当予以坚持。原因在于，首先，司法鉴定机构的管理模式应当保持其相对一致性，才能更好地保障整个司法鉴定行业发展的标准把控；其次，环境损害司法鉴定机构的质量和管理一旦出现问题，会产生负面影响的便是环境保护工作的开展；最后，如果在司法行政机关和生态环境保护部门之间没有主次之分，会产生职责交叉混同的情况，司法行政机关负责正常程序性事项的开展，环境保护部门进行辅助的监督，以司法行政机关为主更合理。

（四）以环保税费为基础建立环境损害评估专项资金

由环境损害评估司法鉴定制度推行的另一阻碍即是天价鉴定费的负担问题，对此我国生态环境部门已经在探寻建立不预先收费的环境损害司法鉴定制度。但由于不预先收费所带来的利益丧失风险问题，①我国目前仅有极少数的司法鉴定机构同意开展不预先收费的环境损害司法鉴定。即使在目前所试图开展的不预先收费的模式框架下进行分析，款项的支付问题也具有无法缓解的可能，即如果执行款项不足以支付全部费用，则根据最高人民法院《关于人民法院执行工作若干问题的规定（试行）》中确定的执行财产分配方式是按债权比例进行分配，无论是司法鉴定费用还是环境损害赔偿费用都无法得到足额赔付，那么如此一来，不仅是对环境损害评估司法鉴定机构鉴定工作积极性的打击，同时对于迫切需要进行修复的环境公益来讲也呈现出不利影响。为缓解这种尴尬，除基于司法鉴定机构以适当的税收政策倾斜外，可以参照日本、美国的司法鉴定收费体系建立环境损害评估专项资金，变换“污染者担责”的实现方式，通过环境税费的征收为环境损害评估司法鉴定费用提供保障，或者是探寻建立环境损害责任保险制度，以他种方式设立资金池。就环境污染强制责任保险而言，我国已经以自愿险的方式开始制度探索，但显示出不同程度的问题，如缺乏法律依据、参保积极性不高、保险公司承保困惑较多等。② 而环境税费与环境损害责任保险制度相叠加会使企业发展负担较重，而在经济发展攻坚期内，或许会不利于经济的发

① 即已经负担高额环境损害赔偿费用的被告，可能存在支付不能的情况。

② 参见彭中遥：《我国环境污染强制责任保险的立法选择》，载《华侨大学学报：哲学社会科学版》2018 年第 4 期。

展,择一设立更合理;此外,环境污染强制责任保险推广,目前看来具有较多不确定性;故本书偏向在目前环境保护税的基础上进行调整建立专项资金池,之后再探寻设立环境损害责任保险。

第四编　实　践　篇

第八章　区域生态补偿财政法律制度

第一节　区域生态补偿范畴与立法

一、区域的界定

由于对区域的研究涉及多个学科，国内外的学者对于“区域”这一概念目前尚未形成统一的认识和观点的界定。

《现代汉语词典》中对“区域”的定义是土地的界划，是指地区。

地理学科对区域的定义：区域是一定的地域单元，存在于地壳之上，是指一定的地域空间。它具有一定的形状、范围或界限，且内部具有某种特定性质或相对一致的功能从而与外部邻区相区别并进行界定；从行政管理的角度看，区域是以行政区划为基础，由国家管理的行政单元，有明确具体的边界，而且层次等级分明。

经济学领域大致有以下几种定义：郝寿义和安虎森认为区域是客观和主观相结合的概念，区域是存在于主观上的抽象概念，同时还是在客观上具有实体，实际存在的，地表上的任何一部分，均可称为一个区域。胡佛认为区域是一个被视为应用整体的区域，用于分析、管理、计划或决策。①

通过上述国内外学者对“区域”的定义的比较总结，

---

① 参见[美]埃德加·M. 胡佛、弗兰克·杰莱塔尼：《区域经济学导论》，郭万清等译，上海远东出版社1992年版，第239页。

笔者认为,区域一般具有以下特征:第一,动态性。区域是随着社会、经济、自然等的变化而动态地发展着的。第二,整体性。区域是由各种地理要素之间进行相互作用以及在其影响下形成的一个整体。第三,差异性。每个区域都有与其他区域不同的典型特征。区域之间以及区域内部都存在差异。第四,开放性。没有区域是孤立存在的,任何区域与其他区域之间都有各种各样的联系。

本章的研究主要是以行政区域为主,此外还包括经济区域、生态环境区域、社会文化区域以及政策规划区域等,是各类生态环境功能和自然资源富集的承载区。

二、区域生态补偿

丁四宝、王昱(2010)认为,区域生态补偿,是指在不同行政区域之间发生的生态补偿,是生态受益地区向生态保护地区的补偿。

潘佳(2016)认为,区域补偿的表现形式可以是上下级政府之间补偿,也可以是一个地区对另一个地区的补偿。上下级间的补偿方式多为财政转移支付,上级政府拨付资金,下级政府接受资金。地区政府之间的补偿,本质上是一种契约关系,其具体的职权职责以及权利义务由双方政府之间的约定决定。①

金波(2010)认为,区域间要进行生态补偿需要满足两个要件,一是需要补偿的环境或自然资源分布在多个区域,具有跨区域性,二是补偿主体和对象分别属于两个或两个以上不同区域。②

李沙(2013)提出从法学的角度来看,"区域生态补偿"是由国家或区域生态受益者政府为实现区域生态功能的可持续供给,以维护社会的公平与正义为目的,对区域生态系统实行的恢复与维护,以及为区域生态系统功能的改善和发展作出牺牲的地区政府作出的经济或非经济补偿的行政性法律行为。③

笔者认为,"区域生态补偿机制",是指以保护生态环境和促进区域稳定持续健康发展为目的,运用政府和市场手段调节不同区域之间利益、生态等不平衡,以协调解决人地关系中的区域问题。

① 参见潘佳:《政府在我国生态补偿主体关系中的角色及职能》,载《西南政法大学学报》2016 年第 4 期。

② 参见金波:《区域生态补偿机制研究》,北京林业大学 2010 年博士学位论文,第 40 页。

③ 参见李沙:《区域生态补偿立法探析》,中国社会科学院研究生院 2013 年硕士学位论文,第 5 ~6 页。

三、区域生态补偿相关法律的阐述

(一)区域生态补偿现行立法概况

区域生态补偿的现行相关立法主要见于《环境保护法》及相关单行法和部分地方立法(见表8-1)。

表8-1　我国区域生态补偿的现行相关立法一览表

名称	原则性规定	补偿方式	效力级别
《环境保护法》	国家建立、健全生态保护补偿制度	1.财政转移支付 2.受益地区和生态保护地区人民政府通过协商或按照市场规则进行补偿	法律
《森林法》	国家建立森林生态效益补偿制度	1.财政转移支付 2.受益地区和森林生态保护地区通过协商或按照市场规则进行补偿	法律
《长江保护法》	国家建立长江流域生态保护补偿制度	1.通过项目、资金、人才、管理等方面,对源头和上游地区实施生态环境修复和其他保护措施给予支持 2.财政转移支付 3.上下游、左右岸、干支流地方人民政府之间开展横向生态保护补偿 4.建立市场化生态保护补偿基金 5.采取自愿协商等方式开展生态保护补偿	法律
《苏州市生态补偿条例》	应当遵循政府主导、社会参与、权责一致、突出重点、统筹兼顾、逐步推进的原则	通过资金、技术、智力、实物等多元化生态补偿机制	地方性法规

(二)生态补偿财政制度现行立法的分析

根据上表部分规定分析可知,在生态补偿领域,立法上还存在一些不足。

首先,我国有多部法律均规定区域生态补偿的内容,但是大多数条文都只是原则性的规定,无下位法的具体规定。

2015年新修订的《环境保护法》强调要建立、健全生态保护补偿制度,同时财政转移支付力度也要继续加大,这是该法首次对生态补偿作出明确的规定,但并未涉及生态补偿其他重要事项。再如,《森林法》第7条规定:“国家建立森林生态效益补偿制度,加大公益林保护支持力度,完善重点生态功能区转移支付政策，指导受益地区和森林生态保护地区人民政府通过协商等方式进行生态效益补偿。"《长江保护法》也只是提到中下游地区县级以上地方人民政府可以对上游地区提供资金人才等方面的支持。

其次，生态补偿立法主要靠单行法规，缺乏较综合普遍的约束力。生态补偿的规定散落在各生态环境保护领域的法律法规中，生态补偿活动的开展主要是在地方性法规规章和政府规范性文件的指引下进行。《森林法》(1998 年)第一次涉及生态补偿的相关原则性事项，此后也有相关法律对生态补偿进行规定，如修订的《农业法》《草原法》，但也仅是附带性规定。再加之这些单行法规大多只针对某个具体领域，封闭性强，故仅仅只靠单行法规还远远不够，不同区域的环境皆具差异性，区域间生态系统的保护也存在千丝万缕的联系，如某些重点生态功能保护区的保护通常会涉及森林、草地的保护，因此有必要加强生态补偿的立法。

最后，现行生态补偿相关规定的制定主体多为地方政府。《苏州市生态补偿条例》作为我国第一部地方综合性的生态补偿条例，详细规定了补偿标准，同时参考地区经济状况和发展水平、财政收入、物价指数等因素综合全面考量。此外，《苏州市生态补偿条例》还对生态补偿的原则、主体以及资金用途等都作出相应的规定，但《苏州市生态补偿条例》主要是对中央相关文件的细化，缺乏上位法的指导，仍然存在一定缺陷与不足。

第二节　区域生态补偿模式的解析

一、区域生态补偿的实践模式

(一)纵向转移支付

本节所探讨的转移支付，仅是指政府间转移支付，即从狭义的角度所进行探讨。[①] 政府间转移支付是以各级政府之间所存在的财政能力差异为前提，以实现双向均衡为目的，在政府间进行财政资金相互转移的制度。

现阶段，我国纵向转移支付主要分为中央政府对地方政府的转移支付和省内的转移支付两种形式。

1. 中央对地方转移支付

中央对国家重点生态的地区采用一般性支付。

① 参见刘剑文、熊伟：《财政税收法》(第 7 版)，法律出版社 2017 年版，第 123 页。

以下是2016～2021年中央对地方转移支付财政预算重点生态功能区转移支付统计情况(见表8－2)。

表8－2　2016～2021年中央对地方转移支付财政预算重点生态功能区转移支付统计表

年份	预算数/亿元	决算数/亿元	决算数为上年决算数的%
2021	881.9	—	—
2020	794.5	794.5	98
2019	811	811	112.5
2018	721	721	115
2017	627	627	110
2016	570	570	112

资料来源:财政部官网,http://www.mof.gov.cn/index.htm,最后访问日期:2021年6月18日。

根据以上表格数据可以看出,国家财政对于生态补偿的资金基本是保持逐年增加的态势。

2.省内转移支付

省内财政转移支付的典型经验有江苏省、山东省的相关实践(见表8－3)。

表8－3　我国省内转移支付示例

实践	内容
江苏省镇江市主体功能区生态补偿	通过财政转移支付方式,对因承担保护和恢复生态环境责任使经济发展受到一定限制的区域给予财力补偿
墨水河流域生态补偿	补偿资金来源为市级及市级以下财政预算安排的生态补偿专项资金。分别开设专门账户,进行专户管理
江苏省生态公益林生态补偿	按照财政分级管理、事权与财权统一的原则,对生态公益林进行规划、建设、保护和管理,纳入县级以上地方各级人民政府财政预算,此外设立森林生态效益补偿基金,补偿标准根据经济发展情况逐步增加

(二)横向转移支付

横向财政转移支付制度,是指以区域间基本公共服务能力的提升和经济发展的均等化为出发点和落脚点进行的财政资金在同级地方政府之间的转移和流动。横向转移支付方式作为纵向转移支付方式的补充,是成熟的分税制财政体制的重要组成部分。①

1. 汶川地震灾区特大自然灾害帮扶机制

2008 年 5 月 12 日，四川省汶川县发生震级高达 8.0 的特大地震。地震发生后，中央政府统一安排，采取资金补偿、实物补偿以及智力补偿等多种补偿形式结合的生态补偿。地震发生后，各种基本生活物资急缺，实物补偿最先开展，如饮用水、食物、医疗设备等。随着灾后重建逐步开展，资金补偿发挥充分作用。智力补偿②在灾区恢复和重建中同样发挥了巨大作用。通过对地质条件和环境进行充分考察，对灾后重建项目进行评估，保证最大化实现生态补偿效果。在各省市的帮助下，受灾地区的 GDP 与地方公共财政收入稳步增长，公共基础设施也得到改造升级，重建城镇面貌一新。

2. 三峡库区对口支援

对口支援，是指由经济发达地区在中央的指导下对经济欠发达地区实施经济援助的行为。在对口支援省市和受援区县的共同努力下经济逐步发展，重庆库区的生态补偿模式逐渐从“输血式”转变为“造血式”补偿。各对口支援省市在技术、人才等方面提供了极大的支持和援助，为库区经济的发展和提升提供有力支持。上海市采取多种方式对重庆市万州区进行对口支援，累计援助万州经济开发区资金 1.37 亿元以建设三峡移民就业基地，同时引进各行业领军企业和知名品牌入驻。目前，该基地年销售额超 80 亿元，提供就业岗位 1 万多个。

3. 湖南省花垣县矿区生态补偿实践

湖南省花垣县矿区主要通过横向转移支付的方式进行生态补偿。通过绩效指标考核激发环境治理的积极性。对矿区生态补偿利益主体责任进行划分，由第三方专业机构负责污染程度的检测评估，以湖南省水质生态补偿核算方法为标准，并根据结果划分等级，进行奖励或者罚款，③奖励须专款专用、罚款需用于

---

① 参见田贵贤：《我国横向财政转移支付制度研究——基于区域基本公共服务均等化视角》，河北大学 2013 年博士学位论文，第 24 页。

② 智力与技术补偿是指各级政府及民间团体以技术扶持的形式对具体区域的生态环境综合防治给予支持。如开展技术服务，提供无偿或低价的技术咨询和指导，培训受补偿地区的技术人才和管理人才，提高受补偿者的生产技能、技术含量和组织管理水平，参见黄寰：《区际生态补偿论》，中国人民大学出版社 2012 年版，第 19 页。

③ 对达到Ⅰ类标准水质的区域给予重点奖励，对达到Ⅱ类标准的区域给予部分奖励，对地区水质标准低于Ⅲ类标准的进行罚款。对达标地区奖励的资金仅能用于花垣县矿区污染防治等方面，且资金的使用必须经财政厅审核；此外，处罚金由省财政厅统筹处理，用于花垣县生态补偿。

该区域的生态补偿。在2016年至2018年间，湖南省花垣县的工业固体污染物、废水排放量等各项指标均处于下降的趋势。在2016年至2018年间，湖南省花垣县废水排放量减少805.84万吨，取得了良好的成效与进展。

（三）纵向与横向相结合

1.新安江流域

新安江流域水环境补偿第一轮试点于2012年9月正式开始进行，第一轮试点结束后，安徽省和浙江省两省在第一轮试点取得良好效果的基础上共同向上争取进行新一轮试点，并于2016年12月正式签订生态补偿协议，开启第二轮试点。第二轮试点在第一轮的基础上水质持续改善，从末端治理开始向源头治理转变。2018年开启第三轮试点，两省每年各出资2亿元，中央财政支持在这一轮试点完全退出。第三轮试点通过黄山市新安江绿色发展投资基金注资扶持、PPP等方式，探索多元化、市场化的生态补偿机制，共同推进黄山市加快实现绿色发展。

2.福建省莆田市木兰溪流域

莆田市人民政府《关于印发莆田市木兰溪流域生态补偿办法的通知》（莆政综〔2017〕81号）规定综合考虑不同地区受益程度、保护责任、经济发展等因素，由流域下游地区按比例补偿流域上游地区。筹集的补偿资金50%由市级财政出资，剩余50%由荔城区、城厢区、涵江区、秀屿区按辖区下游面积占比分摊。资金主要用于流域范围内水资源保护建设项目以及水环境整治项目，强调资金不得用于日常工作经费以及抵顶本级政府的配套资金。

3.贵州省赤水河流域

为保护赤水河流域生态环境，贵州省建立了赤水河流域横向补偿机制。赤水河流域的生态补偿主要采取横向补偿与省级奖补相结合的方式开展。横向补偿资金的来源是上游市（州）人民政府预算安排的财政资金，中央重点生态功能区转移支付以及省级环保生态文明等有关资金为省级奖补资金提供资金来源。

（四）市场补偿模式

1.东阳——义乌水权交易

浙江省东阳市和义乌市在经过多次的协商后于2006年11月签署了水权转让协议，义乌向东阳购买横锦水库部分用水权。东阳和义乌运用市场机制转让水权的方式增加了交易双方的收益。义乌购买1方水权虽然付出4元的代价，但免去了建立水库的必要，解决了水源短缺的问题。东阳运用水权转让的方式，获得净收益超过 1.5 亿元，将丰富的水资源转化为直接的经济效益，更重要的是盘活了水利资产。

2. 新安江流域排污权交易

安徽省黄山市先后出台一系列规则及办法。黄山市人民政府办公室关于印发《新安江流域水排污权有偿使用和交易管理办法（试点）》的通知（黄政办〔2020〕20 号）第 15 条规定："排污权交易主体包括排污单位和政府排污权储备机构等。"同时，新安江流域排污权交易平台建设快速推进，开发建成排污权管理系统和交易系统，并根据污染治理成本、环境资源稀缺程度、经济发展等因素，制定了新安江流域水排污权有偿使用试点价格。

3. 市场化补偿方式——林权制度改革

辽宁省、江西省、浙江省、福建省等省份于 2003 年率先推进林权制度改革行动，实施林地产权制度，放开部分林地林木的经营使用权，林地的持有者可以遵循"依法、自愿、有偿、规范"的准则对森林资源进行合理利用。

自以上地区的集体林权制度改革以来，从法律上给予了确权发证，持有林地的农户摇身变成了林地的"主人"，此举极大地激发了持有林地的农户造林、护林、育林的积极性，加快了森林资源增长进程，使农户对护林的态度从"要我造林"逐步转变为"我要造林"。林权制度改革的效果也十分显著，具体效果如表 8－4 所示。①

表 8－4　我国林权制度改革效果的相关统计

	森林覆盖率增幅	森林蓄积量增幅
全国	1.66%	10.56%
福建省	2.44%	21.56%
江西省	2.49%	45.71%
浙江省	3.61%	3.72%
辽宁省	2.02%	8.30%

① 参见孔凡斌、杜丽：《新时期集体林权制度改革政策进程与综合绩效评价——基于福建、江西、浙江和辽宁四省的改革实践》，载《农业技术经济》2009 年第 6 期。

二、现行区域生态补偿模式存在的问题

（一）政府间纵向转移支付方式的不足

1. 地方政府环境保护事权和财权不匹配

我国中央同地方间以及上下级政府间的收入划分与环境事权划分不相匹配，[①]原本应该由上级政府承担的事权和支出责任被不断下拨至地方政府，地方政府在行使职权时却没有得到相应的财权。如果财权上移、事权下移的现象频繁发生，将使地方政府资金短缺，压力较大，既不利于生态转移支付政策的落实，也不利于区域的发展，与转移支付以达到均衡发展的初衷背道而驰。

从支出端看，中央政府在生态保护上投入的资金在逐步增加；而收入端方面，中央政府与地方政府的收入基本无变化，支出增加而收入不变的情况给中央政府带来巨大的压力。同时，中央政府对下级政府进行拨款是以生态建设为主要的形式，会根据当时的生态系统的特定功能进行项目生态建设资金的确定，在拨款时会要求当地财政拿出配套的资金。中央政府为方便监管，会要求地方政府先进行垫付，年终决算时再根据实际情况进行拨款，无形中也加大了地方政府的财政负担。[②]

2. 一般性转移支付规模偏小

目前，重点生态功能区与资源枯竭型城市是我国生态补偿的一般性转移支付制度的重点适用对象。而实际上，除以上两个区域之外，其他的地区也需要得到对生态环境和资源保护的资金支持，其覆盖面仍然有待拓宽。现有的一般性转移支付的覆盖范围和资金规模，尚不能充分解决我国生态保护区域的财力不足问题，也无法完全缓和我国经济发展与生态保护之间的矛盾。

3. 专项转移支付资金种类繁多

由于专项转移支付涉及的资金管理部门众多、支出名目繁多，再加上森林、草原和风沙区等实施生态工程项目的地区与重点生态功能区之间联系紧密，这些区域大多没有明确的边界，范围变化性大，重复覆盖率高，因此专项转移支付项目容易在设置上产生交叉，在资金使用上发生重叠，从而造成资金的使用效率低下以及管理成本的攀升。

---

① 参见杨谨夫：《我国生态补偿的财政政策研究》，财政部财政科学研究所2015年博士学位论文，第120页。

② 参见孔凡斌：《中国生态补偿机制——理论、实践与政策设计》，中国环境科学出版社2010年版，第50~51页。

4. 补偿标准设置不够合理

首先,补偿标准更新缓慢。目前绝大多数项目的补偿标准以 5 年为基础,甚至更长,补偿标准的更新速度远远落后于物价和人力成本上涨的速度,对激励效果产生了极大的影响。其次,补偿标准设置笼统,没有充分考虑区域之间具有的差异性。比如,在退耕还林工程项目中,没有充分考虑不同省份和区域间实际差异,仅分为南北两个标准,极易造成过度补偿或补偿不足两种极端现象,折损补偿效果。最后,补偿内容不足。很多项目的补偿标准未考虑原有的经济收益损失,仅考虑维护的成本及基本的物质投入成本,常常导致补偿资金低于被补偿者的预期范围。

(二)区域生态补偿缺乏横向转移支付的欠缺

1. 制度化的生态补偿横向财政转移支付欠缺

虽然纵向转移支付能够在一定程度上补偿地方政府由于生态保护或者因提供生态服务而失去的发展机会成本,但无法体现生态要素间的联系以及生态效益的价值,更不能直观地表现生态服务产品的消费功能。横向转移支付制度大多表现为生态服务受益地区政府向生态服务提供地区政府进行地区转移支付或者是富裕地区向贫困地区进行转移支付。横向财政转移支付既能缓解中央财政压力、提高生态资源配置效率,还能实现生态产品长期稳定供给;在体现公共服务的外部性上能起到更大的作用,建立起生态效益的消费模式。[①]

2. 地方政府协商成本高且缺乏合理的协调机制

地区间的生态补偿问题难以解决有以下两大原因:一是地方政府合作的意愿不高,生态服务提供区政府比起受益区政府合作意愿更高。地方政府合作的根本出发点是对自身利益的优先考虑,以追求经济利益的最大化。如果政府提供生态环境服务的成本大于收益,其治理积极性必然不高。二是地方政府间的合作交易成本较高。如果达成的方案不是对自身最有利或者未达预期,那地方政府间必定难以达成合作。在政府间的谈判和博弈中,需不断协商和调整以达成一个相对平衡的方案。然而这种协商与博弈需花费大量时间成本,区域间生态补偿合作期限被无限期延长,极大影响环境保护效率。[②] 因此,为促进区域生态补偿的运转,加强环境保护力度,建立地方政府间的横向协调机制是非常必要的。

---

① 参见徐阳光:《财政转移支付制度的法学解析》,北京大学出版社 2009 年版,第 184 ~ 185 页。

② 参见陈晓勤:《流域生态补偿中的地方政府合作》,载《发展研究》2008 年第 10 期。

3. 区域生态补偿缺乏资金落实监督机制

补偿资金的落实不到位主要表现为以下两种：一是生态服务受益地区政府到生态服务提供地区政府的补偿资金难以落实；二是生态服务提供地区政府到所在地区居民手中的补偿资金落实不到位。以上情况的出现主要是源于缺乏资金监督机制。通过对补偿资金的使用与落实进行合理监督与评价，以保证补偿者和受偿者自觉地接受和落实监督制度，提高区域生态补偿资金使用效率。

（三）市场模式较欠缺

如前文所述，市场补偿模式取得一定的进展，但仍处于探索阶段，尚未在全国推广。政府补偿与市场补偿的“协同效应”逐渐显现。排放权交易、水权交易和生态标记是我国生态补偿市场模式的主要表现形式。以排污权为例，尽管一些试点地区开始成立环境交易所，但是排污权交易在实践中并不频繁，市场体系尚未形成。在未来很长一段时间内，尽管政府补偿仍然是生态补偿的主要方式，但要充分重视利用经济手段依靠市场补偿来平衡各利益相关者的利益，将市场机制与政府补偿有机结合，弥补政府补偿不足，减轻政府财政压力，提高生态补偿效率。

三、区域生态补偿财政制度的域外实践

（一）国外区域生态补偿的生态实践

1. 德国易北河流域生态补偿制度

德国比较有代表性的是易北河流域生态补偿机制。易北河主要流经捷克和德国两个国家。随着经济与社会的发展，易北河的水污染问题愈发严重，1990年，德国和捷克首次对于易北河的治理问题达成协议。[①] 以协议内容为基础，另设专门团队负责易北河水质整治管理的各项工作，每年进行工作汇总并对流域治理情况以及效果等进行公告。易北河两岸的污染者需要缴纳排污费，同时德国每年向捷克提供污水处理设备资金，作为经济补偿。此外，德国还在上游地区建立自然保护区和国家级生态公园，对流域生态环境进行源头治理。[②]

2. 法国毕雷公司生态补偿制度

毕雷公司与水源地农民约定水源地农民应尽量减少对耕地和农药的使用以

① 参见樊万选、方珺：《国外流域生态补偿对我国区域经济平衡协调发展的启示与借鉴》，载《创新科技》2013年第10期。

② 参见赵玉山、朱桂香：《国外流域生态补偿的实践模式及对中国的借鉴意义》，载《世界农业》2008年第4期。

保护水源地，养育水土、提高水源地水质；毕雷公司则支付水源地农民生态补偿费。毕雷公司通过多种方式并举对水源地进行生态保护，除支付生态补偿费外，还为农民提供农业设备和技术支持，促进农民以更环保的方式进行农业生产，更加有效地对水源进行保护。此外，当地政府主动承担20%的生态补偿费用支持毕雷公司的生态补偿行为。

3. 墨累—达令流域生态补偿制度

墨累—达令流域位于澳大利亚的东南部，经济发展和人类活动导致流域的生态环境出现各种问题，各方主体先后签署《墨累河水协议》《墨累—达令流域协议(1987)》。[①] 1993年，双方政府签订了全新的《墨累—达令流域协议》，取代了1987年版的协议。全新的《墨累—达令流域协议(1992)》显著特点和重大变化在于设置了部长理事会、流域委员会和社区咨询委员会三个机构，对流域管理的组织框架进行搭建。

部长理事会是流域管理组织的决策机构。主要针对有关流域共同利益的重大问题进行决定，并对决定负责。部长理事会成员由缔约州政府中负责水、土地以及环境资源的部长组成。

流域委员会是部长理事会的执行机构，需要定期向部长理事会及缔约政府进行工作情况总结汇报。委员会成员组成包括缔约州政府中负责水、土地以及环境资源部中的高级官员。

社区咨询委员会是部长理事会的咨询协调机构。主要职责是广泛收集各方面的意见；从社区角度就水资源管理的重大议题向部长理事会提出建议；就一些决策问题进行协调咨询。

以上三个机构分工合作取得良好效果，主要是缘于以下3个原因：一是以上三个机构的成员来自流域内的缔约州政府以及其他相关利益集团，能代表广泛的利益；二是它们的本质并非官僚机构；三是协商过程均通过平等的方式进行。[②]

综上所述，跨区域的环境问题都有多元协商、多元协调和公众参与的制度需求，因此，墨累—达令流域管理机构共治的区域治理模式可以为我国提供经验参考。[③]

① 各方主体是澳大利亚联邦政府、新南威尔士州政府、维多利亚州政府以及南澳大利亚州政府。

② 参见王勇：《澳大利亚流域治理的政府间横向协调机制探析——以墨累—达令流域为例》，载《天府新论》2010年第1期。

③ 参见高琪、杨鹤：《墨累—达令流域管理模式研究》，载《法制与社会》2008年第2期。

4. 哥斯达黎加森林生态补偿

哥斯达黎加主要通过市场的调节作用实施环境服务支付项目，哥斯达黎加的森林基金来源主要是可确认的贸易补偿（Certified Tradable Offsets，CTOs）。比较典型的是碳汇交易，通过统计国内公共财政建设林业碳汇总量，将富余碳汇出售给各国企业，收入的大部分用于对林业主的补偿，一定程度缓解了林业主与国家的矛盾。此外，哥斯达黎加还通过立法明确补偿资金的来源之一是针对化石燃料征收的销售税。

（二）国外区域生态补偿的实践考察

1. 完善公众知情权和参与权

发达国家大多将公众的知情权和参与权纳入区域生态补偿制度体系。公众知情权和参与权的完善有助于提高其保护意识。德国在易水河流域生态补偿中成立专门的公众小组，宣传政府政策和生态保护有关事项；在澳大利亚的墨累—达令流域生态补偿机制中同样强调民众参与流域生态补偿的重要性，设置社区咨询委员会收集与汇总社区民众的意见和建议。

就我国而言，重视保护并完善公众的知情权和参与权十分必要，这为公众就区域生态补偿制度发表意见和建议提供合理合法的渠道和路径，同时，公众参与区域生态补偿还能促进制度的民主化和科学化。

2. 完善区域协商制度

首先，协议各方应当以坚持“诚实信用”原则为出发点，同时兼顾“公平”原则。协议各方需要披露与区域生态补偿有关的信息，这是协商的基本前提与基础。其次，在各方协商过程中，各主体应当遵守程序，不得故意损害他人权益。各方都应当在尊重他方利益的前提下进行利益的分配与协调，由于协调涉及各方政府的切身利益，协调过程极易出现矛盾与冲突，如果矛盾仅靠事后解决，在一定程度会影响生态补偿机制效率。最后，可以运用多种方式进行协商，协商形式的多样性能够提高协商补偿制度的灵活性。

3. 完善市场机制

当前，国内区域生态补偿的主要责任主体仍然是各级政府，这种补偿责任仅由政府承担的形式会限缩资金来源渠道。为增强区域生态补偿的可持续性和长期性，必须构建由政府和市场协同补偿、政府补偿为主的区域生态补偿体系。完善市场机制，逐渐在市场交易体系中引入碳排放权、排污权、水权等，吸引社会资本融资，构建区域生态环境保护的市场化体系。

第三节　区域生态补偿制度完善路径

一、区域生态补偿相关立法的完善

现阶段国内很多地区已经开始区域生态补偿的尝试，开展生态补偿建设推进工作，取得良好效果，但区域生态补偿财政制度的落实需要完善的法律制度对其保驾护航。

（一）完善《环境保护法》

《环境保护法》作为环境保护领域的基本法律，侧重于污染的防治，而有关生态保护的补偿方面内容较少，其应有功能未得到有效发挥。在未来修订过程中，应该着力建立健全统一、全面的生态补偿机制，规范地方政府间财政运作，促进经济社会效益与生态效益同步上升。

（二）加快推动生态保护补偿条例出台

国务院办公厅《关于健全生态保护补偿机制的意见》（国办发〔2016〕31 号）从国家层面提出对生态补偿进行相关立法的要求。2020 年国家发展和改革委员会发布了《生态保护补偿条例（公开征求意见稿）》，因此需要加快生态保护补偿条例的出台，与此同时还要对制定生态补偿法进行一定的准备。

生态补偿保护条例应当强调生态补偿的原则，对主体、补偿对象、补偿的标准和补偿的方式等予以明确。第一，以“开发者保护、受益者补偿、损害者修复”作为基本原则，在宏观上指导条例内容的制定。① 第二，明确生态补偿主体，即生态环境的受益者，强调生态服务受益者需要承担的责任和义务。第三，明确补偿标准的依据，增加生态环境的整体价值的计算，还要综合考量当地发展水平等因素。第四，拓宽生态补偿方式，货币补偿仍是现阶段主要形式，但是货币补偿不能满足区域生态补偿的复杂性，需要拓宽生态补偿方式，政策补偿、智力补偿、工程补偿、异地开发等多种补偿方式并存。

由于当前急需对生态补偿进行规定，因此可以先由中央政府颁布相关指导性意见，明确区域生态补偿对于保护生态环境的重要性以及促进地区协调发展的作用。②

---

① 参见沈友华、徐成文：《我国矿产资源生态补偿立法现状与完善》，载《中国林业经济》2018 年第 1 期。

② 参见李文华：《探索建立中国式生态补偿机制——访中国工程院院士李文华》，载《环境保护》2006 年第 10 期。

（三）出台财政转移支付法

我国尚未出台针对财政转移支付的法律法规，生态补偿转移支付仅以《预算法》为依据。转移支付制度是我国财政体系中重要的组成部分，有必要通过立法将生态补偿转移支付制度纳入法治轨道。

财政转移支付法在立法过程中要注重对横向转移支付进行重点规定，应当对其专章规定。首先，横向转移支付应当明确以诚实信用和公平正义为基本原则，以实现区域间财政平衡为落脚点，促进区域共赢为最终目标。其次，应当明确转移支付主体的相关权利义务，政府承担环境治理的主体责任，协调各方共同努力，落实环境保护。再次，对转移支付补偿资金的分配和落实进行监督，成立专项协议管理委员会，监管资金使用全过程。最后，要明确横向转移支付的相关程序和配套措施。以详细的法律对运行程序加以规定，才能规范政府在实施横向转移支付的过程中的行为。

总之，生态补偿相关法律体系的完善能够对区域间实施生态补偿提供理论和法律支撑。①

二、深化纵向生态转移支付制度

现阶段需加强生态补偿转移支付力度，将不同地区经济发展水平、财政水平、生态资源等因素纳入重点考虑范围，优化生态补偿转移支付结构。

（一）优化生态转移支付结构

随着生态转移支付政策的落实，转移支付数额也随之不断增大，但一般性转移支付比例较小，税收返还和专项转移支付比例较大。税收返还和专项转移支付难以起到缩小区域发展差距的作用，故而此种转移支付的结构所起到的生态补偿效果并不理想。因此要对生态转移支付结构进行优化和调整，实现财力均等化、缩小区域发展差距是进行生态补偿转移支付的主要目标，要调高一般性转移支付份额，同时降低税收返还和专项转移支付占比，缩小区域间经济发展差距，提升区域间经济发展协调度。②

（二）整合优化专项转移支付项目

专项转移支付在项目安排和资金分配使用上，具有一定的重复性问题，结构需要调整。首先，对现有的重叠、功能互补的特殊补偿项目进行梳理整合。应当

---

① 参见杨娟：《生态补偿的法律制度化设计》，载《华东理工大学学报（社会科学版）》2004年第1期。

② 参见徐筱越：《主体功能区生态补偿转移支付政策效应研究——以广西为例》，广西大学2017年硕士学位论文，第51页。

注重项目、职能和资金的整合优化,做到职能划分清晰。其次,专项转移支付项目的设置应当具有系统性,需要综合考虑整个生态领域,避免项目重复,使项目设置和资金使用合理化。最后,中央设立的生态补偿专项转移支付,应突出补偿重点,针对外部效应强的公共产品,以及跨省、跨区域的公共产品进行补偿,并根据重要程度和紧迫程度划分优先级。

三、建立横向生态转移支付制度

当前,纵向转移制度得到广泛运用,但是横向转移支付制度还不够健全。通过建立横向生态转移支付制度,对纵向生态转移支付进行补充和配合,以更好地实现生态补偿效果。

(一)制定横向生态转移支付资金的管理程序

1. 明确横向转移支付生态补偿标准

明确横向转移支付生态补偿标准,首先,确定补偿标准的依据,把生态保护者的投入成本、损失经济发展机会成本等数量指标纳入补偿标准的计算。投入成本包括为治理生态环境付出的人力、物力成本,以及其他因生态环境治理而造成的损失,比如,生态移民。损失经济发展的机会成本,是指以牺牲经济发展机会为代价为治理和保护生态环境所遭受的损失。其次,量化生态保护地所要达到的生态效益指标。由于我国区域间生态环境差异性大,再加上有的特殊区域生态环境情况复杂且极不稳定,因地制宜、因时制宜地制定生态补偿标准显得十分重要。要综合考量受益地区的受益程度和支付意愿及受益地区的支付能力,以提高区域政府间进行生态补偿的积极性,促进区域生态补偿横向转移支付制度做到规范化和灵活化的有机统一。

2. 建立区域生态基金模式的横向转移支付体系

区域生态基金是区域政府在相互沟通与协商的基础上,建立的生态补偿基金。首先,区域生态转移支付基金主要由区域间生态服务受益区政府和生态服务提供地政府的财政资金共同筹措拨付组成。拨付的资金比例以当地人口规模、财政状况、发展情况以及生态效益外溢程度等指标为标准。其次,资金的用途要规范,必须用于生态保护,不得挪作他用。生态基金只能用于地区饮用水、天然林、湿地等的保护,以及对环境污染进行治理、生态脆弱区植被恢复、森林(草)恢复、退耕还林等绿色工程项目的补偿等。最后,对于适合产业化经营的绿色项目,要通过招标方式选择市场化的专业企业。当然,区域生态基金的补偿地区如果与国家层面实施生态的保护工程存在重合时,那么中央政府同样需要拨出一定数量的生态基金财政资金进行管理和保护。[①]

3. 拓宽横向转移支付形式

仅仅依靠资金形式进行横向转移支付其作用和效果是有限的，需要丰富横向财政转移支付的形式。除通过资金补偿外，开展生态受益地区对生态保护地区的政策补偿、智力补偿、异地开发等多种补偿方式，建立跨省区域（流域）生态补偿长效机制。

政策补偿的方式，是指引导政府进行生态性投资，对生态建设者进行税费减免，鼓励受益地区开展对口生态项目投资等。政策补偿的义务主体依然是政府，而非企业。企业利用政府提供政策优惠的条件进行正常的商业投资行为。智力补偿是对进行生态维护与建设地区的人们提供咨询服务、进行技术指导，从而达到生态补偿的效果。智力补偿的显著优势就是具有长远性和稳定性，能够从根本上解决生态建设区域人们的生存与发展问题。异地开发，是指将区域内一些不便于开发或者开发会导致环境受到破坏而产生巨大发展成本的地区，在其他相邻发达地区以异地扶贫开发等行政和市场手段，提供一个异地发展空间。[②] 这种模式既能对区域资源进行合理配置，又能促进产业升级和产业结构调整。

（二）构建横向转移支付协调机制

区域间的生态补偿横向转移支付制度的构建离不开区域政府之间的协作，区域环境治理、生态修复、区域资源的分配利用等各项工作都需要通过政府间协作得以顺利开展，该协调机制的建立具有十分重要的现实意义。

首先，为确保协调机制贯穿在区域生态环境治理的各项工作，需要设立一个专门的协调机构和制定相应的运行程序来对区域治理工作的实施进行保障。

专门机构应由相对中立的主体承担，由其负责区域间政府的协调工作。地区政府共同的上级政府由于其具有独立性和权威性可以作为专门的协调机构。专门机构内还可以设立专门的生态补偿协商委员会，委员会的主要职责是进行具体的协商工作，同时负责政府协商会议的召开和主持工作，协商会议主要就补偿标准、补偿金额、双方权利义务等方面进行沟通，各级政府代表以及其共同上级政府均要列席参加。为实现区域生态的有效治理，委员会还可以采取专题讨论、联合督察等灵活多样的方式，加强区域间政府的协调，促进信息交流共享，实现区域协调管理新模式。

① 参见郑雪梅、韩旭：《建立横向生态补偿机制的财政思考》，载《地方财政研究》2006 年第 10 期。

② 参见李志鹏：《京津冀异地开发生态补偿机制的构建理路》，载《河北企业》2017 年第 10 期。

其次，为防止区域生态治理过程中出现各部门相互推诿、责任难以落实的情况，各方政府的职责和权限需要得以明确。建立相关的区域管理政策，重大问题的解决应首先提交至协商委员会，并由协商委员会负责，充分发挥协调机制的统筹作用。

最后，细化协调机制的运行程序。一是由生态服务受益地区政府向协商委员会提出申请，协商委员会根据其申请内容展开调研。二是协商委员会就其申请以及调研结果召开会议，双方政府以及双方共同上级政府均需参加，集中研究问题。三是各方政府如果达成一致意见即签署协议，生态补偿协议需要报协议各方政府的共同上级政府备案。协议内容以及协商全程都要做到公开公告，以确保公平公正。

（三）建立绩效评价与监督机制

生态补偿横向转移支付绩效考核机制的设立具有两方面的作用。从正面的角度来说，起到激励作用，克服生态补偿资金的使用效率问题。从反面的角度来看，起到惩罚作用，若存在地方政府态度消极，不履行或者迟延履行生态补偿协议内容等情形，可以予以惩罚，绩效评价和监督机制的设立从两方面确保横向转移支付制度科学有效推进。

全方位的监督体制有助于保障横向生态补偿制度的贯彻，确保每个环节都有责任人和奖惩措施。监督主体可以分为第三方专业机构监督和公众监督。

1.第三方专业机构监督

首先，第三方专业机构的职责是严格地评估和审核每一项补偿金的用途、效率及产生的效益。其次，第三方专业机构需要具备相应资质，因其职责是对生态补偿资金的使用以及生态效益和社会效益进行监督，专业性较高，因此需要具备相应的资质。再次，第三方专业机构必须保持中立的地位，该机构作为绩效评价与监督机构必须保持中立的立场，不能偏私，否则可能导致评价结果的不公正现象出现。最后，第三方专业机构的选择应当由双方政府决定，并报共同上级政府备案，以保证选择结果的自愿与公平。

第三方专业机构的主要评价和监督内容有以下几点：第一，生态补偿过程资金使用绩效评价。由于环境补偿等级转移支付资金有限，资金使用效率是绩效考核的首要问题。在生态补偿过程中，可以使用对横向转移支付有普遍影响的指标来评价横向转移支付，如横向转移支付的投资率、资金合理使用的合规性、区域执行情况等。第二，就生态效益进行评估。定期对生态效益进行评估，监督区域内生态保护的建设情况以及测算区域生态补偿的效益，及时了解生态效益的变化情况，以便及时对生态补偿进行调整。第三，根据不同生态项目的实际情况，选择合适、高效的绩效评价方法。成本—效益法、比较法、因素分析法是比较常见的方法。成本—效益法用于经济生态补偿项目，是以生态补偿的目标为对象，详细论证比较多种生态补偿的方式，最终选择成本投入低，回报效益高的项目。比较法是以同一生态补偿项目的纵向实施状况为研究对象进行分析，或者就不同生态补偿项目的横向实施情况进行比较，综合判断，根据实施效果选择补偿方式。因素分析法具体运用到生态补偿中就是对影响生态补偿效果的各种因素进行分析，以评价实施生态补偿水平转移的效果，如选取样本数据、构建数学模型等。①

2. 公众监督

通过建立社会公众参与机制，可以提高公众保护生态环境的参与度和积极性。将监督主体延伸至社会组织、媒体等，对政府间资金转移过程中的挪用情况进行监督。详细记录每一项转移支付，对从资金的给付到使用的全过程进行监督、审查，公开补偿资金使用情况和项目进展情况，使整个过程透明化，鼓励公民参与公共事务管理。

第一，加强补偿信息的公开透明度。信息公开是公众监督过程的基本组成部分，通过信息公开能起到提高转移支付过程的民主化和透明度的作用。公众知情是参与的先决条件。为方便相关利益及相关公众及时获取信息，政府所属部门必须通过相关门户网站、公告栏等方式提供信息。必要时应建立区域生态补偿信息公开制度，可以从以下三个方面构建：一是每月公布一次补偿项目评估情况，通过及时公布实施数据的方式，接受社会公众监督。二是可以建立生态补偿年度实施情况报告制度。双方政府召开年终生态补偿总结大会，会议必须邀请一定数量的公众代表参加，以确保公众对大会内容的知晓。三是公布本季度或年度区域生态补偿项目进展情况和补偿资金使用情况。公开生态补偿基金的收支、使用方向、金额等信息。

第二，拓宽公众参与渠道。公众参与区域生态补偿制度的运行与监督，能体现制度的民主性与科学性，通过对公众的正确引导，一方面可以缓和利益冲突，另一方面可以促进区域生态补偿机制运行的张力。拓宽公众的参与渠道，可以建设生态补偿制度的听证制度，将提供意见、投票等参与权利制度化，以保证民众参与渠道。

---

① 参见白洁：《我国生态补偿横向转移支付制度研究》，中国财政科学研究院2017年硕士学位论文，第54页。

四、重视市场补偿模式的建立

要遵循政府指导加市场增进发展路径，不断探索市场补偿与政府补偿融合的多种方式，加快形成多元化的生态保护补偿机制。①

将市场机制引入区域生态补偿制度中，生态服务提供者可以通过市场交易方式实现来自生态服务受益者的直接补偿，这种不需要第三方介入的方式，效率性和激励性更强。此外，还能够减轻政府财政压力，有助于区域间的资源的合理高效配置，缓和生态环境保护与利用的矛盾。

发达国家的成功经验也证明，市场机制的作用是有效推进生态补偿、成功治理生态环境的重要保障。发达国家对市场模式的运用相对比较广泛，我国的市场补偿模式已经取得了一些进展，但是，由于缺乏相关制度和市场交易环境的不完善，生态服务交易市场仍然处于初级阶段，市场机制的作用未能得到充分发挥。因此，今后首先要对生态资源归属进行明确，其次分阶段建立公平、公开、公正的生态利益共享和相关责任分担机制，积极尝试探索资源使用权、排污权、水权和碳汇交易等市场化补偿方式，完善资源使用权出让、租赁等交易制度，支持、引导和鼓励生态服务提供者和生态服务受益者更多地运用市场化方式进行生态补偿。

① 参见王清军：《法政策学视角下的生态保护补偿立法问题研究》，载《法学评论》2018年第4期。

第九章　流域生态补偿财政法律制度

面对严峻的流域生态问题，以20世纪90年代末为开端，我国积极探索建立流域生态补偿制度。伴随生态补偿实践的深入开展，流域生态补偿财政需求与供给之间的矛盾逐渐凸显。对此，应以流域生态补偿的实践为落脚点，并结合相关理论、顶层设计等多个维度来深入分析流域生态补偿财政法律制度，提炼经验，总结不足，为相关法制完善提供可行方案，推动流域生态补偿行稳致远。

第一节　流域生态补偿的法律范畴

一、流域生态补偿的概念与类型

流域生态补偿，是指在某一流域的空间范围内，运用经济调节的方式，向为保护该流域的生态环境而付出的主体提供相应补偿的一系列规则制度。根据补偿主体的不同，可以将补偿具体划分为政府补偿以及市场补偿两种类型。

（一）政府补偿类型

1. 财政转移支付

在政府补偿模式下，生态补偿的运行管理方是各级政府，补偿资金来自财政转移支付。[①] 流域生态补偿财政转移支付包括一般支付、专项支付和横向支付。一般支付，

---

① 参见［美］斯科特·J. 卡伦、［美］珍妮特·M. 托马斯：《环境经济学与环境管理：理论、政策和应用》，李建民、姚从容译，清华大学出版社2006年版，第351页。

是指中央将补偿资金拨付给地方政府,由地方政府根据实际需要自主安排使用。专项支付,主要是指中央财政为重大流域生态环保项目提供财政资金。横向支付,是指流域内相关地方政府根据相互间达成的补偿协议确定资金的提供者和具体数额。

2. 生态补偿税费

生态补偿税费包括生态补偿税和生态补偿费。生态补偿税是对开发、利用及保护生态环境及资源的单位和个人,依据其开发、利用以及对生态的损害情况所征收或者减免的一种税收。① 生态补偿费以环境保护部门为征收主体,向生态资源的开发、利用以及破坏者征收的专门用于修复环境的相关费用。该项费用一般具有专用性,只能用于修复生态环境。

3. 流域生态补偿基金

政府性流域生态补偿基金,是指政府为保障生态补偿的实施而设立的专项基金,②该项补偿基金专款专用,专门用于生态补偿事业。例如,20 世纪 90 年代,我国在森林生态补偿领域建立补偿基金,专门用于森林生态补偿。

(二)市场补偿类型

1. 排污权交易

排污权交易是在某一特定区域里,政府在控制污染物总排放量的基础上,由这一区域内各个污染源相互间采用货币交易的方式来调节各自排污的数量,从而减少污染排放,保护生态环境。我国已逐步在全国多个省份开展排污权交易试点。

2. 水权交易

水权交易,是指利用市场交易机制,依靠水资源产权买卖对水资源予以配置的一项制度,目的是为对优良水资源提供者予以物质上的补偿和激励。当下,我国已在多个地区施行水权交易,并建立了全国性的水权交易平台。

3. 生态标记

生态标记是对生态产品的一种认证,即对产自优良环境的产品进行标记,使其与传统商品区分并附加生态价值,如绿色标签、环境标志认证产品。一般而言,具备生态标记的产品将生态保护行为内部化于价格之中,从而产生溢价,这种溢价是对生态保护行为的一种付费,能够引导绿色消费,补偿和激励生态保护

① 参见刘桂环、张惠远:《流域生态补偿理论与实践研究》,中国环境出版社 2015 年版,第 61 页。

② 参见黄锡生、焦念念:《试论流域生态补偿基金制度的构建》,载《时代法学》2013 年第 5 期。

行为。①

二、流域生态补偿财政法律制度界定

流域生态补偿财政法律制度事关生态补偿全局。补偿资金的来源、资金的利用、资金的监管都与财政法制息息相关,为使财政在流域生态补偿全过程中的规范化、有序化,需要健全相关财政法制。

从概念上讲,流域生态补偿财政法律制度是与流域生态补偿财政事项息息相关的,协调各利益主体关系的法律规范的集合以及与之相配套的相关制度。这些法律制度调整的关系包括中央与地方政府之间、地方政府之间、政府与组织和个人之间,以及政府与市场之间的关系等。

从制度内容上讲,流域生态补偿财政法律制度是一项集合概念,其中包含多种具体法律制度,涵盖流域领域生态补偿财政收入、财政支出和财政监管等多个维度。具体而言,这些制度包括流域生态补偿财政收入法律制度、政府间的事权与支出责任划分制度、财政转移支付法律制度、财政拨付法律制度、财政监督法律制度等内容。

三、我国流域生态补偿财政法律制度演进

(一)20 世纪 70 年代至 21 世纪初:起步阶段

在这时期,我国曾出台一系列保护流域生态的法律规范和政策性文件,虽然没有明确地提出生态补偿的概念,但是这些法律规范和政策文件能够体现流域生态补偿所追求的保护生态的目标。例如,1994 年发布的《自然保护区条例》、1998 年发布的《森林法》、2000 年发布的《森林法实施条例》、2002 年发布的《退耕还林条例》。

(二)2005～2012 年:充实阶段

在这期间,生态补偿在法律法规以及中央文件中被多次提及,与流域生态补偿财政有关的法律规范亦不断充实,这为流域生态补偿的开展提供坚实的顶层设计支撑。2005 年,国务院印发的《关于落实科学发展观　加强环境保护的决定》明确提出应将生态因素考虑纳入财政转移支付之中。2007 年,原国家环境总局颁布的有关生态补偿的指导意见提出要在流域领域实施生态补偿。2008 年修

① 参见高国力、丁丁、刘国艳:《国际上关于生态保护区域利益补偿的理论、方法、实践及启示》,载《宏观经济研究》2009 年第 5 期。

订的《水污染防治法》在国家层面的立法中规定与流域生态补偿有关的内容。2011 年,《国民经济和社会发展第十二个五年规划纲要》、《国家环境保护"十二五"规划》、国务院《关于加强环境保护重点工作的意见》相继提出"加大对重点生态功能区的均衡性转移支付力度,研究设立国家生态补偿专项资金""中央财政通过一般性转移支付和生态补偿等措施""加快建立生态补偿机制和国家生态补偿专项资金"。

(三)2012 年至今:高速发展阶段

党的十八大以来,党中央和国务院十分重视生态补偿工作,将其视为生态文明建设的重要一环。2013 年,党的十八届三中全会通过的《中共中央关于全面深化改革若干重大问题的决定》明确提出要实施生态补偿制度。2014 年颁布实施的《环境保护法》明确规定要健全生态补偿制度,不断增加财政支持力度,落实补偿资金。2016 年印发的《关于加快建立流域上下游横向生态保护补偿机制的指导意见》明确提出中央对跨省的横向性的流域生态补偿给予支持,实现上下游之间的"同保共治"。2018 年印发的《关于建立健全长江经济带生态补偿与保护长效机制的指导意见》明确提出有关整合专项转移资金、合理划分生态环保领域事权与支出责任等法律制度。2020 年 11 月国家发展和改革委员会发布的《生态保护补偿条例(公开征求意见稿)》提出"国家推动建立重要流域生态保护补偿机制"。自 2021 年 3 月 1 日起实施的《长江保护法》第 76 条中明确规定国家要加大财政转移支付力度,对长江流域的干支流源头等区域予以补偿。

第二节 流域生态补偿财政法律制度的解构

一、流域生态补偿财政收入法律制度

(一)税收法律制度

1. 以流域生态补偿为目的征税

域外许多国家为实施流域生态补偿而课征水资源税、碳税等生态性质的税种,如德国、荷兰、俄罗斯等国通过征收水资源税为流域生态补偿提供一定的资金,哥斯达黎加将所征的碳税以及化石燃料税的部分税收用于流域生态补偿,哥伦比亚将所征碳税的部分收入用于保护水源。我国目前开征的税种有 18 个,暂时还没有设置以流域生态补偿为目的的税种。

域外以流域生态补偿为目的的税收制度有以下特点:第一,发达国家课征水资源税大多以生态补偿为目的。例如,德国为补偿因保护水环境而蒙受损失的

特定群体而课征水资源税。第二，水资源税法律制度较完备，纳税人、征税范围、税基和税率、税收优惠、税收的征管和使用都有法律予以明确具体的规定。第三，税收具有专用性的特点，例如，荷兰的水资源税收入实行专款专用，其使用领域主要集中于地下水的研究、管理及成本补偿等事项。[①] 再如，日本森林资源税专门用于流域内森林保护，从而维护森林的生态功能。[②]

2. 体现流域生态补偿理念的税制

体现流域生态补偿理念的税制，主要是指虽然不以流域生态补偿为课税目的，但是能够体现生态环境保护理念的各种税收法律制度。以我国为例，这种税制表现在两个维度：一是彰显环保理念的税种，如环境保护税、资源税。二是与生态保护息息相关的各种税收优惠政策，例如，我国为促进环保产业发展、综合利用资源、环境服务而制定的各项增值税、企业所得税、环境保护税、资源税、个人所得税税收优惠条款。这些税收法律制度所蕴含的环保理念却与流域生态补偿的理念不谋而合。

（二）非税收入法律制度

在流域生态补偿实践中，非税收入主要体现在生态补偿费的征收。生态补偿费，是指政府依法对开发和利用生态资源的主体征收的专门用于修复和保护生态的费用。我国部分地区开展费用征收试点，如陕西省针对矿产资源开发利用征收生态补偿费。[③] 此外，我国部分地区为实现流域生态保护发行生态彩票，如上海市为治理苏州河水污染曾经于 1999 年发行环保福利型彩票。发行生态彩票既能增强社会公众的环保意识，又能动员社会资金用于环保事业。[④]

（三）我国流域生态补偿财政收入制度存在的不足

首先，有关水资源费法律制度不健全。水资源费在征收的过程中存在财政、价格、审计及水行政部门权责不清、征收过程不规范、相关收入及用途不明确透明等问题。其次，流域生态补偿财政收入的来源渠道单一。现有的财政收入中绝大部分是税收收入，流域生态补偿费所占的比例很小，而且相关税收收入纳入国家统一收支预算，花费在流域生态补偿事业的比例很小，无法为补偿事业提供充分的资金保障。最后，我国流域生态补偿缺乏专用性的税费制度，没有专门为

---

① 参见肖加元：《促进我国水资源生态补偿的税费研究》，经济科学出版社 2018 年版，第 60 ~ 61 页。

② 参见刘春发：《日本的森林环境税——以高知县为例》，载《世界林业研究》2007 年第 5 期。

③ 参见李爱年：《征收生态环境补偿费的法律思考》，载《湖南师范大学社会科学学报》1997 年第 3 期。

④ 参见邓凌翊、温作民：《关于推行生态彩票的研究文献综述》，载《全国商情（理论研究）》2010 年第 23 期。

实施流域生态补偿而开征的税收，也没有专门用于流域生态补偿的税收。

（四）我国流域生态补偿财政收入制度优化进路

第一，应加快水资源费改税的进度。水资源税能够明确相关主体的权责，使征收工作规范化，同时彰显我国积极开展流域生态保护的决心。我国自 2016 年开始试行水资源费改税，接下来应当扩大试点范围，加快全面费改税的步伐。

第二，征收以实施生态补偿为目的的生态补偿费。对流域环境的污染方、破坏方在应当担责的范围征收治理流域污染、恢复流域生态的相关费用；对流域生态保护行为的受益者以其生态收益为限度征收费用。

第三，拓展生态补偿财政收入的来源形式。例如，我国可以发行一定数量的生态彩票，将所筹得的资金按照一定比例用于流域生态补偿。不仅如此，接受社会捐赠亦是财政收入的来源。随着社会公众环保理念增强，通过社会捐赠渠道来筹集补偿资金具备良好的民意基础。

第四，明确财政收入的目的，建立流域生态补偿税费专用法律制度。域外许多国家的水资源税、碳税、生态补偿费等具有专门用于流域生态补偿的目的，这一做法能够保证补偿所需的资金以及资金的规范使用，我国可以予以参考，建立补偿税费专用制度。

二、流域生态补偿事权与支出责任划分法律制度

事权，主要是指行政事权，即国家提供公共服务的责任。① 支出责任是一种财政支出义务，是指各级政府根据事权提供相应的公共服务的一种义务。能否合理划分政府之间的事权以及支出责任是影响流域生态补偿事业的重要因素。

（一）流域生态补偿事权与支出责任划分的现状及问题

1. 划分现状

一方面，在流域生态补偿中，中央政府的事权与支出责任进一步加强。对于跨省域、在全国范围内影响重大的流域，中央政府往往承担了较大的生态补偿事权和支出责任。例如，在九洲江流域、滦河流域等补偿实践中，中央政府财政资金投入力度较大，承担了较大事权和支出责任。

另一方面，地方政府的事权与支出责任实现了一定程度上的优化。对于并未跨省、影响范围较小的流域，地方政府承担生态补偿的事权和支出责任。由

---

① 参见刘剑文：《法治财税论——治理现代化的中国进路》，中国财政经济出版社 2017 年版，第 132 页。

此，许多省级政府相继制定了规范性文件用来明确省内各地方政府所应承担的事权和支出责任。例如，《重庆市建立流域横向生态保护补偿机制实施方案（试行）》《四川省“三江”流域水环境生态补偿办法（试行）》等。

2. 存在问题

第一，流域生态补偿领域的事权与支出责任的具体划分缺乏相应的法治保障。我国目前还未制定较成熟划分的法律或行政法规，相应的划分主要依赖于政策性文件，缺乏法治性和稳定性。

第二，流域生态补偿领域中央与地方之间的事权和支出责任具体划分有待优化。国务院办公厅《关于印发生态环境领域中央与地方财政事权和支出责任划分改革方案的通知》对环境领域中央与地方之间的事权与支出责任具体划分的规定具有原则性的特征，需要进一步细化。

第三，省级以下流域生态补偿领域的事权和支出责任具体划分需要进一步优化。在相关实践中，省、市、县之间的生态补偿事权与支出责任划分存在缺位的问题，容易造成地方政府之间因生态补偿而扯皮推诿的现象。

第四，各级政府之间的事权与支出责任的具体划分缺乏最优化标准和动态调整制度。在划分的过程中注重追求经济效益，正义、民主及秩序等法律价值考虑不充分。同时，划分的结果缺少动态调整，在部分补偿实践中，由中央承担的事权和支出责任，未随着情势的变化交给地方，抑或是相反的情形。

（二）流域生态补偿事权和支出责任划分优化路径

首先，推进事权与支出责任的法治化。制定相应的法律或行政法规是当前财政体制改革的目标之一。流域生态补偿应紧跟财税体制改革以及生态补偿制度构建的大方向，根据上位法的规定，积极地推进事权与支出责任划分的不断规范。①

其次，应根据现有环境领域相关事权和支出责任划分的框架，进一步明确各自事权以及支出责任，并且具体到流域、具体到事项。例如，在补偿标准制定这一事项上，中央政府应承担根据全国补偿实践制定全国性补偿标准的责任，而地方政府应承担根据本地区实际情况制定地方标准的责任，当然，地方补偿标准不能低于国家补偿标准。

再次，应优化省级以下流域生态补偿的事权和支出责任的具体划分。省级以下政府是流域生态补偿工作的执行者，承担较重的事权和支出责任，如何将这

---

① 参见王蕴：《“十四五”时期优化政府间事权和财权划分研究》，载《社会科学文摘》2021 年第 4 期。

些事权和支出责任在省、市、县级政府间合理地进行配置十分重要。应合理考虑各种因素,赋予相关地方政府自由裁量的权限,力求划分得最优化。

最后,应健全相应的划分标准,既考虑经济因素,又重视法律因素,追求合理、高效的划分格局。当然,还应当根据流域生态补偿的实践情况及切实需要来对划分结果进行动态调整,但是这种调整不应过于频繁,而是实事求是地调整,保持调整的合理限度。

三、流域生态补偿财政转移支付法律制度

(一)流域生态补偿财政转移支付制度现状及问题

1. 转移支付现状

第一,纵向支付占据主导性地位。中央对地方的支付采用专项支付或一般支付的方式。专项支付往往依托于生态保护项目和设立专项资金,例如,中央政府推动开展的三江源生态保护项目、长江经济带生态环境保护修复专项资金等。流域生态补偿的一般支付主要是中央政府对地方政府、地方上级政府对下级政府为实施生态环保项目作出财政牺牲的一种补偿,这种牺牲既包括直接的环境保护投入,还包括放弃发展机会所造成的财政收入的牺牲。

第二,横向支付正处于初步发展的阶段。我国现行的转移支付制度中并不包括横向支付,但横向支付在一些流域生态补偿实践中得到运用。横向支付包括两种类型,一是跨省流域生态补偿中的横向支付,例如,新安江流域生态补偿中安徽省与浙江省的横向支付,赤水河流域生态补偿中四川省、云南省,以及贵州省三个省份间的横向支付。二是省内流域生态补偿中市、县政府间的横向支付。例如,重庆市在璧南河、龙溪河等多个流域开展的生态补偿实践中所实施的区县政府间的横向支付,四川省开展的沱江、岷江流域生态补偿中的相关市级政府之间的横向支付。① 总体来看,横向支付往往是由中央政府或省级政府牵头主持,相关政府签订补偿协议,根据补偿协议支付补偿资金,支付标准根据交界断面水质情况予以确定。

第三,纵横结合的趋势明显。近些年所开展的补偿实践中,往往将纵向和横向支付相结合,并且成为一种发展趋势。例如,2015 年开展的九洲江流域生态补偿,广西壮族自治区与广东省政府各提供 3 亿元资金,中央提供 9 亿元奖励金。

---

① 参见夏溶娇、包星月、刘新民:《四川省流域生态补偿探索与实践》,载《环境生态学》2020 年第 9 期。

“纵横结合”的财政转移支付模式为生态补偿资金来源提供保障，调动各级政府积极性，最重要的是由中央或省级政府牵头主持相关协议的签订和实施，能够减少纠纷，提高效率。

2. 存在的问题

第一，转移支付的立法位阶较低，权威性存在不足。① 我国转移支付当下的法律依据是财政部门发布的“办法”“暂行办法”“通知”等。这些法规层级低，稳定性、权威性、科学性及民主性不足，制约流域生态补偿的深入开展。

第二，转移支付的结构需优化。当前的补偿实践中，纵向支付占据主导性的地位，横向支付所占的比例较低。在纵向支付中，中央对地方的支付占据主导地位，而省级及以下政府的支付所占的比例较低。与此同时，专项支付所占比例过高，一般支付的力度有待增强。

第三，在纵向支付中，许多专项资金分属生态环境、水利、林业和草原等部门，存在专项资金重复设立，资金使用效率不高，管理分散的问题。同时，一般性支付在支付的标准上对生态环境因素的考量不够充分。

第四，横向支付有待优化。一方面，当前横向支付的力度不足，资金较少。另一方面，横向支付的标准不健全，考量的因素不够充分。实践中大多是根据河流跨界断面的水质情况确定补偿数额，这种标准的确定所考虑的因素过于单一，不能很好地反映流域生态补偿的复杂情况。

第五，相关的监督机制不健全。流域生态补偿转移支付的资金大多用于生态保护等相关事项，但是仍然存在接受资金的地方政府将该项资金用于其他行政支出的现象。同时，在横向转移支付中，目前并未形成透明公开的资金管理流程，流域内相关政府共同监管机制不完善。

（二）流域生态补偿财政转移支付制度完善建议

1. 完善转移支付立法

2021 年财政部立法工作安排提出对转移支付领域开展立法研究。② 为此，应当加快立法步伐，可先行制定《转移支付条例》，待时机成熟后制定《转移支付法》。同时，对现行的不合时宜的办法、通知等进行清理、修订，提高立法层级，增强相关法规的稳定性、科学性、民主性、权威性。进而使流域生态补偿转移支付有良好的上位法可依，有良好的下位法可循。

---

① 参见刘剑文：《法治财税论——治理现代化的中国进路》，中国财政经济出版社 2017 年版，第 125 页。

② 《财政部 2021 年立法工作安排》，载财政部官网，http://tfs.mof.gov.cn/caizhengfazhidongtai/202103/t20210326_3676718.htm。

2. 优化财政转移支付结构

首先,加大横向支付力度,横向支付在整个转移支付体系中发挥重要的补充作用,[①]应根据流域生态补偿的事权与支出责任,合理分配横向支付任务,增加横向支付的比例。其次,在纵向支付中,加大一般支付的比例,并且对专项支付予以规制。为此,流域生态补偿应建立一般支付的增长机制,提高其所占比例。最后,省级及以下政府应增加转移支付的数额,提高其在整个流域生态补偿转移支付中的比例。

3. 完善纵向转移支付

对纵向转移支付中与流域生态补偿有关的专项资金予以整合,建立生态环境、水利、林业和草原等部门的联动机制,促进相关信息共享,避免资金的重复设立、管理分散,并提高资金的使用效率。同时,在一般支付中,应当在支付标准的测算中增加对生态环境因素的考量,体现转移支付资金的生态补偿性质。

4. 大力开展横向转移支付

现有流域横向生态补偿实践证明,横向转移支付在生态补偿中发挥举足轻重的作用。为此,应当加大横向转移支付力度,为补偿事业提供更多的资金。同时,应改进横向转移支付的测算标准,在标准的考量因素上,不仅仅考量河流跨界断面的水质情况,还应考量流域的生态价值、上游地区保护和恢复生态的成本、上游地区为保护生态损失的发展机会成本以及下游地区的支付能力和支付意愿。只有综合这些因素,才能得出较科学的支付标准。

5. 加强转移支付监督

针对纵向转移支付中的资金截留、挪用的问题,应当加强对资金转移全过程的监督,形成一套规范有序、透明公开的资金管理流程。既要强化上级政府的监管,也要使下级政府、同级政府、财政部门、审计部门、生态环境部门、流域管理机构参与到监督过程中。同时,应当建立转移支付的信息公开制度,建立转移支付数据库,及时利用网络、媒体、公告或其他渠道公开发布转移支付情况,积极接受社会公众监督。

四、流域生态补偿财政拨付法律制度

在流域生态补偿实践中,不仅存在政府间的支付,还存在向应当获得补偿的组织和个人的财政拨付。财政拨付是一种无对价的拨付行为,具体形式包括拨

---

① 参见杨晓萌:《中国生态补偿与横向转移支付制度的建立》,载《财政研究》2013 年第 2 期。

付行政事业性经费、政府对企业予以补贴、政府对公民予以救济等。[①] 流域生态补偿中的拨付，主要是指政府对受偿的组织或个人给予的财政补贴、奖励。例如，为保护流域生态，在禁渔期间对渔民的补贴，对升级改造或关停企业的财政奖励或补助。

（一）我国流域生态补偿财政拨付制度现状及问题

1. 现状梳理

政府对组织或个人的财政奖励或补贴是实施补偿的重要手段，其广泛存在于补偿实践之中，具备以下特点：第一，补贴和奖励的对象具有特定性，即符合一定条件的组织和个人。第二，补贴和奖励的范围亦具有特定性，即针对河道治理、水污染治理、水环境整治等流域生态保护行为予以补贴和奖励。第三，经济发达地区往往补贴和奖励的标准高，经济欠发达地区往往因为财力不足而实施较低标准。第四，流域生态补偿财政拨付已被纳入法定程序，须遵守相关的财政管理支付制度，并呈现不断规范化的趋势。

2. 存在的问题

第一，财政补贴或奖励的对象及范围需要进一步明确。由于现有补偿制度没有细化受偿的组织和个人，存在应该受偿的主体没有得到补偿的情形。在具体开展补偿工作时，往往更多地考虑保护生态的直接利益牺牲者，对于保护生态的间接贡献者考虑较少。当前财政补贴或奖励的范围过小，并且现有规定过于原则化，需明确细化。

第二，补贴或奖励的标准需完善。当前我国流域生态财政补贴和奖励的标准存在两个方面的问题，一是补贴或奖励的标准过低，例如，对公益林的补助中，国家所有的公益林补助的标准仅为每年 5 元/亩，集体和个人所有的仅为每年 10 元/亩。[②] 二是各地补贴或奖励的标准不一，发达地区所制定的标准高，落后地区所制定的标准低，导致低标准地区的社会公众参与生态补偿的积极性不高，不利于流域生态建设。

第三，财政补贴或奖励产生纠纷时的救济渠道不充分。流域生态补偿所涉及的利益方众多，由于财政补贴或奖励的对象和范围存在不明确的情况，导致补贴奖励不到位，应当获得补贴奖励而未获得，或者数额上少于应给予的数额，抑或相关部门拖延补偿金的发放等问题。当产生这些纠纷时，受偿主体的救济渠

① 参见刘剑文：《财税法——原理、案例与材料》，北京大学出版社 2020 年版，第 109 页。
② 参见江泽慧：《公益林和流域生态补偿机制研究》，中国林业出版社 2013 年版，第 105 页。

道较有限，其获得救济的权利得不到有力保障。

第四，财政补贴或奖励的监管力度不足。流域生态补偿财政拨款中由于监管制度的不健全，会出现补贴或奖励资金被截留、挪用、拖延发放的情况。更有甚者还会出现权利"寻租"，如本不具有接受奖励或补贴的个人或组织，通过权利"寻租"的方式获得受偿资格。

（二）我国流域生态补偿财政拨付法制的完善建议

1. 明确财政拨付的对象及范围

一方面，财政补贴或奖励的对象应当更加明确，根据实践中流域生态补偿实施的具体情况将受偿主体进一步细化，尽可能地考虑全面。同时，对保护流域生态失去发展机会的主体应当与实施流域生态保护行为的主体一视同仁，将失去发展机会的主体纳入补贴奖励对象之中。另一方面，应当明确补贴或奖励的范围，将应当受偿的生态保护行为予以细化，增强可操作性。

2. 完善财政拨付标准

针对流域生态补偿财政补贴及奖励标准过低的问题，应拓展资金来源，增加资金供给，根据当地发展水平、补偿实施情况适当提高标准，并根据实际情况进行动态调整，同时应对贫困边远地区给予适当的资金倾斜。中央政府可以根据合理的计算方式，制定中央标准，地方政府再根据中央标准以及当地的实际情况制定地方标准，但地方标准不得低于中央标准。进而使不同地区补贴奖励差距合理化，激发相关主体参与生态建设的积极性。此外，补偿标准的高低与机会成本具有密切关系，①在制定标准时应将机会成本考量在内。

3. 畅通权利救济渠道

首先，政府应把宣传辅导工作做好，让相关主体知晓有关法律规范及政策。其次，应积极公开相关信息，保障受偿主体的知情权。最后，应当优化救济渠道。当争议产生时，相关组织和个人可以通过向政府及相关部门提出异议，通过政府部门解决纠纷。同时，有关组织和个人还可通过司法途径，以提起行政诉讼的方式解决争议，维护合法权益。

4. 加大财政拨付监管力度

首先，应当加强政府内部监管，严格按照相关流程进行财政拨付，完善财务会计制度，在补偿资金发放后，应当进行定期的评估和不定期的事后检查。其

---

① See Moran D. , McVittie A. , Allcrof Dj et al. , *Quantifying Public Preferences for Agrienvironmental Policy in Scot Land*: *Acomparison of Methods*, Ecological Economics, Vol. 63:3, p. 42 – 53(2007).

次,应当建立惩戒机制,对虚假申报、非法发放补贴或奖励、拖延发放资金的行为予以处罚和约束。最后,应当对财政补贴或奖励的信息予以公开,公开的信息应当包括除国家秘密外的与财政拨付相关的政策、法律规范、补贴奖励情况等事项,进而增强财政透明度,接受社会公众的监督,同时对社会公众的监督予以积极的回应和沟通。

第三节　流域生态补偿财政监督法律制度

我国生态补偿资金有90%以上来自各级政府的财政资金,[①]无监督则无实效。如何对这些资金的管理使用进行有效的监督是生态补偿能否发挥实效的关键因素。

一、财政监督的概念及分类

财政监督,是指国家权力机关、审计机关、财政机关等具有监督职能的机关对财政收入、支出、管理等活动进行的监督。从财政监督的主体上看,权力机关、审计机关、财政机关是最基本的财政监督机关,其他部门及社会公众的监督往往需要通过这三个部门予以审查,进而决定是否启动监督程序。[②] 从监督客体上看,监督的客体是财政财务行为,即财政性资金的收入、管理和使用行为。从监督的内容上看,财政监督包括收入监督、支出监督、会计监督、绩效监督等。[③]

本书主要从监督的主体出发,对财政监督予以划分。根据监督主体的不同可以将财政监督划分为权力机关的监督、财政部门的监督、审计监督、其他部门的监督以及社会公众的监督。

在我国,权力机关的监督,是指各级人大及其常委会通过行使预算监督权进行财政监督,具体包括对预算编制、审批和执行的监督权。[④] 我国还专门设立财政监督专职机构进行财政监督,包括监督评价局、各地监管局以及地方财政监督专职机构。审计监督,是指审计机关通过专业的方式对财政收支所开展的监督。

---

① 参见靳乐山:《前瞻"十四五"|生态补偿机制:促进绿色和均衡发展的重要政策工具》,载中国报道网2020年12月4日,http://www.chinareports.org.cn/djbd/2020/1208/18966.html。

② 参见刘剑文:《法治财税论——治理现代化的中国进路》,中国财政经济出版社2017年版,第150页。

③ 参见贺邦靖:《中国财政监督》,经济科学出版社2008年版,第3页。

④ 参见刘剑文:《财政监督法治化的理论伸张与制度转型——基于财政民主原则的思考》,载《中国政法大学学报》2019年第6期。

在实践中,其他行政机关、公权力组织以及司法机关在一定情况下也能够发挥财政监督的功能。社会监督的监督主体包括社会组织、社会舆论、人民群众、党组织及民主党派,社会监督与前述监督形式同等重要。

二、我国流域生态补偿财政监督的现状及问题

(一)监督现状

实践中,预算监督、财政机关的监督以及审计监督都发挥重要的作用。第一,新《预算法》实施以来,预算监督成为流域生态补偿财政收支活动的重要监督方式。第二,财政机关的监督方式在流域生态补偿财政活动中被广泛运用。第三,审计监督涵盖了与流域生态补偿有关的财政收支活动,相关财政收支往往需要接受审计机关的监督。当然,社会公众的监督也普遍存在。

目前的监督已经基本覆盖了流域生态补偿财政收支活动的全过程,表现为事前、事中和事后全方位的监督。事前性监督是对财政行为合法性的预先审查。例如,补偿资金使用前需要对获取或者使用资金的单位进行审查、评估、论证等。事中性监督表现为对正在开展、尚未完结的财政行为所进行的监督。例如,对正在开展的利用财政资金进行的流域生态环保项目的跟踪性的监督。事后性监督是对已经完结的财政事项所作的审查评价,如对已经完成拨付的补偿金,检查其是否存在发放不当或"寻租"等情况。

(二)存在的问题

第一,不同监督主体之间的监督权限存在交叉及不明确的情形,导致对相关流域生态补偿财政收支活动可能发生无人监督、重复监督的现象。第二,财政绩效评价体系不健全,财政绩效考核的标准较单一,不能全面反映补偿实施情况。第三,财政监督的责任落实还不够到位,在实践中,对相关财政违法行为的追究力度不够,难以产生较强的威慑力。第四,流域生态补偿财政活动的公开力度不够,在实践中,存在相关资料公布不全面、公开不及时、公开渠道不充分等问题。第五,流域生态补偿事后监督力度不够,实践中,流域生态补偿开展的过程中往往缺少"回头看",使相关问题难以被发现。

三、我国流域生态补偿财政监督制度的完善建议

(一)明确监督权责

权力机关、财政机关、审计机关、其他相关行政机关、公权力组织以及司法机关,应当根据相关法律规范规定的权责范围及程序行使监督权。当监督权发生

冲突或推诿时,应结合彼此的权限范围、法律依据的层级、介入监督的时机以及考虑监督的效率性来进行财政监督,避免流域生态补偿财政事项"无人监督"或"重复监督"。同时,应当明确不履行监督或滥用监督权的法律责任,通过明确责任的方式促使相关监督机关切实履行自身的监督职责。

(二)健全财政绩效评价制度

首先,应当明确财政部门、生态环境部门、流域管理机构、流域生态保护项目管理单位等相关主体在财政绩效评价中的职责。其次,应当明确流域生态补偿财政资金绩效评价的标准和方式,在标准上应考虑经济、环境等多元因素,在方式上应根据流域生态补偿的不同情形分门别类地开展绩效评价。① 最后,应当将绩效考核的结果与下一步的财政资金安排挂钩。对于绩效考核不达标的在下一步的资金安排时应减少数额;对于绩效考核达标或优良时,在下一步的资金安排时考虑增加数额,以此促进财政资金的合理、高效利用。

(三)落实财政监督责任

在流域生态补偿的实践中,有时存在"有监督,无责任"的情形,使监督徒于形式,无法发挥财政监督的应有功效。一方面,对于流域生态补偿中的财政违法行为,应当加大责任落实力度,将违法责任落实到具体部门、具体项目、具体负责人,提高监督的严肃性和权威性。另一方面,应当进一步明确财政违法行为的处理措施,如追缴挪用资金、扣缴财政资金、追究责任人法律责任等形式。

(四)增强财政公开力度

流域生态补偿所涉及的财政资金具备公共属性,同时这些资金的利用管理涉及多方主体的利益,应将除国家秘密外的相关内容积极地公开,主动接受公众监督。相关部门应当将补偿资金的管理使用情况作为政府信息中的主动公开项目,公布的内容应当包括资金情况、补偿对象情况、补偿项目的具体明细等信息。不仅如此,还应当畅通社会公众的举报检举渠道,当社会公众发现财政违法行为时,能够通过明确、便利的方式实现监督,保障社会监督功能的发挥。

(五)强化事后监督

强化事后性监督,实现补偿实施的全过程监督。这要求监督主体对财政资金的最终流向应当作出有效监督,一旦发现专项资金被侵吞、挪用,立即处理,不因财政事项的完成而结束监督。同时,对已经完成的流域生态保护项目要开展

---

① 参见王金南、刘桂环等:《流域生态补偿与污染赔偿机制研究》,中国环境出版社 2014 年版,第 129 页。

事后审查,不能因为项目的完成便可"一劳永逸"。不仅如此,还应当强化对流域生态中财政违法违纪行为的事后追责,这样能够促使相关主体审慎开展财政活动,保障相关财政行为的合法合规。

第四节 流域生态补偿方式多元化背景下的财政法制走向

党的十八大以来,探索并推进流域生态补偿市场化、多元化成为新时期制度改革的新方向、新思路。建立多元化的补偿模式是新时期补偿工作的必然要求,但相关的财政法律制度如何作出回应需深入探讨。

一、我国流域生态补偿方式多元化的顶层设计

党的十八届三中全会提出要推行排污权和水权交易制度,以期能够吸引广大社会资本投入到生态环境建设之中。2016 年,国务院办公厅印发的《关于健全生态保护补偿机制的意见》提出要探索和建立多元化的机制以实施生态补偿。随后,党的十九大报告中进一步明确提出了要建立市场化、多元化的生态补偿机制。2019 年,国家发改委、财政部等九个部门共同印发《建立市场化、多元化生态保护补偿机制行动计划》(以下简称《计划》)对建立多元化补偿模式的要求、重点任务、配套措施等提出详细的制度安排。党的十九届五中全会进一步强调推进排污权、用水权市场化交易,完善市场化、多元化生态补偿。2021 年 3 月 1 日起实施的《长江保护法》第 76 条明确国家鼓励市场化的补偿方式。这些政策方针、法律规范为市场化、多元化生态补偿指明方向。

二、流域生态补偿方式多元化的必要性与可行性

(一)必要性分析

采取多元化的补偿方式是流域生态补偿事业进一步发展的必然趋势,其必要性表现在下列三个方面:

第一,健全流域生态补偿制度、推动可持续发展的需要。实践证明,多元化的政策更有利于可持续发展。对流域生态补偿领域来说,多元化方式能够充分发挥各种补偿方式的优势,实现"1 + 1 > 2"的效应,进而推动流域可持续发展。

第二,促进补偿模式创新、实现补偿事业新发展的现实需要。当前政府补偿模式面临制度瓶颈,在运行的过程中存在资金利用效率不高、补偿标准不科学、

监管不善等问题。引入市场化的补偿模式,积极开展水权交易、排污权交易、生态标记等补偿方式,有利于打破现有制度瓶颈,为推动补偿事业发展提供新路径。

第三,有助于拓展补偿资金来源,发挥市场补偿的优势。当前政府提供的补偿资金难以满足流域生态补偿的巨大资金需求。市场化的补偿方式具有平等、自愿、有偿、广泛、灵活等特点,能够保障相关利益主体广泛、平等、自愿地表达诉求,这既能够为资金的筹集提供更多渠道,又能够激发广大社会主体积极参与到补偿事业之中。

(二)可行性分析

从可行性的维度来看,建立多元化补偿方式的可行性包括以下几点内容:

一是顶层设计的支撑。如前文所述,在政府补偿方式不断强化的同时,多元化的补偿方式也日益受到党和国家的重视。党和国家陆续出台了一系列推动市场化补偿的方针政策和法律规范,为市场补偿方式的开展提供明确的指引和保障。

二是已有的市场化补偿实践取得良好成效。当下,我国已在多个地区运用了排污权交易、水权交易、碳交易等补偿方式。例如,在全国多个省份开展排污权交易试点、建立全国性的水权交易平台。实践证明,采取多元化的市场补偿模式是可行的,其是政府补偿模式的有益补充,二者应协同发展。

三是从域外经验考察的角度看,市场化的补偿方式具有可行性。域外许多国家市场补偿模式十分发达,一些国家在流域生态补偿实践中采用受益方向生态服务提供方支付费用的方式实现对流域生态保护贡献方的补偿。还有一些欧美国家设立森林基金、水基金等市场化运作的基金,用于流域生态系统的改善。①这些域外实践证实市场补偿模式切实可行,能够为我国提供先进经验。

三、流域生态补偿方式多元化趋势下的财政法律制度回应

(一)强化财政在流域生态补偿中的基础地位

纵览流域生态补偿全局,财政发挥基础性作用。在当下的流域生态补偿实践中,财政资金主要源自从中央到地方的纵向转移支付以及地方政府间的横向转移支付,而市场补偿模式还处于初步发展阶段,完善的市场补偿机制还未确

① See Joslin A., *Translating Water Fund Payments for Ecosystem Services in the Ecuadorian Andes*, Development and Change, Vol. 51:1, p. 94 – 116(2020).

立,难以提供较多的补偿资金。即使市场补偿模式蓬勃发展,政府补偿模式仍然占据主导地位,流域生态补偿依然离不开财政的支持。为促进市场补偿模式多元化发展,应坚持财政在补偿事业中的基础性地位。当然,财政功能的发挥离不开健全的财政法律制度的保驾护航,应当不断健全财政法律制度,通过完备高效的财政法律制度推动补偿的制度化、持续化。

(二)健全财政法律制度,为市场化补偿提供指引和激励

财政具有配置相关的资源、维护市场的统一秩序、保障社会公平等方面的职能。[①] 财政是政府补偿模式的核心,同样也在市场补偿模式中产生巨大作用。健全的财政法律制度能够激励市场补偿的开展,使市场补偿模式的落实事半功倍。为此,财政法制可从下列 3 个维度指引和激励市场补偿模式的发展。

一是利用财政政策激励市场主体参与到补偿之中。例如,对于减少排污的企业给予财政补贴或税收优惠,通过税收优惠增强生态补偿融资能力;[②]允许企业的节能环保设备加速折旧,企业为流域生态而支出的直接费用可以税前扣除,对水权交易或排污权交易所得免征所得税等。

二是政府参与到市场交易之中。例如,政府可以推进绿色采购,利用财政资金采购绿色产品或服务。政府还可以在排污权交易和水权交易中发挥财政的宏观调控功能,当市场上水权和排污权过剩时,政府可作为市场参与主体将其购买,在水权或排污权缺乏时再将其投入市场,进而调控水权与排污权交易的市场价格,实现排污权、水权交易的平稳发展。

三是通过财政资金与社会资本的融合,充分发挥这两种资金的不同优势开展流域生态补偿项目。例如,政府和社会资本共同建立流域生态补偿基金,通过政府引导和监管、市场运作的方式实现流域生态补偿的目的。实践中,新安江流域的黄山市政府吸引社会资本,共同建立新安江绿色发展基金,取得良好成效。[③]

(三)政府补偿与市场补偿协同推进

政府补偿与市场补偿之间并非对立关系,而是协同发展、并驾齐驱的关系。其中,财政发挥联系二者的纽带性作用。这种纽带作用体现在,相关财政法律制度的完善既要考虑政府补偿因素,也要考虑市场补偿因素,要将二者放在同等重要的位置。流域生态补偿财政法律制度的完善应当以推动补偿模式多元化发展

---

① 参见陈共:《财政学》,中国人民大学出版社 2020 年版,第 16 页。

② 参见熊进光、徐丽媛:《我国生态税实现生态补偿的法律思考》,载《税务研究》2013 年第 7 期。

③ 参见李晓佳:《首个跨省流域生态补偿试点:拒绝 180 个污染项目,设 20 亿绿色发展基金》,载中国水网 2017 年 10 月 13 日,https://www.h2o-china.com/news/264814_2.html。

为目标,再通过具体的税费、财政支出、财政监督法律制度落实以实现这一目标。

财政在国家治理中发挥基础性、支柱性作用,完备的财政法律制度是流域生态补偿稳步推进的前提和基础。面对补偿市场化、多元化的发展趋势,相关财政法律制度应当予以积极回应,为补偿多元化发展提供财政支撑,发挥财政对市场补偿模式的引导和激励作用。

第十章　生态补偿财政法律制度实证研究：以湘江流域为例

2021年1月21日，全国生态环境保护大会在北京召开，会议从国家战略层面提出深化生态保护监管体系建设，持续推进山水林田湖草生态保护修复工程。① 2021年3月1日，中国第一部流域保护法——《长江保护法》颁布施行，表明我国构建流域生态保护制度体系的决心与勇气。近年来，我国经济蓬勃发展、城镇化进程不断推进，江河湖海、土壤森林等生态资源的污染问题日益严重。生态环境作为有限公共产品，既关乎当代人的切身利益，也关系下一代人的民生福祉，当前对绿水青山的保护迫在眉睫。

流域生态补偿是流域内部进行水资源等的合理有效分配，以平衡区域内生态利益的调节的过程。20世纪90年代初期，我国开始流域生态补偿实践，如流域内区域政府间的生态利益补偿、流域内跨区域调水或协力恢复自然环境的生态利益补偿、退田还湖的生态利益补偿等。我国流域生态补偿案例最早可追溯到1995年浙江省金华——磐安基于异地开发所开展的生态补偿。②

20世纪50年代起，有关学者一直对湘江流域的人文

---

① 《全国生态环境保护工作会议在京召开》，载生态环境部官网2021年1月22日，https://www.mee.gov.cn/xxgk2018/xxgk/xxgk15/202101/t20210122_818385.html。

② 参见董正举、严岩、段靖、王丹寅：《国内外流域生态补偿机制比较研究》，载《人民长江》2010年第8期。

地理、水质水量等方面进行研究，其中水质方面的研究最多。湘江发源于湖南省蓝山县[①]，与资江、沅江、澧水等河流经洞庭湖汇入长江，作为长江的主要支流之一，湘江沿岸不仅孕育了湖南人民的子孙后代，还铸就了湖湘文化的深厚底蕴。湖南历来有“有色金属之乡”的美称，新中国成立后，沿江设立的工业污水、未处理的生活污水、农业养殖废水等肆意排入江中，造成水体富营养化。1957 年，湘江水质总体良好。而 1979 年，中国科学院地理科学与资源研究所把湘江列为污染最严重的河流之一。

为构建湘江流域生态补偿机制，中共湖南省委、湖南省人民政府等部门高度重视并积极探索，制定了一系列法规政策，使湘江流域的污染问题有了部分改善。本章以湘江流域为切入点，借鉴其治理经验的同时，总结经验教训，挖掘生态补偿机制可供完善的方面。

第一节　湘江流域生态补偿机制的实施

一、湘江流域生态补偿机制的区域特点

（一）河流特性导致治理难度大

发源于湖南省永州市蓝山县的湘江，干流全长 844 公里，流域面积 94，660 平方公里，其中湖南省内 85，383 平方公里，是湖南省内流域面积最大的河流。其干流依次流经湖南省永州市、衡阳市、株洲市、湘潭市、长沙市、岳阳市，从岳阳市的城陵矶注入长江。湘江流经城市多、流域面积大，各市级行政单位分块进行管理，水污染的治理必须在省政府主导、各市政府合意的基础上，构建起流域治理机制。各级人民政府作为百姓的传声筒，大多以地区利益为重，在广泛采纳意见、构建区域间生态补偿机制框架时，由于“众口难调”、出现“多龙治水”的局面，难以形成有效的治理合力。同时污染产业退出和生态环境保护需要大量资金投入，湘江流域上游的永州、郴州等城市，社会经济发展水平比下游的长沙、株洲等城市落后，地方经济难以支撑其环境污染治理；而下游地区社会经济发展水平较高，对湘江水质有较高的要求，非常依赖上游的环境治理

---

① 湘江的河源存在争议，主流两种观点：一种认为是湖南省蓝山县；另一种认为是广西壮族自治区兴安县。2011 年，国务院水利普查办和水利部认定，湖南省蓝山县至苹岛河段（潇水）为湘江干流，广西壮族自治区兴安县至苹岛河段（原湘江上游）为湘江支流，故湘江的河源为湖南省蓝山县。杨子江：《湘江起源争议的定论说明了什么》，载湖南省水利厅官网，http://slt.hunan.gov.cn/slt/ztzl/YSSY/201810/t20181018_5130349.html。

效果。经济实力不匹配导致上下游地区在污染治理方面的能力不对称，进一步加大治理难度。

河流治理与生态环境恢复，也离不开河流自身水文因素的影响。湖南省地处亚热带季风气候区，夏季高温多雨、冬季温和少雨，省内大部分河流雨热同期，水资源年内分布不均，河流季节性变化大、旱涝两类极端灾害比较严重，如1998年的特大洪水灾害。加之三峡水库蓄水发电以来，上游来水周期改变造成洞庭湖生态水位降低，湘江干流长株潭段的水位逐年创历史新低，也给湘江治理增加了不确定因素。此外，工业污水、城市生活污水和农业废水等的排放也是一大问题，湘江流域的治理要在减少污水排放和增加清洁水汇入两方面下功夫。枯水期河流的自净能力减弱，必须仰赖外界的补给，无形中增加了治理成本。

（二）生态好转但改善进程缓慢

1979年，湖南人民就开始了恢复湘江生态环境的实践，如湖南省人民政府制定的《湘江水系保护暂行条例》。总体来说，生态好转比较明显（见图10－1），但湘江断面抽检Ⅰ～Ⅲ类水质从84.79%～91.68%，前后用了4年时间，水质改善的进程相对比较缓慢。2017～2021年，湘江的水质总体变化不大，断面抽检劣Ⅴ类水质一直控制在1%以内。144个月份中，断面检测主要污染物氨氮111次，总磷91次，化学需氧量78次，砷59次，氟化物51次，溶解氧42次，5日生化需氧量37次，高锰酸盐17次，石油类7次，镉6次，阴离子表面活性剂5次，挥发酚2次，汞1次。①

湘江流域水质优化，既要求现有污水存量减少，也要求现有清洁水增量增多。前者如增加污水处理设备、城市生活污水无害化处理后再排放等，后者如加强上游地区退耕还林、提高水土涵养能力等。湖南省作为稻米大省，水稻种植占据重要地位，湘江沿岸便利的灌溉环境，为湖南的稻米种植提供天然条件，培育出如金健大米、角山大米等知名品牌。退耕还林工程补助金远不如毁林开荒的收益，基于利益权衡，退耕还林积极性不高，森林涵养水源恢复效果不佳，生态改善进程缓慢。此外，水稻种植需定期施肥和喷洒农药，化肥产品和农药中的元素与排入水中的污水进行反应，造成化学需氧量等污染物持续超标。

① 根据湖南省生态环境厅公布的2020～2021年湖南省地表水水质状况整理得出。

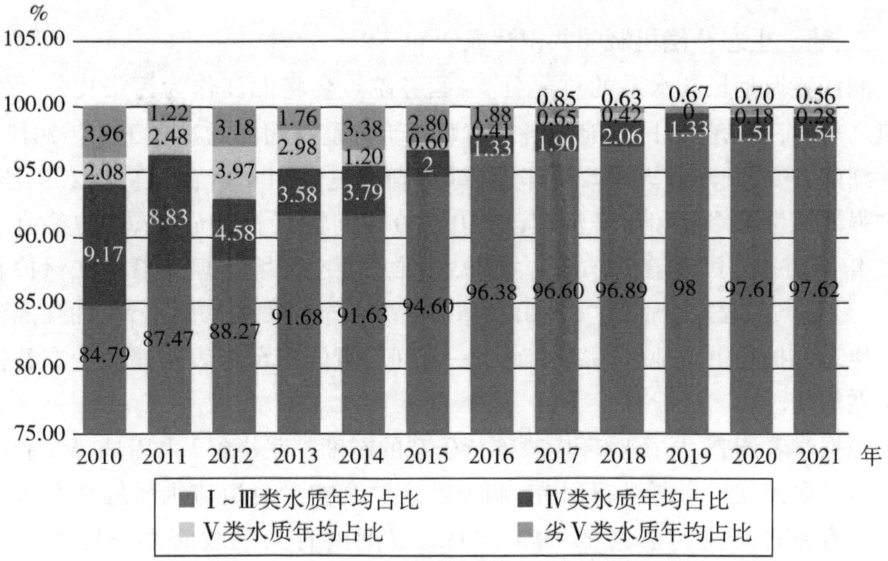

图10-1　2010~2021年湘江地表水水质状况

数据来源：根据2010~2021年湖南省生态环境厅公布的湘江地表水水质状况整理得出。①

（三）产业升级等设施建设滞后

湘江沿岸是湖南省内工业化与城镇化发展最快的区域，丰富的矿产资源使沿岸有色金属冶炼工业企业众多，产业结构不尽合理。部分企业为节约成本，减少污水净化设施的使用频率，导致工业废水直接倾入江中，造成氨氮等超标，水体富营养化。《环境保护法》2014年修订后，污水处理设备的标准提高。当前经济发展速度平稳，传统产业进入瓶颈期，企业发展转型困难。在行业盈利日趋减少的背景下，部分企业不具备及时购买相应高科技污水处理设备的能力，设备革新困难，只能消极地任由企业以牺牲环境来换取发展。

湘江的水污染源较复杂，工业企业废水只是污染的一方面，城市污水和生活垃圾对水资源环境的影响也不容小觑。城市垃圾无害化处理基础设施的建设有所滞后。② 传统主要依靠自然沟渠排污或者将垃圾填埋至城市郊区，如黑麋峰垃圾填埋场，这都直接或间接地对湘江造成污染。

① 参见《湖南省地表水水质状况》系列报告，载湖南省生态环境厅官网2022年5月8日，http://sthjt.hunan.gov.cn/sthjt/xxgk/zdly/hjjc/hjzl/shjzl/dbs/index.html。

② 参见曾献超、匡跃辉：《打造"东方莱茵河"——湘江水污染治理十年回顾与展望》，载《湖南行政学院学报》2013年第2期。

二、建立生态补偿机制的共识达成

湘江流域是长江水系的重要分支,国务院点名将湘江作为污染比较严重的河流之一后,湖南省人民政府与各地方政府十分重视湘江的治理工作。2012 年,中共湖南省委、湖南省人民政府印发《绿色湖南建设纲要》(湘发〔2012〕9 号)明确加强湘江生态修复和污染治理,用 10 ~ 20 年将湘江打造成"东方的莱茵河"。2017 年湖南省人民政府工作报告指出,要推进生态环境治理。以湘江保护和治理"一号重点工程"为抓手,实施山水林田湖草生态保护和修复工程,加强湘江源头的生态保护和重点地区污染整治。一系列政策的出台都表明建立生态补偿机制迫在眉睫。

根据学者调查,居民对环境改善持乐观的态度。张小红[①]采用选择实验法对湘江沿岸居民支付意愿进行研究,调查发现被调查者对河流水质标准和重金属的支付意愿占总支付意愿的 60% 左右。以湖南省人民政府办公厅关于印发《〈湘江流域重金属污染治理实施方案〉工作方案(2012—2015 年)》(湘政办发〔2012〕56 号)的通知明确的总投资 595 亿元为参考标准,其 50 年治理环境的收益将约为 1074 亿元,远超投入的 595 亿元。可见,湘江的治理是一个边际效益递增的过程,其收益要远高于当前付出的成本。可持续发展理论持续推进,建立生态补偿机制具有必然性。

三、生态补偿机制的日臻完善

2009 年,生态环境部将湘江列入"国家水体污染控制与治理科技重大专项"。2013 年,《湖南省湘江保护条例》作为中国第一部江河流域保护的综合性地方性法规施行,启动了湘江保护与治理的"一号重点工程"。在此基础之上,中共湖南省委、湖南省人民政府对湘江治理提出更高的要求,明确打造"东方莱茵河"的基本目标。随着相关政策和生态补偿文件的不断颁行,生态补偿机制正日臻完善(见表 10 - 1),但也存在一些问题。如 2014 年,湖南省财政厅、湖南省环境保护厅、湖南省水利厅《关于印发〈湖南省湘江流域生态补偿(水质水量奖罚)暂行办法〉的通知》(湘财建〔2014〕133 号)规定:"生态补偿资金以年为单位进行结算。各地湘江流域生态效益补偿额合计为正数的,省财政将生态补偿资金通

① 参见张小红:《基于选择实验法的支付意愿研究——以湘江水污染治理为例》,载《资源开发与市场》2012 年第 7 期。

过转移支付安排市县；合计为负数的，省财政在办理年度结算时予以扣缴。”此条规定并未明确湘江流域生态效益补偿额的具体数额标准，执行时任意裁量的幅度较大。

表 10－1　1979～2021 年湖南省湘江流域与生态补偿有关的文件

时间	制定机关	文件
1979 年	湖南省人民政府	《湘江水系保护暂行条例》
1997 年	长沙市人大常委会	《湘江长沙段饮用水水源保护条例》
1997 年	湖南省人大常委会	《湖南省实施〈中华人民共和国水法〉办法》(1997 年修正)
1998 年	湖南省人大常委会	《湖南省湘江流域水污染防治条例》
1999 年	湖南省人民政府	《关于印发〈湖南省生态环境建设规划〉的通知》(湘政发〔1999〕9 号)
2002 年	湖南省人大常委会	《湖南省实施〈中华人民共和国水法〉办法》(2002 年修正)
2002 年	湖南省人大常委会	《湖南省湘江流域水污染防治条例》(2002 年修正)
2003 年	湖南省人民政府	《关于印发〈湘江长沙株洲湘潭段生态经济带开发建设总体规划〉的通知》(湘政发〔2003〕21 号)
2004 年	湖南省人大常委会	《湖南省实施〈中华人民共和国水法〉办法》(2004 年修正)
2004 年	湖南省人民政府	《关于进一步加强湘江流域水污染防治工作的通知》(湘政发〔2004〕19 号)
2005 年	湖南省人大常委会	《湖南省湿地保护条例》
2005～2007 年	湖南省环保厅	环保三年行动计划
2007 年	永州市人民政府办公室	《关于印发永州市湘江流域“十一五”水污染防治规划的通知》(永政办发〔2007〕4 号)
2008 年	湖南省人民政府	《关于印发〈湘江流域水污染综合整治实施方案〉的通知》(湘政发〔2008〕14 号)
2008 年	中共湖南省委、湖南省人民政府	首次提出“把湘江打造成东方的莱茵河”，正式启动为期 3 年的“千里湘江碧水行动”

续表

时间	制定机关	文件
2008～2010年	湖南省人民政府	城镇污水处理设施建设的三年计划，到2010年年底，实现污水处理系统覆盖全省的目标
2009年	环保部	《湘江水环境重金属污染整治关键技术研究与综合示范实施方案》列入“国家水体污染控制与治理科技重大专项”
2009年	湖南省人民政府	《湖南省湘江流域生态环境综合治理规划（送审稿）》
2012年	湖南省人民政府办公厅	《关于印发〈湘江流域重金属污染治理实施方案〉工作方案（2012～2015年）的通知》（湘政办发〔2012〕56号）
2012年	长沙市人民政府办公厅	《关于印发〈长沙市境内河流生态补偿办法（试行）〉的通知》（长政办发〔2012〕3号）
2012年	长沙市环境保护局	《关于印发〈长沙市境内河流生态补偿实施细则（试行）〉的通知》（长环发〔2012〕28号）
2012年	湖南省人大常委会	《湖南省湘江保护条例》
2013年	湖南省人民政府办公厅	《关于印发〈湘江流域科学发展总体规划〉的通知》（湘政办发〔2013〕7号）
2013年	湖南省人民政府办公厅	《关于印发〈湖南省实行最严格水资源管理制度考核办法〉的通知》（湘政办发〔2013〕62号）
2014年	湖南省财政厅、湖南省环境保护厅、湖南省水利厅	《关于印发〈湖南省湘江流域生态补偿（水质水量奖罚）暂行办法〉的通知》（湘财建〔2014〕133号）
2015年	湖南省财政厅、湖南省水利厅	《关于印发〈湖南省水资源专项资金管理办法〉的通知》（湘财农〔2015〕31号）
2016年	湖南省人民政府办公厅	《关于印发〈湖南省湘江保护和治理第二个“三年行动计划”（2016～2018年）实施方案〉的通知》（湘政办发〔2016〕26号）
2016年	湖南省人民政府办公厅	《关于印发〈湖南省生态环境损害赔偿制度改革试点工作实施方案〉的通知》（湘政办发〔2016〕90号）

续表

时间	制定机关	文件
2017 年	长沙市人大常委会	《长沙市湘江流域水污染防治条例》
2017 年	湖南省人民政府办公厅	《关于健全生态保护补偿机制的实施意见》（湘政办发〔2017〕40 号）
2017 年	湖南省人民政府办公厅	《关于印发湖南省生态环境损害赔偿管理有关制度的通知》（湘政办发〔2017〕82 号）
2018 年	湖南省财政厅、湖南省发展和改革委员会、湖南省水利厅	《关于印发〈湖南省水资源费征收使用管理实施办法〉的通知》（湘财综〔2018〕40 号）
2018 年	湖南省人民政府	《关于印发〈湖南省污染防治攻坚战三年行动计划（2018～2020 年）〉的通知》（湘政发〔2018〕17 号）
2018 年	湖南省人大常委会	《湖南省湘江保护条例》（2018 年修正）
2019 年	湖南省财政厅、湖南省生态环境厅、湖南省发改委、湖南省水利厅	《关于印发〈湖南省流域生态保护补偿机制实施方案（试行）〉的通知》（湘财资环〔2019〕1 号）
2019 年	湖南省财政厅、湖南省生态环境厅	《关于印发〈湖南省环境空气质量奖惩暂行办法〉的通知》（湘财建二〔2019〕2 号）
2019 年	湖南省生态环境厅党组	《湖南省生态环境保护工作“四严四基”三年行动计划（2019～2021 年）》
2019 年	湖南省财政厅、湖南省自然资源厅	《关于印发〈湖南省自然资源保护和利用专项资金管理办法〉的通知》（湘财资环〔2019〕9 号）
2019 年	湖南省人民政府办公厅	《关于印发〈湖南省湘江保护和治理第三个“三年行动计划”（2019～2021 年）实施方案〉的通知》（湘政办发〔2019〕62 号）
2019 年	湖南省财政厅	《关于印发〈湖南省重点生态保护修复治理资金管理实施细则〉的通知》（湘财资环〔2019〕3 号）
2020 年	湖南省人大常委会	《湖南省湿地保护条例》（2020 年修正）
2020 年	湖南省财政厅、湖南省生态环境厅	《关于印发〈湖南省主要污染物排污权有偿使用收入征收使用管理办法〉的通知》（湘财税〔2020〕19 号）

续表

时间	制定机关	文件
2020 年	湖南省财政厅、湖南省住房和城乡建设厅	《关于印发〈全省乡镇污水处理设施建设四年行动财政奖补办法〉的通知》(湘财建〔2020〕42 号)
2021 年	湖南省人大常委会	《湖南省湿地保护条例》(2021 年修正)

资料来源:根据法律法规数据库及学者论文①整理得出。

四、财税政策发挥作用

生态环境属公共产品,国家是公共产品的提供者,财税政策是国家进行生态环境建设、恢复的重要工具。2008 年开始,湖南省人民政府投入资金用于湘江流域水污染的治理。2010 年,中央投入 5.2 亿元对湘江 46 个重金属污染治理项目进行治理,财税政策的作用已初步显现(见表 10 – 2)。

表 10 – 2　2008 ~ 2021 年湘江流域资金投入情况

时间	部门	投入资金	内容
2008 年	湖南省人民政府	15 亿元	加强流域内冶金、化工、轻工业的污染源整治和企业产业升级
2008 ~ 2010 年	湖南省人民政府	174 亿元	启动"千里湘江碧水行动",首次对湘江进行全流域联动整治
2010 年	中央	5.2 亿元	支持湘江 46 个重金属污染治理项目
2010 年	湖南省人民政府	21.5 亿元	保障城镇污水和垃圾处理设施建设的资金需要
2010 年	湖南省人民政府	8 亿元	治理采煤沦陷区、湘江流域重金属污染、地质灾害和矿山环境
2011 年	国务院	595 亿元	完成 927 个项目
2011 年	湖南省人民政府	4.78 亿元	其中 4 亿元用于实施湘江流域重金属污染综合治理
2011 年	湖南省人民政府	2000 万元	支持长株潭地区开展排污权交易试点

① 参见曾献超、匡跃辉:《打造"东方莱茵河"——湘江水污染治理十年回顾与展望》,载《湖南行政学院学报》2013 年第 2 期。

续表

时间	部门	投入资金	内容
2010~2011年	国家发展和改革委员会	31亿元	其中16亿元用于支持湘江城镇污水垃圾处理设施的建设、结构调整、节能和循环经济项目建设
2011年	环保部、财政部	安排中央专项补助资金已超7.2亿元	其中3亿元用于重金属污染治理
2012年	湖南省人民政府	省内节能环保支出105.3亿元	其中28.8亿元用于推进农村环境连片整治、湘江流域重金属污染治理等"十大环保工程";筹措18.7亿元用于实施湘江长沙综合枢纽蓄水后污染防治项目
2013年	湖南省财政厅	省内节能环保支出120.2亿元	继续推进农村环境连片整治、湘江流域重金属污染治理等"十大环保工程",开展水质良好生态湖泊环境保护试点
2014年	湖南省人民政府	省内节能环保支出129.2亿元	实施湘江保护和治理"三年行动计划",支持关闭9万吨以下落后小煤矿
2015年	湖南省人民政府	省内节能环保支出147.8亿元	湘江治理第一个"三年行动计划",堵住污水废水排放源头的目标初步实现,完成9万吨以下落后小煤矿关闭任务
2016年	湖南省人民政府	省内节能环保支出155.5亿元	其中10.5亿元用于在洞庭湖区开展水环境综合治理五大专项行动;支持41个国家重点生态功能区县采取政府和社会资本合作模式①
2017年	湖南省人民政府	17.1亿元	(1)实施湘江保护与治理第二个三年行动计划,引导激励流域市县加大治理力度;(2)省级累计投入22亿元,全面完成洞庭湖水环境综合治理五大专项行动。创新环保投入机制,政府参与的污水、垃圾处理项目全面实施政府和社会资本合作模式
2018年	湖南省人民政府	49亿元	启动新一轮洞庭湖生态环境专项整治、湘江保护和治理"一号重点工程"。创新环保投入方式,与重庆市签订跨省流域生态补偿协议

① 政府和社会资本合作模式,是指在政府公共部门与民营部门合作过程中,使非公部门所掌握的资源参与提供公共产品和服务,从而解决生态治理问题,并为民营部门带来利益。

续表

时间	部门	投入资金	内容
2019 年	湖南省人民政府	79 亿元	(1)健全生态保护长效机制; (2)以奖代补、以奖促治引导市县加大投入,推进“一江一湖”深度治理和山水林田湖草生态修复试点。与重庆市、江西省共建跨省流域生态保护补偿机制,省内市县全部纳入“四水”流域生态补偿范围,真正做到“谁保护、谁受益,谁污染、谁补偿”。改革重点生态功能区转移支付办法
2020 年	湖南省人民政府	省内生态环保投入 437 亿元	(1)着力推进污染防治; (2)支持打好“蓝天、碧水、净土”等标志性战役,推进“一江一湖”深度治理和山水林田湖草生态修复试点,完成长江流域重点水域禁捕退捕和全省野生动物禁食退养,推动建制镇(乡)生活污水处理设施全覆盖
2021 年	湖南省人民政府	省内生态环保投入 361 亿元	(1)持续加大环保投入,推进生态文明建设; (2)支持打好“蓝天、碧水、净土”保卫战。落实湘渝、湘赣省际流域补偿协议,省内流域补偿实现“一湖四水”全覆盖; (3)湘江保护和治理第三个“三年行动计划”圆满收官

资料来源:根据全国财政数据及湖南省财政厅公布的预算执行情况整理得出。①

第二节　湘江流域生态补偿机制存在的不足

生态环境属于典型的公共产品,其外部性等决定了当市场机制失灵时,政府介入的必然性与必要性。党的十八届三中全会提出建立生态补偿机制,各省市积极进行探索,成果显著,如首个跨省流域水资源补偿实践——新安江流域已开始第三轮试点工作。事实证明,财税制度在生态治理和生态保护中功不可没。然而,生态补偿机制本身、地方政府的建设重点等还存在一定的不足。湘江作为湖南的母亲河,其生态补偿机制的实践也存在一些不足。

① 参见《湖南省预算结算报告》系列报告,载湖南省财政厅官网 2022 年 5 月 8 日,http://czt.hunan.gov.cn/czt/ztzl/hnczysgk/ysjsbg/index.html。

一、法律法规相关规定仍不健全

1979 年，湖南省人民政府制定《湘江水系保护暂行条例》，到现在 40 余年间，湖南省人民政府及市县政府累计制定相关规范性文件 50 余部。在制定和完善相关规范性文件的同时，法律法规层面存在的问题也逐渐暴露。湖南省内效力等级最高的文件是 2012 年湖南省人大常委会通过的《湖南省湘江保护条例》，其第 68 条明确建立湘江流域生态补偿机制，并规定补偿的主体是"省人民政府及设区的市人民政府"，补偿的对象是"为修复和改善湘江生态系统受到直接利益损失的单位和个人"。又如，长沙市环境保护局《关于印发〈长沙市境内河流生态补偿实施细则（试行）〉的通知》（长环发〔2012〕28 号）第 5 条规定："河流生态补偿按超标补偿实施……"此条规定只有单向的补偿，即补偿的主体只限定在上游地区，欠缺下游地区也要承担补偿责任的明确规定。若上游地区积极采取环境保护工作，下游地区是否应当予以补偿？

规范性文件还存在有效期长短不同的缺陷。有的有效期为 3 年，如湖南省财政厅、湖南省水利厅《关于印发〈湖南省水资源专项资金管理办法〉的通知》（湘财农〔2015〕31 号），湖南省财政厅、湖南省自然资源厅《关于印发〈湖南省自然资源保护和利用专项资金管理办法〉的通知》（湘财资环〔2019〕9 号）；有的有效期为 4 年，如湖南省财政厅《关于印发〈湖南省重点生态保护修复治理资金管理实施细则〉的通知》（湘财资环〔2019〕3 号）；有的有效期为 5 年，如湖南省财政厅、湖南省发展和改革委员会、湖南省水利厅《关于印发〈湖南省水资源费征收使用管理实施办法〉的通知》（湘财综〔2018〕40 号），湖南省财政厅、湖南省生态环境厅《关于印发〈湖南省主要污染物排污权有偿使用收入征收使用管理办法〉的通知》（湘财税〔2020〕19 号）。由于文件生效时间存在时间差，前后文件该如何衔接，如何保证生态补偿项目的连续性，并无明确规定。

二、补偿机制本身尚待完善

生态补偿标准，是指参考一定的标准对生态保护者进行补偿，是生态补偿机制的重要因素，既包括生态补偿客体的自然资本、环境治理或恢复的现实成本，也包括对保护区居民的部分补偿和保护区因环境保护行为而丧失的机会成本。[①]

① 参见曹明德：《对建立生态补偿法律机制的再思考》，载《中国地质大学学报（社会科学版）》2010 年第 5 期。

2012年,长沙市人民政府办公厅《关于印发〈长沙市境内河流生态补偿办法(试行)〉的通知》(长政办发〔2012〕3号)第7条和长沙市环境保护局《关于印发〈长沙市境内河流生态补偿实施细则(试行)〉的通知》(长环发〔2012〕28号)第9条均规定:"流域单因子补偿资金按以下计算方式予以确定:流域单因子补偿资金=当月断面水量×补偿标准×(断面水质监测指标值-断面水质达标值)×系数(出境地表水环境标准值÷入境地表水环境标准值)。补偿资金为各单因子补偿资金之和。"上述两条虽规定了补偿资金,但补偿标准仍然未作具体规定,辅之以其他的条文也难以确定长沙市境内河流的生态补偿标准。

同时,生态补偿机制存在输血型(节流型)和造血型(开源型)之分。前者一般为资金或实物补偿,如退耕还林国家每亩补助1500元,这些资金或实物极可能转化为家庭消费支出进行开支,不具备持续性,毁林开荒的恶性循环并未避免。后者致力于改善生态保护区工农业生产条件与设备水平、促进生态保护区的产业升级等,使当地居民在保护生态环境的同时摆脱贫困,避免脱贫返贫,形成生态保护与经济发展的良性循环。生态补偿机制无论是输血型还是造血型,都存在一定的门槛限制,只有在投入一定的资金后才能发挥作用。湘江流域的生态补偿机制还缺乏相关的规定。

湖南省财政厅《关于印发〈湖南省重点生态保护修复治理资金管理实施细则〉的通知》(湘财资环〔2019〕3号)第2条规定:"本细则所称治理资金,是指中央财政切块安排和省级财政预算安排的,用于开展山水林田湖草生态保护修复、废弃工矿地整治等工作,促进生态环境恢复和生态系统功能提升的资金。"其只是笼统地规定使用生态补偿资金应遵循的原则,并未明确"怎么补""怎么用",为权力"寻租"留下空间。其第6条规定:"治理资金采取项目法和因素法相结合的方式分配。……其中,水环境治理与生态修复、矿区生态环境修复工程采取项目法分配……"这里的项目法,是指按照"项目申报—项目初审—项目复审—公示"的流程,相关市县向省级主管部门申报,符合条件的进入省自然资源厅建立的省级项目库,以三年为周期,实行滚动管理。同时第8条规定:"……治理资金预算一经下达原则上不得调整……"项目法的稳定性优于因素法,但技术性和灵活性劣于因素法,生态保护项目一旦进入省级项目库,三年滚动管理,且治理资金预算一经下达原则上不得调整,因项目施工工程量变化需调增预算的,省财政不再安排资金。采用项目法支持的项目,如在实施过程中存在环境和条件发生重大变化,需要调整实施方案的,应保持前述的工程标准不降低的原则。假如湘江长沙段捞刀河水质项目由于紧急事项急需资金,达不到"实施过程中因实施环境和条件发生重大变化”的要求，此时应如何调整，并无相关的应急预案。

三、地方政府管理方式尚需改善

我国历来有行政区划的概念，省市各级政府按职能要求条块分割地进行管理、服务。20世纪80年代起，我国地方政府追求的目标基本可以概括为地方预算内、外财税收入的最大化。因而地方政府倾向于给那些能为地区带来大量税收的企业提供公共产品与服务，恰巧这些企业基本上绝大部分是高污染企业，这样就进一步加剧了生态环境与经济发展之间的矛盾。还有部分的地方财政体制依旧是“建设财政”，地方政府的精力仍在提高经济总量和增加财政收入上，教育、医疗、环保等方面的投入缺口比较大。① 湘江流域部分市县地方政府为提高财力，大力发展区域经济，弱化提供优质公共服务，甚至采取行政手段干预经济，形成地方本位主义和地方保护主义。市县之间的非良性竞争，与区域协调发展的大趋势相背离。

以排污权为例，2020年，湖南省财政厅、湖南省生态环境厅《关于印发〈湖南省主要污染物排污权有偿使用收入征收使用管理办法〉的通知》（湘财税〔2020〕19号）第2条规定：“本办法所称排污权有偿使用收入包括排污权有偿使用费和政府储备排污权出让收入。”其中政府储备排污权出让收入要通过公开挂牌、拍卖和协议转让的方式向排污单位转让取得收入，该收入是地方政府非税收入的重要组成部分。目前，国内排污权交易依据的是地方编制的排污权交易实施办法，仅湖南省内就存在多种标准，由于市县政府之间的隐性竞争，这为市县人民政府建立统一的排污权交易市场设置隐性障碍。

此外，当前湘江流域建立生态补偿机制，涉及长沙市、株洲市、湘潭市、衡阳市等市、县（区）的合作。由于湘江水资源具有流动性与不稳定性，流域上下游之间是命运共同体，地方政府之间的合作，对于推进流域上下游生态环境保护和协调发展，具有重要作用。从现有情况看，实践中支持一个区域为其他区域的生态服务提供财政转移支付还存在难度，加上地方政府“建设财政”体制的影响，隐性增加了区域间治污的成本与难度。

由于流域管理、部门管理和区域管理关系不明确，以前原本由水利部派出的

---

① 参见李宁、丁四保、赵伟：《关于我国区域生态补偿财政政策局限性的探讨》，载《中国人口·资源与环境》2010年第6期。

长江水利委员会等流域管理机构无法对流域进行统一管理。《湖南省湘江保护条例》第5条规定:"省人民政府设立湘江保护协调委员会,统筹协调湘江保护中的重大事项。"想要打破地方保护主义,让省市县人民政府协力走向合作,走向"民生财政"并非易事。2011年,湖南省人民政府投入2000万元进行长沙市、株洲市、湘潭市三市的排污权交易试点,为区域政府协调发展提供参考,但普遍的合作之势并未形成。

四、财政转移支付作用有限

财政转移支付是增加地方政府财力的重要组成部分,我国存在纵向中央财政转移支付和横向地区间财政转移支付。"一横一纵"构成的财政转移支付体系,可以消解地方政府财权与事权之间的矛盾,缩小地区间的差异,实现公共服务水平的均等化发展,维护社会公平正义。然而实践中,纵向财政转移支付效率不高。

纵向财政转移支付包括一般性转移支付和专项转移支付。一般性转移支付是中央对地方的财政补助,只划分种类、不指定用途,地方政府可以自主安排支出;而专项转移支付应当专款专用,不得擅自调整。如湖南省财政厅、湖南省自然资源厅《关于印发〈湖南省自然资源保护和利用专项资金管理办法〉的通知》(湘财资环〔2019〕9号)第14条规定:"专项资金实行专账核算、专款专用,不得列支与项目无关的费用。"

经统计,2011年至2021年,中央对地方的转移支付年平均增长率为10.76%。其中,2019年,中央对地方的转移支付增长率高达20.62%(见图10-2)。2011年至2021年,中央对地方的转移支付占全国财政支出总量的比重一直维持在27%以上。2020年,转移支付占支出总量的比重达到33.72%(见图10-3)。由此可见,中央对地方的转移支付一直占据全国财政支出的重要部分,中央对地方的转移支付已达一定规模(见图10-4),未来也将继续扩大,该笔资金的管理与监督也将逐渐成为一个问题。

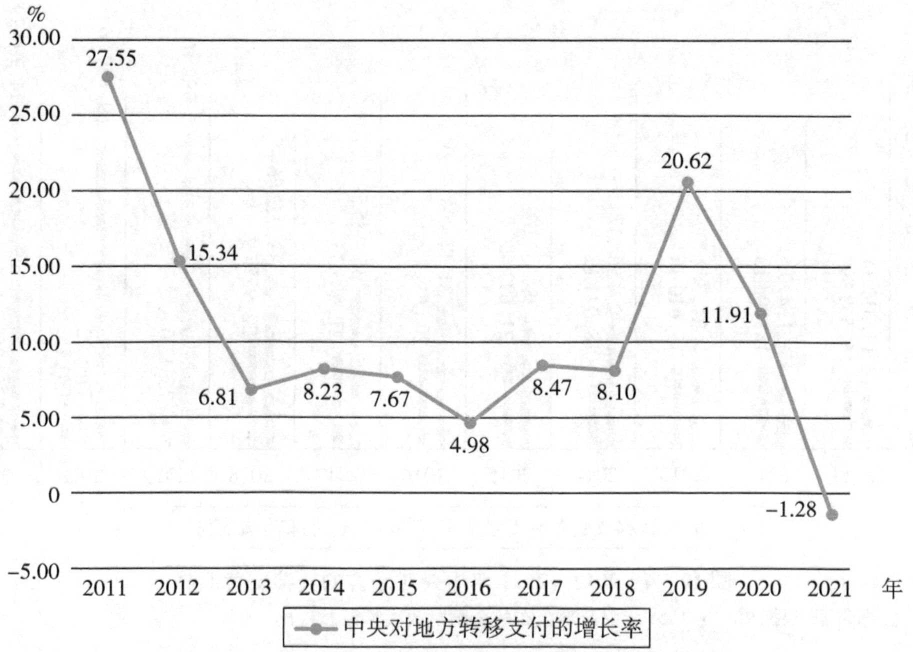

图 10－2　2011～2021 年中央对地方转移支付的增长率

数据来源：根据 2011～2021 年财政部公布的全国财政决算计算得出。

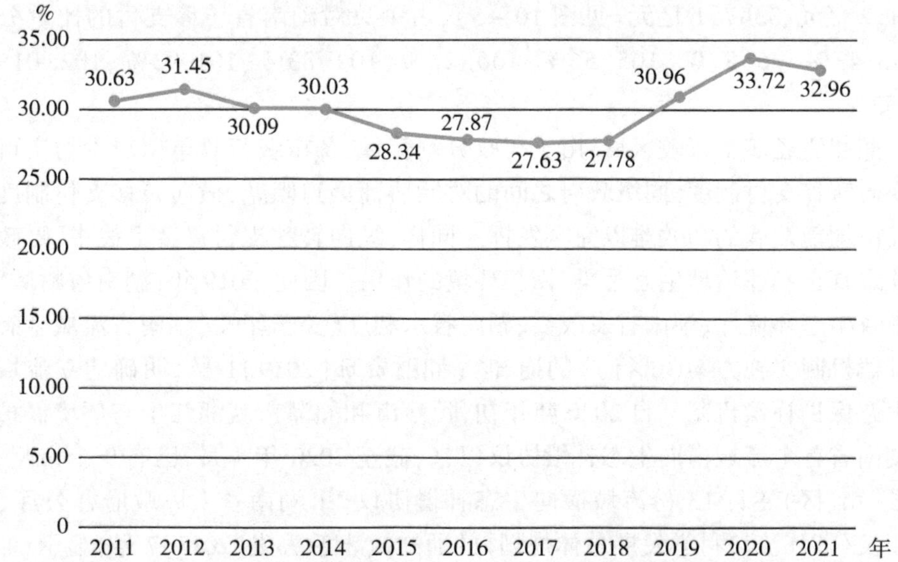

图 10－3　2011～2021 年中央对地方的转移支付占全国财政支出总量的比重

数据来源：根据 2011～2021 年财政部公布的全国财政决算计算得出。

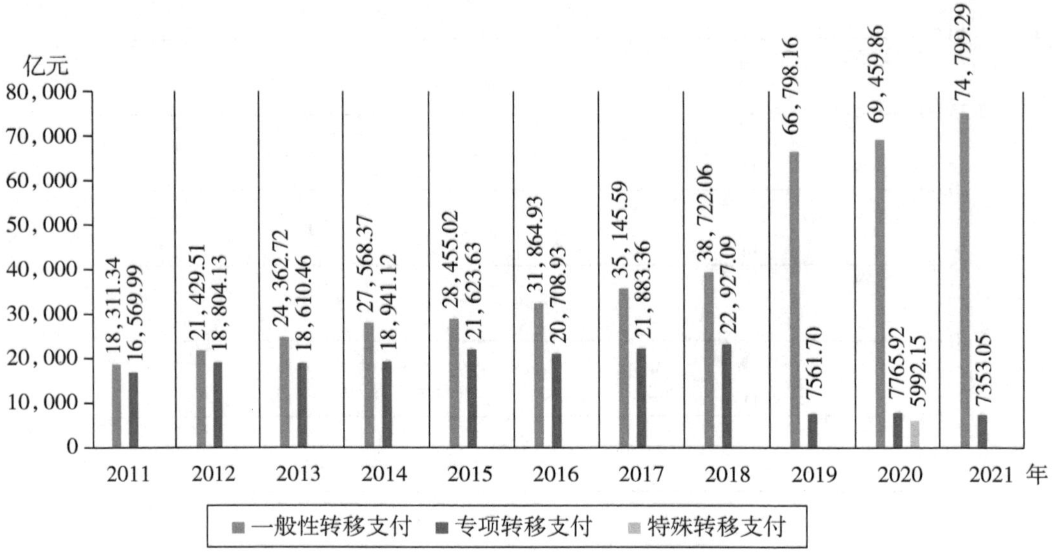

图 10-4　2011~2021 年中央对地方的转移支付汇总

数据来源:根据 2011~2021 年财政部公布的全国财政决算汇总得出。

经统计,2013 年至 2021 年湖南省对市县转移支付分别为 2010.7 亿元、2340.1 亿元、2864.5 亿元、3034.1 亿元、3064.7 亿元、3244.9 亿元、3449.9 亿元、3631.2 亿元、3347.1 亿元(见图 10-5),占中央对湖南省转移支付的比重分别为 86.43%、96.87%、105.56%、106.26%、102.83%、101.93%、102.01%、93.53%。

湘江流经多个行政区域,由于行政分割管理,各市级行政单位缺少切实可行的横向转移支付制度,同级政府之间的对话协商渠道阻塞,横向转移支付制度促进经济均衡发展的功效难以完全发挥。同样,纵向转移支付资金下拨中,财政资金并未真正发挥治理生态污染、恢复环境的作用。因此,2019 年,湖南省财政厅、湖南省生态环境厅、湖南省发改委、湖南省水利厅《关于印发〈湖南省流域生态保护补偿机制实施方案(试行)〉的通知》(湘财资环〔2019〕1 号)明确建立流域横向生态保护补偿机制。自 2020 年年初,长沙市和湘潭市就湘江生态环境保护签订湖南省首个流域横向生态补偿协议以来,截至 2020 年 4 月,已有 9 个市州、14 个县(市、区)签订 13 份流域横向生态补偿协议。① 湖南省人民政府办公厅《关于印发〈湘江流域科学发展总体规划〉的通知》(湘政办发〔2013〕7 号)显示,湘江

① 参见《集中发力　协调联动——湖南财政加速推进流域生态保护补偿机制建设》,载湖南省财政厅官网 2020 年 4 月 16 日,http://czt.hunan.gov.cn/czt/xxgk/gzdt/gzdt/202004/t20200416_11949219.html。

流域共计 9 市 67 个县市区,签订流域横向生态补偿协议地区的数量还有待增加,尚未充分发挥湘江流域各市县横向转移支付的作用。

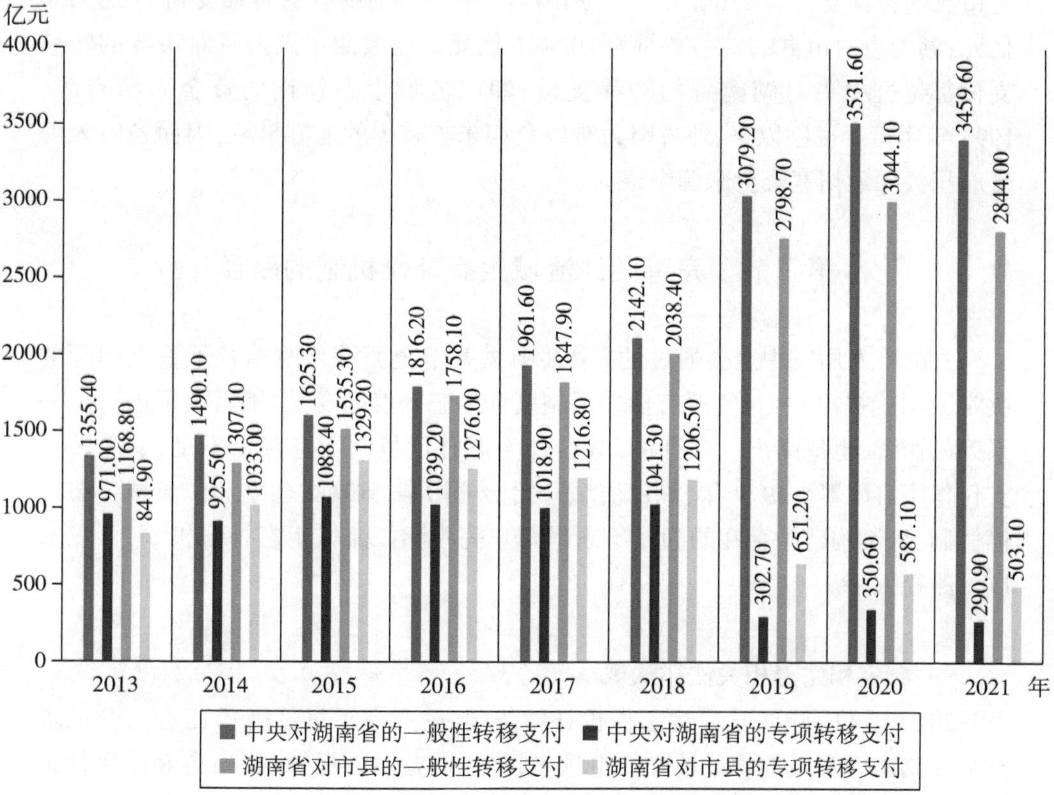

图 10－5　2013～2021 年中央对湖南省及湖南省对市县的转移支付汇总

数据来源:根据 2013～2021 年湖南省财政厅公布的预算决算报告汇总得出。

五、生态补偿资金来源较少

党的十九大报告提出要探索建立市场化、多元化的生态补偿机制。市场化,是指让产品或者服务进入市场进行交易,通过价格机制而非政府的命令、政策来决定资源的配置。随着人类行为对生态服务功能的破坏和人类生态需求的提高,生态环境的外部性显现,生态服务的供给显得严重不足。生态服务主要是由政府提供供给。而单一的供给主体不能适应社会对生态产品的需求,有必要发动多元化的社会力量提供生态服务的生产和供给。因此,市场生态补偿成为我国生态补偿中下一步发展的重点。①

如图 10－5 所示，2015 年，中央对湖南省的转移支付为 2713.7 亿元，湖南省对市县的转移支付为 2864.5 亿元；2016 年，中央对湖南省的转移支付为 2855.4 亿元，湖南省对市县的转移支付为 3034.1 亿元。连续两年湖南省对市县的转移支付都超过中央对湖南省的转移支付，湘江流域生态补偿的资金来源有限。1994 年实行分税制以来，地方财力难以负担未曾减少的地方事权，因而各级人民政府积极探索拓宽资金来源渠道。

第三节　完善湘江流域生态补偿机制的路径

党的十八届三中全会通过的《中共中央关于全面深化改革若干重大问题的决定》，明确提出"实行资源有偿使用制度和生态补偿制度"。随后我国进行了一系列的探索，也暴露出一系列的问题，如生态补偿机制本身存在不足、财政转移支付作用有限等。1979 年，湘江流域开始治理污染，到现在建立湘江流域生态补偿机制，机制构建中存在的问题不断暴露。完善湘江流域生态补偿机制，可以从以下路径入手。

一、制定和完善相关法律法规

2020 年 11 月 27 日，《生态保护补偿条例（公开征求意见稿）》已经公开征求意见。湖南省省级的规范性文件也越来越多，地方性法规如《湖南省湘江保护条例》（2018 年修订）等；地方性规范性文件如湖南省财政厅、湖南省发展和改革委员会、湖南省水利厅《关于印发〈湖南省水资源费征收使用管理实施办法〉的通知》（湘财综〔2018〕40 号），湖南省财政厅《关于印发〈湖南省重点生态保护修复治理资金管理实施细则〉的通知》（湘财资环〔2019〕3 号），湖南省财政厅、湖南省生态环境厅《关于印发〈湖南省主要污染物排污权有偿使用收入征收使用管理办法〉的通知》（湘财税〔2020〕19 号）等。

如前所述，法律法规还存在需要完善的地方，如《生态保护补偿条例（公开征求意见稿）》第 2 条规定："本条例所指生态保护补偿是指采取财政转移支付或市场交易等方式，对生态保护者因履行生态保护责任所增加的支出和付出的成本，予以适当补偿的激励性制度安排。"第 6 条规定"国务院财政、发展改革……确定

① 参见韩卫平：《生态补偿立法研究》，知识产权出版社有限责任公司 2020 年版，第 144 页。

中央财政的补偿范围、补偿标准、补偿水平、补偿对象和补偿方式等，建立补偿效果监督评估机制。”二者对补偿主体的定义都不够准确。《湖南省湘江保护条例》（2018 年修订）第 68 条对补偿主体也只是作了狭义的理解。现行生态补偿机制中的补偿是以污染者或破坏者明确为前提，对污染者或破坏者不明，但生态环境损害客观存在的，以及非人为原因导致生态环境损害的情况，现行规范性文件还缺乏相关的规定。现实生活中，大量的生态环境污染和破坏事件往往是无明确的责任主体。① 未来中央层面的法律法规以及湖南省内的法规等规范性文件首先需要明确责任主体的范围，无论承担补偿责任的主体是否明确，都应当有主体承担补偿的责任，以兜底的形式避免因突发性环境污染问题而造成的环境持续性破坏。

长沙市环境保护局《关于印发〈长沙市境内河流生态补偿实施细则（试行）〉的通知》（长环发〔2012〕28 号）第 5 条只是单纯地规定由上游地区承担超标补偿，欠缺下游地区承担补偿责任的规定。由于湖南省内湘江流域生态补偿的相关文件一般都有一定的有效期，而文件生效先后存在一定的时间差，前后文件该如何衔接，该如何保证生态补偿项目的前后贯彻实施，有待规范性文件进一步地完善。

2019 年，湖南省财政厅、湖南省生态环境厅、湖南省发改委、湖南省水利厅《关于印发〈湖南省流域生态保护补偿机制实施方案（试行）〉的通知》（湘财资环〔2019〕1 号）鼓励在湘江流域建立横向生态保护补偿机制，随后地方政府之间积极签订横向生态补偿协议。未来一段时间内，相似的横向补偿协议将会越来越多。我国有关环境保护的法律法规中，鲜有政府合作条款的规定，或只有原则性的要求而缺乏操作性的规则，为规范协议签订等行为，还需要省级政府及时颁布文件予以宏观地规制。

二、完善补偿机制

制定补偿标准是生态补偿的重要问题和难点，也是平衡各方利益的关键。在特殊转移支付项目中，补偿主体是政府，即有关生态领域的保护者、破坏者等。补偿标准是否合理，对补偿对象的意愿和行为有很大影响，也直接决定项目的实施效果。② 长沙市人民政府《关于印发〈长沙市境内河流生态补偿办法（试行）〉

---

① 参见王江：《生态环境修复法治研究》，中国社会科学出版社 2019 年版，第 194 ~ 195 页。

② 参见李雨珊：《我国生态补偿转移支付制度研究》，中国财政科学研究院 2019 年硕士学位论文，第 64 页。

的通知》(长政办发〔2012〕3 号)第 7 条和长沙市环境保护局《关于印发〈长沙市境内河流生态补偿实施细则(试行)〉的通知》(长环发〔2012〕28 号)第 9 条均规定补偿资金的计算方法,即流域单因子补偿资金 = 当月断面水量 × 补偿标准 ×(断面水质监测指标值 - 断面水质达标值)× 系数(出境地表水环境标准值 ÷ 入境地表水环境标准值);但是,计算方式中的补偿标准仍不具有可操作性,需要进一步明确该计算方式。例如,规定按一段时期内每吨水中污染物的占比予以确认,再由此进一步对补偿标准进行完善。[①]

经济发展水平的差异体现在地区间财政能力方面,即不同的基本公共服务水平。在环境问题突破时空局限的今天,湘江沿岸地方政府之间"各自为政、分而治之"的局面已不适应时代的需求,多元合作、协调发展才是未来之路。只有通过地方政府的合作才能共同应对复杂的环境问题。[②] 湖南省财政厅、湖南省生态环境厅、湖南省发改委、湖南省水利厅《关于印发〈湖南省流域生态保护补偿机制实施方案(试行)〉的通知》(湘财资环〔2019〕1 号)规定实施流域横向生态保护补偿机制。[③] "一刀切"的方式规定湘江流域横向生态补偿机制,并未考虑地区之间经济发展的差距。例如,湘江流域沿岸,长沙市、湘潭市、株洲市、衡阳市、岳阳市、永州市、郴州市、娄底市 8 个城市中,长沙市、株洲市、湘潭市需支付生态补偿资金远大于衡阳市、岳阳市、郴州市、永州市和娄底市可获得生态补偿金额。一般而言,湘江流域内地区生产总值靠前的市县区,其对于环境的污染也更严重。可以考虑补偿的标准与地区人均生产总值、万元污水排放量等因素挂钩,做到补偿标准、补偿资金与地区经济发展同频浮动,在区域内部进行环境保护的同时,基于受益原则,对上游保护环境的市县区给予相应的补偿。

湖南省规定"重点生态保护修复治理资金的申报采取项目法,项目法较因素法更稳定,生态保护项目一旦进入到省级项目库,实行三年滚动管理,治理资金预算一经下达原则上不得调整"。如果湘江流域长沙段捞刀河水质项目,突发紧急污染事项,由于离长沙市区较近,不及时处理将会有不可逆转的危险,此时又达不到"实施过程中因实施环境和条件发生重大变化"的要求,应如何调整,需生态补偿机制自身加以完善。

---

① 参见李宁:《长江中游城市群流域生态补偿机制研究》,武汉大学 2018 年博士学位论文,第 49 页。

② 参见冯梦青:《我国环境治理跨区域财政合作机制研究》,中南财经政法大学 2018 年博士学位论文,第 1 页。

③ 如果上游的出境断面水质相比上年同期提升,那么下游对上游进行补偿;如果水质下降,上游给下游补偿。市州之间按每月 80 万元、县市区之间按每月 20 万元的标准相互补偿。鼓励上下游市州、县市区政府之间签订协议,建立流域横向生态保护补偿机制。

三、优化管理方式

我国地方政府兼具中央政府代表和地区利益代表的双重身份。作为地区利益的代表，地方政府负担维护本辖区公共利益的职责。但长期以来，由于地方政府作为地区利益代表的身份与地方官员的政绩或私利密不可分而被过度放大，从而使其往往忽视区域共同利益，进而固守一方，各自为政，最终演变成地方保护主义。[①] 慢慢地，地方保护主义直接渗透到环境保护领域，由于环境的整体性，往往"牵一发而动全身"，各地方政府必须舍弃先前的思维定式，由"建设财政"走向"民生财政"，寻求政府间的合作。

为推进跨区域流域污染治理问题，中国的一些地方政府及部门之间已经开始进行区域合作治理，如东江流域、密云水库和新安江流域等，都取得不错的成果。2019 年，湖南省财政厅、湖南省生态环境厅、湖南省发改委、湖南省水利厅《关于印发〈湖南省流域生态保护补偿机制实施方案（试行）〉的通知》（湘财资环〔2019〕1 号）明确鼓励湘江流域各市县区政府积极寻求合作。截至 2020 年 4 月，已有 9 个市州、14 个县（市、区）签订了 13 份流域横向生态补偿协议，这是湘江流域地方政府转变治理方式的积极信号。政府转变管理方式，破除地方保护主义，不实行恶意竞争，未来在保护生态利益，落实山水林田湖草生态修复工程，造福后代子孙方面一定能发挥积极作用。

四、优化转移支付

有学者提出"中国的纵向转移支付缺乏效率，横向转移支付缺少合作"。根据湖南省预算执行报告，2015 年和 2016 年中央对湖南省的转移支付资金要少于湖南省对市县的转移支付资金。建立湘江流域生态补偿机制：

首先，中央财政要加大投入力度。[②] 纵向转移支付按照"中央——省——市——县（区）"四级转移支付，由于层级过多，不免存在权力"寻租"的空间，未来湘江流域在优化转移支付时，可以加大省级财政拨出资金去向、用途的跟踪调查，保证资金用于湘江流域的治理。

其次，一般性转移支付资金不规定用途，由政府自由支配，专项转移支付由相关的部门如水利部门、环保部门等支配。一般性转移支付和专项转移支付二

---

① 参见黄喆：《跨界污染治理中政府合作的法律问题研究》，人民出版社 2019 年版，第 41 页。

② 参见娜仁、陈艺、万伦来、林春鑫：《中国典型流域生态补偿财政支出的减贫效应研究——来自 2010 ~ 2017 年安徽新安江流域的经验数据》，载《财政研究》2020 年第 5 期。

者对于生态环境保护都有重要的作用,但由于前者主要是财政部门主管,其对环境保护等专业性较强的领域不够了解,资金使用难免存在考虑不周之处。因而湘江流域在建立生态补偿机制过程中,可以尝试引入第三方生态补偿评估机制,以客观的态度论证流域资金使用的可行性分析,共同推进湘江流域生态补偿机制运行制度化、规范化、透明化。

最后,建立和发展流域横向生态补偿财政转移支付体系。有效弥补纵向生态转移支付不足,更好地解决跨区域生态环境的外部性问题,有利于减轻中央政府财政压力,提高资金使用效率。中国生态补偿纵向转移支付制度已形成较成熟的框架,但横向生态转移支付尚处于初步制度探索和试点阶段。因此,加快建立生态补偿层面的转移支付体系对我国整个生态补偿体系具有重要意义。同时,湘江流域各政府间横向生态转移支付协议的签订还有待进一步地落实。

五、拓宽资金来源

由于生态补偿涉及范围广、时间跨度大,投入资金多。加之税收法定,湖南省内各政府在建立湘江生态补偿机制时,扩大资源税的开征范围、提高消费税的税率的可能性很小。因而各地各级人民政府只能从增加非税收入和引入社会资本入手,探索多元化生态补偿资金归集方式,建立多层次、多渠道的生态补偿资金筹措机制。

在增加非税收入方面,当前湘江流域征收的水资源费、环境污染治理保证金、主要污染物排污权有偿使用收入等都属于非税收入的范畴。即便中央强调减税降费,征收标准也不宜过于滞后,可以随着经济的增长,结合企业的规模、污染环境的程度、生态环境恢复的难度等,引入动态调整机制,适当地增加湖南省各级人民政府的非税收入,进而投入到湘江的污染治理中。

在引入社会资本方面,2015 年(发改委令、财政部令、住建部令第 25 号)①积极推进社会资本参与基础设施和公用事业建设运营。此后政府与社会资本合作模式不仅为亚洲基础设施投资银行筹措资金提供新的途径,还为地方政府建立和完善生态补偿机制拓宽资金来源提供全新的方法。程雯婷在研究中发现,湘

① 2015 年 4 月 25 日,国家发展和改革委员会、财政部、住房和城乡建设部、交通运输部、水利部和中国人民银行联合发文《基础设施和公用事业特许经营管理办法》(国家发展和改革委员会、财政部、住房和城乡建设部、交通运输部、水利部、中国人民银行令 25 号),鼓励和引导社会资本参与基础设施和公用事业建设运营,提高公共服务质量和效率,保护特许经营者合法权益。

江流域生态补偿需要支付的金额存在较大缺口,[①]所以,湖南省在湘江流域建立生态补偿机制的过程中,可以尝试通过其他手段引入更多社会资本,形成政府和市场多渠道参与的补偿模式。如2020年湖南省财政厅、湖南省住房和城乡建设厅《关于印发〈全省乡镇污水处理设施建设四年行动财政奖补办法〉的通知》(湘财建〔2020〕42号)第11条规定:"(推广PPP)积极推广运用政府与社会资本合作(PPP)模式,充分发挥社会资本的专业技术和管理优势等,提高乡镇生活污水处理工作质量和效率。"湘江流域在建立生态补偿机制时,也在探索建立财政转移支付和社会资本叠加的模式。

综上所述,湘江作为湖南人民的母亲河,其沿岸繁衍了一代又一代的湖湘人民,铸就了湖湘文化的力量与魂。在建立生态补偿机制的过程中,还存在一系列的问题,但机制的建立是逐步试错与完善的过程,切不可一蹴而就。流域生态补偿转移支付的横向体系,使政府间协调发展合作机制得以稳定发展。同时,流域水资源管理和合理利用的分权化,财政资源的使用为区域间利益补偿体系的构建奠定基础。[②] 现实的路径参考是,在健全法律机制的同时,不断构建和完善适合湘江流域地方文化特色的流域生态补偿机制,地方政府转变管理方式,由"建设财政"向"民生财政"转化,积极引进社会资本,进而为湘江流域间生态补偿机制的持续建设提供源源不断的动力。

---

① 参见程雯婷:《基于PPP模式的流域生态补偿机制研究——以湘江流域为例》,载《环境保护与循环经济》2018年第3期。

② 参见段静锋:《流域生态补偿横向转移支付制度研究》,河南财经政法大学2020年硕士学位论文,第13页。

第十一章　重点生态功能区生态补偿财政法律制度

重点生态功能区作为主体功能区中偏向生态功能保护、被限制甚至禁止城镇工业化开发的区域，为实现生态功能的保持和提高牺牲了相较其他区域更多的发展机会和财政成本。基于生态环境的正溢出效应，此类限制性甚至禁止性规定等同于将重点生态功能区内居民的发展权让渡给相对富裕的其他地区，来换取影响局部甚至全国的生态红利。因此，探索构建重点生态功能区生态补偿制度，无论对于弥补重点生态功能区为生态保护而产生的财政缺口，抑或是均衡地区间生态经济利益分配，都有举足轻重的意义。

第一节　重点生态功能区生态补偿财政法律制度概述

一、重点生态功能区生态补偿财政法律制度概念梳理

(一)重点生态功能区

现行法律规范大多直接运用“重点生态功能区”表述，而在少数对其内涵进行详细叙述确定的法律规范间亦存在冲突：如《国家重点生态功能区保护和建设规划编制技术导则》(环办〔2009〕89 号)中对重点生态功能区内涵作出如下界定，是指起到涵养水源等一系列重要的生态作用，需要国家和地方两级合力管理，并进行重点保护、限制开发的区域；而《全国主体功能区规划》(国发〔2010〕46

号)(以下简称《规划》)中则对重点生态功能区作出如下定义,是指关系国家或地区生态安全、具有重要生态功能的区域,包括限制开发和禁止开发两种;原环境保护部、国家发展改革委、财政部《关于加强国家重点生态功能区环境保护和管理的意见》(环发〔2013〕16 号)也将重点生态功能区的范围设置在限制开发区域当中。

而在相关法学论述中也有分歧。根据《规划》对重点生态功能区的内涵进行确定的文献比例更大,[①]但还有部分文献,在定义重点生态功能区时,将禁止开发的生态功能区排除在外,主张重点生态功能区仅是指限制开发的生态功能区。[②]

此外,我国"重点生态功能区"相关的表述还包括"重点生态功能保护区""重要生态功能保护区""自然保护区"等,[③]概念运用交叉且缺乏严谨性,因此清晰准确定位"重点生态功能区",并与类似概念作区分是认知"重点生态功能区生态补偿财政法律制度"的基础。

最早的"重点生态功能区"表述见于原国家环境保护总局[④]《关于深入贯彻落实〈全国生态环境保护纲要〉的通知》(环发〔2000〕235 号),[⑤]追溯到其所依托的《全国生态环境保护纲要》,并未出现"重点生态功能区",而表述为"重要生态功能区";根据文义解释不难得出该文件中二者外延一致、混同使用,都是基于生态目的划定的、对保障和增强国家乃至地区内生态环境的安全性方面发挥重要生态功能的区域,且并不限定开发方式。"重点生态功能区"的范围真正明晰化,应是在 2010 年出台的《规划》中将重点生态功能区分为限制和禁止开发两种,其中禁止开发区域包括国家级自然保护区、世界文化自然遗产区等在内。而"重要生态功能区"根据 2015 年修编的《全国生态功能区划(修编版)》(公告 2015 年第 61 号)(以下简称《区划》),应为"重要生态系统服务功能区"的简称,包含狭

---

① 参见谢恺:《国家重点生态功能区转移支付制度研究》,中国财政科学研究院 2018 年硕士学位论文,第 9 页;刘璨、陈珂等:《国家重点生态功能区转移支付相关问题研究——以甘肃五县、内蒙二县为例》,载《林业经济》2017 年第 3 期;唐仕钧:《重点生态功能区生态补偿机制研究》,载《价格月刊》2015 年第 2 期。

② 参见何帅、陈尚、郝林华:《国家重点生态功能区生态补偿空缺分析》,载《环境保护》2020 年第 17 期。

③ 参见任世丹:《重点生态功能区生态补偿立法研究》,法律出版社 2020 年版,第 18 页。

④ 现生态环境部。

⑤ 原国家环境保护总局《关于深入贯彻落实〈全国生态环境保护纲要〉的通知》(环发〔2000〕235 号)第 3 项第 2 点规定:"要重点做好长江、黄河源头区、塔里木河下游、黑河流域、阴山北麓、三江平原、洞庭湖、鄱阳湖、玛曲和若尔盖等生态功能保护区的规划、试点工作,积极探索新时期区域(流域)生态环境综合管护的途径。根据各地情况,近期可以省级人民政府名义发布一批生态功能保护区名单,开展重点生态功能区的规划和试点,并做好上述重点地区申报国家级生态功能保护区的准备工作。"

义的重点生态功能区,但外延小于广义的重点生态功能区。此外,“重点生态功能保护区”与“重要生态功能保护区”长期以来被混同使用,二者定义在《国家重点生态功能保护区规划纲要》(环发〔2007〕165 号)(以下简称《纲要》)中被予以明确,其外延与“重要生态功能区”“生态功能保护区”外延之间的关系综合前文的分析阐释以及文义解释可以被定义为:重点/要生态功能保护区 < 生态功能保护区 < 重要生态功能区。

综上所述,“重点生态功能区”应有广义和狭义之分。广义为生态系统重要性凸显、关系国内较大范围区域甚至全国的生态环境安全,需要在国土空间开发的过程当中限制甚至禁止进行工业城镇化开发的重点区域。而狭义则仅是指需要进行限制开发,以保持并增强其区域内部生态产品的供给能力的区域。最高人民法院环境资源审判庭编著的《〈中华人民共和国环境保护法〉条文理解与适用》[①]中对《环境保护法》第 29 条的释义也进一步证实了这种划分和界定方法。法律规范多采用狭义解释。

经过多年的实践调整和修改,《中央对地方重点生态功能区转移支付办法》(财预〔2019〕94 号)(以下简称《办法》)于 2019 年出台。在《办法》中,转移支付的范围被确定在包括禁限开发区在内的重点生态功能县域。而转移支付作为生态财政补偿的主要途径,无疑对于重点生态功能区生态补偿财政法律制度的研究具有较重要的参照性。因此本章基于研究视野的完整性以及现行法律规定,将以广义的“重点生态功能区”为基础进行叙述和探讨。

(二)重点生态功能区生态补偿

“生态补偿”可根据其是否包含生态环境损害赔偿分为广义和狭义两种。广义生态补偿制度将生态环境损害赔偿囊括在内,是指以实现生态保护为目的,根据生态系统服务价值、生态有益行为成本,运用政府和市场的双重手段,调节生态保护方(包括积极保护行为和消极保护行为)、[②]受益方、破坏方之间经济利益关系的制度安排[③]。而狭义的生态补偿则排除生态环境损害赔偿,但笔者认为狭义的生态补偿中代替“破坏者赔偿”原则,应当加入“污染者付费”[④]原则方能保障整个制度构建的完整性,因为虽然生态补偿是以保持和提高生态环境的可持

① 参见最高人民法院环境资源审判庭编著:《〈中华人民共和国环境保护法〉条文理解与适用》,人民法院出版社 2014 年版,第 157 页。

② 参见任世丹:《重点生态功能区生态补偿立法研究》,法律出版社 2020 年版,第 204 页。

③ 参见陈少英:《建立与完善我国生态补偿的财税法律机制》,载《安徽大学法律评论》2010 年第 1 期。

④ 针对不具备环境侵权性质的合规排放行为,排污主体对环境保护主体的补偿。

续性为目的,但其核心要义在于利益平衡。

在探究重点生态功能区生态补偿制度过程中,笔者将着眼研究狭义的生态补偿。原因在于,以重点生态功能区作为研究背景,生态环境损害赔偿并不具有特殊性,而探讨对于生态保护成本(包括发展机会和保护行为成本在内)的补偿更具有理论价值,也使整个研究客体更加具体化。因此,在本章的研究视角下,重点生态功能区生态补偿制度,是指对在生态受益者补偿重点生态功能区所在区县人民政府因生态保护而遭受权益损失的过程中,所产生的法律关系进行规制和调整的法律规范的总称,以更加通俗直接的描述方式,即研究在重点生态功能区生态补偿中"谁来补,补给谁,补多少,怎么补,谁来管"的问题。① 补偿途径主要有政府和市场两种,而补偿形式包括资金、技术、人才等。

(三)重点生态功能区生态补偿财政法律制度

财政,是指国家在资金的监管、收集积累、使用分配方面的经济活动;财政法则是调整财政关系的法律规范的总称,包括预算法、税法、国债法等。② 财政法律制度主要涉及我国政府与社会以及各级政府之间对于财政资金的积累、使用、分配以及监督管理方面法律制度的构建。本章将侧重对政府补偿手段(转移支付、彩票公益金、环保专项资金、税费补偿等)的论述,而不对市场化的生态补偿方式(如排污权交易、生态产品绿色标签认证)进行剖析梳理。综上所述,重点生态功能区生态补偿财政法律制度,是指在政府主导下对重点生态功能区因生态保护所承担的包括发展机会成本在内的各项成本进行补偿的过程中,涉及的关于政府财政资金积累、使用、分配以及监督管理方面的法律规范的总称。主要包括重点生态功能区的税费补偿制度、政府转移支付制度以及监督管理与激励制度。

二、重点生态功能区生态补偿财政法律制度构建的必要性

(一)重点生态功能区生态补偿与全面推进乡村振兴

我国已经进入从脱贫攻坚向全面推进乡村振兴迈进的过渡期,③在过渡期内,巩固脱贫攻坚相应成果并全面推进乡村振兴成为新的战略重点。虽然各个扶贫开发工作涉及的重点县域和连片特困地区县已经实现脱贫摘帽,但其依然将作为过渡期内的工作重点。而调查数据显示,重点生态功能区的县(市、市辖区、旗)数量已达到676个,原有的连片特困地区中国家重点生态功能区数量达

① 参见任世丹:《重点生态功能区生态补偿立法研究》,法律出版社2020年版,第32页。
② 参见李昌麒主编:《经济法学》(第3版),法律出版社2016年版,第336页。
③ 中共中央、国务院《关于实现巩固拓展脱贫攻坚成果同乡村振兴有效衔接的意见》。

377个,贫困区中重点生态功能区占比达55.69%,[①]重点生态功能区与贫困地区的重合度较高。在区域间利益分配更加科学合理的前提下,区域间经济差距的缩小和脱贫攻坚成果的进一步巩固是必然的结果,也将给予重点生态功能区地方政府以更多的资金空间引导投资绿色产业发展,配合政策红利真正实现乡村振兴。

(二)重点生态功能区生态补偿与生态补偿制度

《生态保护补偿条例(公开征求意见稿)》第1条将生态保护补偿制度建立目的明确为提升生态保护效益,构建生态保护者和受益者二者间良性双向互动关系,推进经济社会可持续发展。[②] 而重点生态功能区包括我国禁限开发区在内,囊括关切局部甚至全国生态安全的重要生态功能区,无疑是生态保护队伍的排头兵;调查数据显示,重点生态功能区占国土面积的比例高达53%[③],其生态地位也已经为政府部门及学界所关注和承认。对该领域的生态利益和发展利益进行科学合理调配将影响生态补偿制度建立工作全局。我国对重点生态功能区转移支付金额累计达到5241亿元,已成为我国乃至全球最大的政府生态保护补偿计划。[④] 笔者通过对2017~2021年中央政府对地方转移支付预算数据的整理,发现生态补偿资金基本集中于重点生态功能区(见表11-1),如此巨大的资金投入如何被合理分配、高效利用,如何拓宽其补偿路径,将影响其他生态补偿领域支持力度的调整。

表11-1 包括重点生态功能区转移支付的各项涉及生态保护资金项目金额对比

单位:亿元

项目	2021年	2020年	2019年	2018年	2017年
重点生态功能区	881.9	794.5	811	721	629
林业草原生态保护恢复	488.86	495.08	412.64	418.43	410.65
农业资源及生态保护补助	369.06	381.81	241.35	243	218.6
大气污染防治专项资金	275	250	250	200	120

① 参见周侃、盛科荣等:《我国相对贫困地区高质量发展内涵及综合施策路径》,载中国扶贫在线网2020年7月28日,http://f.china.com.cn/2020-07/28/content_76320412_3.htm。

② 《生态保护补偿条例(公开征求意见稿)》第1条。

③ 参见《健全生态保护补偿机制》,载国家林业和草原局政府官网2019年3月15日,http://www.forestry.gov.cn/main/195/20190315/093730328826773.html。

④ 参见马本等:《国家重点生态功能区转移支付的政策演进、激励约束与效果分析》,载《环境与可持续发展》2020年第4期。

续表

项目	2021 年	2020 年	2019 年	2018 年	2017 年
水污染防治专项资金	217	197	190	121.7	120
清洁能源发展专项资金	60.1	50	86	86	54
土壤污染防治专项资金	44	40	50	65	112
重点生态保护修复专项资金	119	100	120	64	54

数据来源：中华人民共和国财政部网站 2017 ~ 2021 年中央对地方转移支付预算表。

（三）重点生态功能区生态补偿与主体功能区划制度

《区划》明确，生态产品提供和对应地域生产能力的提高是我国国土空间开发和利用的重要任务。① 但重点生态功能区内政府在服从禁限政策要求过程中，让渡经济发展机会导致其经济增长乏力，以致当地政府的财政收入被压缩。这种收入的匮乏反作用于地方基础设施建设能力和环境保护能力，挫伤当地政府及居民环境保护的积极性，并形成贫困与环境治理乏力的恶性循环。相对而言，重点和优化开发区域则依托重点生态功能区产生的生态红利，经济发展空间被最大程度拓宽，显示出生态资源保护成本和受益在地区间强烈的错配矛盾，这也是主体功能区划的副作用体现。虽然我国已意识到该问题，并以转移支付支撑重点生态功能区生态功能建设，但这样的“输血式”补偿终非长远之计。如何在重点生态功能区内实现从简单“输血式”转移支付向科学合理“输血式”转移支付，再从“输血式”转移支付向“造血式”生态补偿的转变，将成为缓解地区间利益错配矛盾、减轻主体功能区划副作用的关键所在。

第二节　重点生态功能区生态补偿中的政府转移支付制度

学界对于政府间财政转移支付的定义有广义和狭义之分，本章所述政府间转移支付制度将采用广义，②即对重点生态功能区生态补偿中的横向转移支付制度和纵向转移支付制度都进行探讨。

---

① 《全国主体功能区规划》第二章第一节“开发理念”。

② 参见吕圳昌：《基于生态补偿视角的政府间财政转移支付制度研究》，西北师范大学 2013 年硕士学位论文，第 12 ~ 14 页。

(一)重点生态功能区生态补偿中的纵向转移支付

根据《预算法》规定,纵向转移支付以一般性转移支付为主体,由下级政府统筹安排,辅之以专项转移支付,用以办理特定事项。在2007年环境保护部《关于开展生态补偿试点工作的指导意见》(环发〔2007〕130号)中首次提出要探索建立重要生态功能区[①]生态补偿机制,并于2008年进行试点,至今对国家重点生态功能区的转移支付金额已累计达到6618亿元,年度转移支付金额从60.51亿元增加至715.07亿元。多年来,依托《环境保护法》《森林法》,我国调整颁布包括《中央对地方重点功能区转移支付办法》《重点生态保护修复治理资金管理办法》在内的多项部门规章,并在试点基础上颁布《国家重点生态功能区县域生态环境质量考核办法》《"十四五"国家重点生态功能区县域生态环境质量监测与评价指标体系及实施细则》等绩效考核制度。至此重点生态功能区纵向转移支付制度已经初具模型,但国家层面的正式成文法依然停留在指导层面,具备可操作性的规范以部门规章为主,位阶较低。

1. 中央对重点生态功能区转移支付

从2011年《国家重点生态功能区转移支付办法》至今,中央对重点生态功能区的转移支付办法已进行8次修订,最终形成《中央对地方重点生态功能区转移支付办法》,在激励重点生态功能区县环境保护行为、缩小地区差异以及规范资金使用方面发挥重要作用。

《办法》将重点生态功能区转移支付的目标定位为加强生态环境保护、提高所在地的基本公共服务保障能力,其中激励生态环境保护行为依然是转移支付政策的本质。转移支付范围包括《规划》中禁限开发的重点生态功能区县,而转移支付受偿主体被具化到县级政府,并且添加其他生态功能重要区域,受偿范围较2011年有较大程度拓展。影响转移支付金额的客观因素则包括对应地区财政收支情况、生态保护区域占地域面积比例、产业发展受限对经济的影响力以及贫困程度;此外,在制度设计中还加入专门针对重点生态县域的绩效考核奖惩资金,重点考核环境保护工作。转移支付资金的管理和分配采取中央统领,省级中转、县级响应的模式,即由中央按照省域内受偿主体所需资金金额,直接向省级政府拨付,再由省级政府下达至各生态县域的方式;对于受偿生态县域转移支付资金的用途,并未作过多限制,仅要求资金用于保护生态环境和改善民生,相较其他一般性转移支付用途限制较小;较专项转移支付其资金的使用则更加自由。

---

① 包含重点生态功能区,但较本书重点生态功能区的范围稍广,详述参见本章第一节内容。

《办法》对重点生态功能区转移支付的规定涉及转移支付的来源、去向整个过程，相对开始的制度构建已经有了较明显的进步和完善。但唯一不足在于，对重点生态功能区接收到的转移支付资金的运用监管并未形成制度体系，生态县域对受偿资金的用途没有强制公示义务，资金的运用还不够透明，因此相应的监管制度体例的构建仍需加强。

2. 重点生态功能区转移支付资金专项

我国涉及重点生态功能区并具有生态补偿性质的专项转移支付项目包括重点生态保护修复治理资金、退耕还林工程、天然林保护工程、退牧还草生态补偿制度、沙化土地封禁保护项目等。这些资金项目或是明确涉及重点生态功能区域，或者是工程所在区域与重点生态功能区域显示出较高的重合度，又因其专款专用的特点，故在此部分进行论述。除重点生态保护修复治理资金外，这些转移支付专项多集中在特定领域，涉及耕地、森林、海洋、空气质量、草原等。专项转移支付资金运行采取专款专用形式，由中央政府统一拨付，经由省级政府进行中转并下达，并且资金金额较重点生态功能区的一般性转移支付浮动力度小。例如，退耕还林工程其补偿标准以亩为单位分阶段确定，第一年800元/亩，第三年300元/亩，第五年400元/亩。虽然至今我国推行多个生态补偿转移支付资金专项，但对应区域内的制度依然未能形成体系，如我国退耕还林工程虽然取得较显著的成绩，但其立法位阶不高，补偿标准较固定；另外，对该类资金的使用监管制度并不完善，在管护制度的建立过程中，县级政府部门的行政权限过大，管护框架合理性不足；其他专项转移支付资金也存在不同程度的同类问题。因此，若欲使重点生态功能区的专项转移支付真正发挥其作用，还需对监督激励制度进行探索，并对各项转移支付进行合并整理，促使资金效用最大化。

（二）基于主体功能规划的横向转移支付制度构思

我国横向转移支付制度实践主要集中在流域以及资源跨区域调配项目中，并未设立专门的横向转移支付制度。中央向重点生态功能区地方政府下达的年转移支付资金已高达800多亿元，且呈现逐年上升趋势，这尚不包括每年中央向地方拨付的多项专项转移支付资金，但中央提供财政支持的能力有限，仅依靠中央政府主导的纵向转移支付，必将难以为继，因此探索构建相应的横向转移支付制度就显得尤为必要。

在横向转移支付制度建立过程中，重点生态功能区作为受偿主体的正当性何在？根据联合国《发展权利宣言》，发展权是每个主体平等享有的基本人权之一，这包括主体的发展权以及区域的发展权。而在《规划》实施的过程中权利调配逐渐失衡。根据《规划》规定，基于保护和提高局域甚至全局生态效益的需求，重点生态功能区的发展机会受到限制，这样的特别牺牲地位背后所隐含的是重点生态功能区内居民发展权的让渡，而受让主体正是优化/重点开发区域政府与居民，受让区域政府的税收收入空间也因此得以拓宽；但与此同时，重点生态功能区却并未取得所让渡发展权对应的发展利益。因此对于横向转移支付的建立，主体功能规划或许是突破僵局的重要根据，也即可以由中央政府引导优化/重点开发区人民政府代表其行政地域内全体居民向重点生态功能区域进行转移支付，此类转移支付可以政府间协议的形式实施，也可以法律规范的方式实施。但需要注意的是，在此类横向转移支付制度施行的过程中，必须对补偿主体和受偿主体的权利义务进行界定，尤其是重点生态功能区应当在接收转移支付资金的同时，保证生态环境建设质量，成为横向转移支付得以长效运行的前提和基础。

第三节　重点生态功能区生态补偿与生态补偿税费制度

生态补偿税费制度，是指在法律框架下，通过国家行政权力，向特定或者不特定的生态受益主体征收货币，用以对环境保护主体进行补偿的经济行为，包括税收和费用两种。我国并不存在专门的生态补偿税种，现行制度框架下以税费形式进行的生态补偿主要是通过生态税种派生出的生态补偿功能以及建立相应的生态补偿基金来实现。具体到重点生态功能区，即重点生态功能区的税费优惠制度。本节将对生态补偿中税费补偿制度建立过程中可能涉及重点生态功能区的部分进行重点叙述，并对重点生态功能区税收优惠方向提出建议。

一、重点生态功能区与生态补偿税纳税主体识别

生态补偿税属于较新的概念，我国学界以及实践对于生态补偿税的建立和探索还处在初期。但生态补偿税纳税主体的确定以及税收资金去向是该项制度建立所必须要面对的问题，即生态补偿法律关系当中补偿主客体的识别问题。有学者主张补偿主客体可以根据其是否是生态利益的受益人和环境资源正外部性的生产者来确定。[①] 笔者认为，这样的识别路径虽然在理论上具有正当性，但

① 参见毕金平、汪永福：《我国生态补偿税费体系之厘清》，载《华东经济管理》2015 年第 29 卷第 9 期。

可操作性不强。因为生态价值的提供是一个较复杂的过程,其所产生的影响会随着生态功能类型和地域变化而改变。另外,环境本身具有强烈的空间外延性、公共性和外部性,这决定了区域环境保护的整体性和区域生态利益的共享性,[①]在不限定生态功能类型以及地域的情况下,很难确定明晰的生态价值传导链条,也不存在单纯的生态价值受益主体,也就难以依据生态价值的输出和输入路径来识别纳税主体并建立具有普适性的生态补偿税。那么生态补偿税纳税主体识别路径究竟应当如何选择?结合学界研究成果以及我国现行的制度框架,生态系统服务价值评估的方法以及借助重点生态功能区划分的方法识别生态补偿税纳税主体具有一定的可行性。具体如下:

1. 以生态系统服务价值评估为进路

我国学界已经展开研究,并且尝试将生态系统服务价值理念用于计算流域等特定领域的补偿标准和补偿主客体识别。[②] 但其仅被适用于流域此类生态效益受益方和创益方较清晰明确的领域。笔者认为,将生态系统服务价值评估用于对全局性的税费生态补偿主客体识别具有可操作性。虽然地区间没有清晰的生态效益产出和输入路径,且不同地域以及不同生态功能的生态效益辐射范围也有差别。[③] 例如,重点生态功能区所承担的生态功能有水土保持与涵养、防风固沙、生物多样性、洪水调蓄等,其中防风固沙以及生物多样性属于全国性的生态服务,而水源涵养、水土保持等则属于区域性生态服务。但其共同点在于,各地区必然都将创造一定的生态价值并且可以根据其包括植被净初级生产力(Net Primary Productivity,NPP)时空调节因子、降水时空调节因子等当量因子在内的数据对其生态价值总量进行评估和计算。[④] 利用地区间生态价值量的差值与总体生态价值量的对比或许可以成为生态补偿税费征收范围和补给范围的确定依据。即以县域为单位对全国生态服务系统价值进行评估,对明显低于全国生态价值量面积单位平均值的地区征收生态补偿税,而将生态补偿税收专项用于明显高于全国生态效益量面积单位平均值的地区的生态补偿。生态环境自然科学已在生态系统服务价值的评估方面创造了一定的研究成果,但还处于初步探索阶段。采取此类路径的优势在于,利益调配有明确依据且兼顾各地区生态环境

① 参见朱延松:《跨区域环境治理与地方政府合作机制研究》,载《科技与企业》2016 年第 7 期。

② 参见赖敏等:《三江源区基于生态系统服务价值的生态补偿额度》,载《生态学报》2015 年第 2 期。

③ 参见周晨等:《南水北调中线工程水源区生态补偿标准研究——以生态系统服务价值为视角》,载《资源科学》2015 年第 4 期。

④ 参见谢高地等:《中国生态系统服务的价值》,载《资源科学》2015 年第 9 期。

保护情况与经济发展现状，能够鼓励地区进行生态保护并创造生态效益；其不足也十分明显，我国的生态系统价值评估工程，专业性强、工程量大且生态系统服务价值变动性高，对于其中数据项目确定和计算细节依然需要大量深入地研究探讨。

2. 以不同主体功能区中发展权利与环境保护责任分配差值为进路

早在1979年3月，联合国人权委员会就以决议的形式确定了发展权的人权性质。[①] 即同一国家内每个公民都有参与发展并共享发展红利的权利——发展权。但不可否认的是，发展权的更好实现与环境利益的合理分配息息相关，原因在于，发展的过程也即消耗资源及环境承载量的过程，资源和环境承载量却是有限的，当每一个主体都追求发展权益的最大化时，将造成资源的耗竭和环境承载量的透支，终将对发展权益造成反噬。基于此，我国对国土进行主体功能区规划，以期对环境保护责任与发展权利进行跨区域调配，剥夺部分区域的发展权利并增加其环境保护责任以保持全局的可持续发展。但在重点生态功能区等限禁区承担更多的环境保护责任并让渡发展权之后，发展利益却未能在区域间得以均衡，出现受益者"搭便车"现象。这样的权益流失构成重点生态功能区受偿主体的正当性基础，并且也可以作为识别生态补偿税纳税主体的根据。采取此类识别路径，对于具体的纳税主体还需进一步深入地分析探讨，即应当以特定行业为主，还是应当向发展权集中区域的全体居民进行量能征收，或是从特定行业征收向居民主体量能征收过渡的问题。相较第一种识别路径，此种路径的优势在于可操作性更强、指向性明显，但不足在于虽然具有正当性基础，但是对于具体的生态补偿税费的承担主体确定还需要进行利益分析，并且以此为依据进行生态税费补偿其政策推行较第一种难度更大、群众的接受度更低。

在以上两种识别路径当中，笔者认为借助主体功能区规划制度的识别路径更具备可行性。根据相关调查数据显示，我国国家级重点生态功能区占国土面积的比例高达53%，实际上包括大部分生态功能提供区域即受偿主体，具有相应的代表性并且符合生态补偿税建立的全局要求。对其他微观层面的特定生态环境保护行为则可以通过市场价格机制或者奖励金的形式进行补偿。

二、重点生态功能区生态补偿中的税收差异化制度

税收是影响供需结构的重要宏观调控经济手段，税收优惠对产业支持和区

---

① 联合国大会1986年12月4日第41/128号决议通过的《发展权利宣言》第2条第3款。转引自张守文：《经济发展权的经济法思考》，载《现代法学》2012年第2期。

域利益调配的作用明显，继而在我国产业扶持以及区域扶持项目中被广泛运用。例如，对西部地区内规定产业项目中特定进口设备，实行有范围的免征关税政策；对属于所制定的鼓励类产业目录中的企业减按 15% 的税率征收企业所得税；[①]又如，针对经济特区内设立的高新技术产业开发区，采取企业所得的免征和减征政策。[②] 而为鼓励生态环境保护，我国已进行相应税收优惠措施的探索，包括对水利设施以及管护用地、电力行业、企业厂区以外的绿化用地等免征城镇土地使用税等。[③] 我国并未就主体功能区施行差别化的税收政策，而将生态补偿政策重点放在转移支付、对口帮扶中。在政策施行最初，转移支付以及对口帮扶无疑是能够快速有效地降低功能区规划下地域失衡的问题最恰当的方式；但基于促进长效生态帮扶机制的设立以及提高重点生态功能区内部的经济增长动力的需求，必须改变原有的"输血式"补偿为主的生态补偿方式向"造血式"补偿转变。

学界以及实践倾向于以市场为主体的生态补偿方式实现上述转变，但其实税收优惠政策也可助力，即逐渐减弱地方政府对于中央转移支付财政的依赖，创造符合其地域发展特点的内生动力，扶持其内部绿色产业的发展，以税收优惠反哺重点生态功能区内经济。重点生态功能区较其他地区的优势在于其丰富的环境资源，旅游、康养以及观光休闲农业在内的第三产业即依托环境质量的符合重点生态功能区环境保护要求的产业。在人民精神需求提高后，第三产业展现出较强的发展潜力，[④]因此在重点生态功能区内税收优惠政策倾斜的重点应放在包括农林牧产品生产和加工、服务业等在内的第三产业领域。但在施行差别化税收政策的过程中需要注意，施行税收优惠的过程，也是减少重点生态功能区政府财政收入的过程。这对大部分属于贫困地区的重点生态功能区政府来讲，并非利好，反而会增加地方财政压力。因此税收优惠的成本应当由中央政府承担，即利用税收返还政策，在兼顾产业鼓励的同时不增加重点生态功能区财政负累。

---

① 参见财政部、海关总署、国家税务总局《关于深入实施西部大开发战略有关税收政策问题的通知》和财政部、税务总局、国家发展改革委《关于延续西部大开发企业所得税政策的公告》。

② 国务院《关于经济特区和上海浦东新区新设立高新技术企业实行过渡性税收优惠的通知》规定："对经济特区和上海浦东新区内在 2008 年 1 月 1 日(含)之后完成登记注册的国家需要重点扶持的高新技术企业(以下简称新设高新技术企业)，在经济特区和上海浦东新区内取得的所得，自取得第一笔生产经营收入所属纳税年度起，第一年至第二年免征企业所得税，第三年至第五年按照 25% 的法定税率减半征收企业所得税。"

③ 参见徐顺青等：《我国生态环境财税政策历史变迁及优化建议》，载北极星大气网 2020 年 7 月 9 日，https://huanbao. bjx. com. cn/news/20200709/1087802. shtml。

④ 参见徐诗举：《对完善主体功能区差别化税收政策的建议》，载《税务研究》2016 年第 9 期。

三、重点生态功能区生态补偿基金制度

根据2011年施行的《政府性基金管理暂行办法》，政府性基金，是指各级人民政府及所属部门在法律框架下，为支持特定公共基础设施建设和公共事业发展，向公民、法人和其他组织无偿征收的具有专项用途的财政资金。① 相较环境保护税等税收并入政府公共预算收入中统筹使用，基金具有专款专用的特点，更有利于集中资金实现征收初衷。笔者查阅公布的《全国政府性基金目录清单》，已经有部分具有生态补偿性质的政府性基金项目，包括中央及地方水库移民扶持基金项目、森林植被恢复费等在内。② 其中，根据《大中型水库库区基金征收使用管理暂行办法》，该项基金内资金从发电收入当中筹集，缴入地方国库，用于补偿库区移民因为移民安置所造成的基础设施建设和经济发展规划以及其他遗留问题。而根据《森林植被恢复费征收使用管理暂行办法》，森林植被恢复费向利用矿藏和修建道路、水利等各项建设工程需要占用、征用或者临时占用林地用地单位征收，用于植树造林、恢复森林植被以及相关管护工作等开支，实行就地缴库办法。但现存的基金收费项目都是针对少数特定领域的生态补偿，而需要生态补偿的领域并不限于此，其包括提供水土保持水源涵养、生物多样性维护、防风固沙等生态功能在内的大范围地区，仅就目前基金制度所涵盖的范围，并未能够给予生态保护行为充分的补偿。因此，需要拓宽生态补偿基金资金来源，将之作为生态补偿财税政策的辅助手段，减轻财政压力。

具备生态补偿性质的专项基金的建立是否只能遵循重点生态功能区由外向内补给的单一模式呢？基金资金筹措通道又是否可以向社会公益慈善力量开放？基金制度是否可以与现行生态环境税收之间建立联系？这些问题都是生态补偿基金制度完善过程中应当予以解决和思考的问题和改善的方向。

《规划》根据区域提供产品类型的重点，将国土空间划分为城市化地区、农产品主产区、重点生态功能区三类。其中对于主体功能仅用于确定该领域主要发展方向，③仅对工业化城镇化开发进行限制和禁止而并非完全将该类地区企业的

① 参见《政府性基金管理暂行办法》第2条。

② 参见《全国政府性基金和行政事业性收费目录清单》。

③ 《全国主体功能规划》第二章第二节规定，城市化地区是以提供工业品和服务产品为主体功能的地区，也提供农产品和生态产品；农产品主产区是以提供农产品为主体功能的地区，也提供生态产品、服务产品和部分工业品；重点生态功能区是以提供生态产品为主体功能的地区，也提供一定的农产品、服务产品和工业品。

进驻入口切断。鉴于此,2016 年 10 月 21 日国家发展改革委组织编制重点生态功能区产业准入负面清单,对重点生态功能区内的产业进行限制和禁止的归类管控,要求地方编制不符合重点生态功能区主体功能定位原则的禁限制类产业并制作相应清单。在清单中被定位为妨碍重点生态功能区内生态功能实现的限制类产业,必然将增加重点生态功能区的生态保护工作负累,提高重点生态功能区生态维护成本,这就构成重点生态功能区内部的生态受益行为。因此,根据该项产业准入负面清单,探索建立重点生态功能区内生态补偿费用征收并归入地方性政府生态补偿专项基金项目,具有必要性和正当性。

我国具有生态补偿性质的政府性基金项目主要包括国家重点水利工程建设基金、水利建设基金等 5 项。根据财政部、国家发展改革委、水利部关于印发《国家重大水利工程建设基金征收费用管理暂行办法》的通知(财综〔2009〕90 号),国家重点水利工程建设基金从销售电量中抽取,用以南水北调和三峡工程以及地方重大水利工程建设;根据财政部、国家发展改革委、水利部关于印发《水利建设基金筹集和使用管理办法》的通知(财综〔2011〕2 号),水利建设基金则主要从车辆购置税、铁路建设基金、港口建设收入中提取,用于地方及中央的水利工程建设;中央及地方水库移民扶持基金则从用电交易的增值税以及电价中提取,用于中央及地方水库移民工作;根据财政部、原国家林业局关于印发《森林植被恢复费征收使用管理暂行办法》的通知(财综〔2002〕73 号),森林植被恢复费则专门向林地占用主体征收,用以恢复森林植被;根据财政部、国家发展改革委、国家能源局关于印发《可再生能源发展基金征收使用管理暂行办法》的通知(财综〔2011〕115 号),可再生能源发展基金则从电价中抽取。可以看到,我国政府性基金的筹集来源主要依托于对生态受益者征收与从税费中抽取,而其中涉及的税收类目包括车辆购置税、增值税方面,但未看到其与生态环境税之间的关联性。根据《预算法》和《环境保护税法》,我国现下环境保护税被归入地方财政收入中一般公共预算里统筹使用,这样的运转方式必然能够增加受污染地区财政实力,以有更加充沛的资金附加生态价值,但同时资金被用于需求更迫切的经济领域的可能性也被极大增加,资金生态效用的发挥效果存疑。此外,对于塑料以及快递包装制品的税费规制,我国国内实践还处于空白阶段,如何让塑料以及快递包装庞大的客户群支付生态消费价值,同时更好地跟随国际环境保护趋势,或许将成为明晰生态补偿利益传导链条的新切入点。抽取生态环境保护税以及畅通社会公益慈善渠道对于拓展政府性生态补偿基金来源来讲大有裨益,在国际上也已有相应的经验,如被誉为"环保小巨人"的哥斯达黎加的国家森林财政基金的来源则包括燃料税、木材立木价值税以及社会捐赠补助等多个板块。①

此外,设立生态福利彩票积累彩票公益金亦可作为重点生态功能区生态补偿资金来源方式。中国福利彩票自建立至今已经有五十多年的实践历程,其以团结各界热心社会福利事业的人士筹集社会福利资源为宗旨,既满足了个体娱乐投资的欲望,也为政府筹集公共资金提供一个更稳定的途径,彩票公益金逐渐成为政府非税收入中重要的组成部分。2007 年颁布的《彩票公益金管理办法》,意味着彩票的公益性质被放大并且其资金管理逐步进入正轨。因此,通过彩票吸纳社会闲置资金,将之作用于公共领域成为资金调配的较优选择,生态领域资金的筹集亦可循此路径。福利彩票的使用项目被分为老年儿童福利项目以及社会公益项目类,但对于环境领域的公益功能开发尚显不足。因此除设立专项生态保护税以及对重点生态功能区内特定产业征收费用外,还可以通过设立生态福利彩票②将其项下的彩票公益金纳入生态补偿资金库中进行专项管理和分配。

第四节 重点生态功能区生态补偿财政中的监督与激励制度

一、重点生态功能区生态补偿财政中的监督与激励制度的意义

生态补偿制度立足于生态资源配置的失效和扭曲现状③,资金是其实现生态效益和资源调配价值的重要纽带和工具,这一重要性在财政生态补偿领域中则更显然。而财政的监督和管理作为贯穿财政工作始终的一项常性工作,往往决定其整体水平和最终成效。但在生态补偿财政法律关系当中,受偿主体通常处于最基层,我国行政体系的特点决定了财政资金必然需要经过较多流转环节方能被收集和下达。随着流转环节的增多,财政资金损耗风险也逐渐加大,那么如何对财政收支行为进行引导和规制,以促使实践中的财政收支行为与制度设计同轨而行也就成了生态补偿财政制度构架的收尾性工作。

---

① See Newcomer Q. ,*Innovations in Private Land Conservation*:*An Integrated Evaluation of Payment for Environmental Services in the Path of the Tapir Corridor in Costa Rica*, Dissertation Abstracts International, Vol. 68:6, p. 36 – 57(2007).

② 前文所述的流域生态补偿、重点生态功能区等生态福利彩票。

③ 参见史玉成:《生态补偿的理论蕴涵与制度安排》,载《法学家》2008 年第 4 期。

重点生态功能区生态补偿的财政管理涉及资金的发放、流转以及资金发放后的监督等多个环节。资金的流转以及发放后的监督属于重点生态功能区财政补偿的薄弱部分，资金如何分配可以波及最大范围的有需县域，下达县域后又能否得以高效运转，如何才能够激励受偿政府积极探索经济发展进路并满足其所在地的环境保护需求，都是重点生态功能区生态补偿财政监督管理所需要解决的问题。对于重点生态功能区生态补偿财政运行管理考核是由财政部牵头、生态环境部配合，生态环境部主要对重点生态功能区内的环境现状进行评估，财政部则结合生态环境部出具的环境评价数据对重点生态功能区内的生态补偿政策进行调整。此外，还通过将生态环境因素纳入转移支付资金浮动考量因素对资金使用行为进行激励。即使已经有上述监督和激励政策，引导实现重点生态功能区生态补偿资金运转规范化还远远不够。

二、重点生态功能区生态补偿财政中的监督与激励制度的现状

"激励"这一学术概念在心理学科、管理学科与经济学科被运用得更频繁，①法学领域通常借此理解法律制度的功能。笔者所指"激励"，是指通过给予政策红利等肯定甚至鼓励的方式进行正向价值引导，创造外部诱因使行为主体的积极性和创造性受到调动和激发，从而使其主动探索并实施符合法律本意行为的调控方式；而相比而言，"监督"则在法学学科中得以广泛和高频次地运用并已具备了确定的法学内涵，具体是指"依法享有监督权的主体，按照法律的规定，对国家机关及其工作人员在从事国家管理活动的过程当中，是否能够正确执行国家的方针、政策和法律所进行的监察、督促、矫正的行为"。② 相对监督或者约束而言，激励是事先预防，③虽然监督制度设立也将对主体行为具有事前的威慑性，但其效用的真正发挥依然偏向事后矫正，借此即可将监督与激励区别开来。即监督较激励来讲对于主体行为偏向制约，具有更加明显的强制效果，而激励则偏重通过制度设计影响行为主体选择考量因素，更加灵活自主。

（一）监督制度现状

重点生态功能区生态补偿财政监督虽然具有其特殊性，但依然无法跳脱财

---

① 在CNKI工具书栏目检索"激励"后所得释义项目共98项，其中，除汉（汉英）词典外的释义项目所属学科类辞典都集中在心理学、管理学和经济学科类别中。其中，具有代表性的定义方式如下：激励是利用外部的诱因使人的积极性和创造性受到调动和激发。转引自刘树成主编、中国社会科学院经济研究所编：《现代经济词典》，凤凰出版社2005年版，第477页。

② 孙国华主编：《中华法学大辞典·法理学卷》，中国检察出版社1997年版，第233页。

③ 参见胡代光、高鸿业主编：《西方经济学大辞典》，经济科学出版社2000年版，第639～640页。

政监督制度的整体框架，且出于监督体系的整体和谐性和科学有效性，重点生态功能区生态补偿财政制度的构建与完善亦应配合现行财政监督整体框架进行。我国目前的财政监督体制由人大监督、审计监督、社会监督构成，[①]监督主体除财政部门及其专门监督机构外，还包括人大、群众以及纪检监察机关。而按照财政监督环节可将其分为事前、事中、事后3种，监督重点则在于对财政资金收入和支出的预算编制、审核及执行，决算的编制和审核。

目前我国并没有一部独立、统一的财政监督法律，财政监督相关制度散见于《预算法》《审计法》《会计法》《政府信息公开条例》《政府非税收入管理办法》以及各项资金专门的管理办法等法律规范之中，主要包括人大监督（预算编制的审批监督、预算执行过程中的日常监督）、政府部门的监督（纵向预算执行监督以及信息公开监督）、审计监督（对预算执行与决算编制进行财政日常审计监督）、财政机关内部的监督（财政部门主导对预决算进行监督，将引入第三方机构进行预算绩效评价）、社会监督、大数据监管（十二金工程[②]）等在内。

由此可见，围绕生态补偿财政已经建立起财政体系内外并行、收支监控从类到项的财政监督体例，但依然需要继续完善：例如，财政信息透明化——基础性财政预决算信息在各县域财政网站予以公布，但仅有贵州赫章、平塘等少数县域的公开类目细化到资金项目，公开力度有待提升；再如，生态补偿资金项需整合简化——根据《林业草原生态保护恢复资金管理办法》《重点生态保护修复治理资金管理办法》第6条，林业草原生态保护恢复资金与重点生态保护修复资金补助方向即有所重合，前者用于草原生态修复治理、退耕还林还草，后者用于山水林田湖草生态保护修复工程；此外，社会监督空间有待挖掘——生态补偿资金下达宣传力度薄弱、生态补偿资金流向以及相应预算绩效公示的粗化，使公民乃至社会组织对于生态补偿资金意义的认知不够，对监督权利的认知欠缺导致社会监督作用的弱化。

（二）激励制度现状

除通过明晰财政行为底线、施加监督压力强制矫正财政主体的资金利用行为外，通过政策鼓励党政干部领导政府及其部门参与生态补偿工作也尤为重要。

---

① 参见张永亮：《创新财政专项扶贫资金监督管理的对策》，载《财政监督》2013年第21期；熊雁：《国家治理现代化下的财政监督创新探索》，载《财政监督》2017年第8期；傅道忠：《构建新型财政监督机制研究》，载《理论探索》2007年第4期；等等。

② 我国电子政务建设围绕“两网一站四库十二金”展开。“十二金”是面向政府办公业务建立的十二个重点信息应用系统。

此处所指激励制度,也即通过肯定、鼓励等方式对重点生态功能区县政府及其内部党政干部进行正向的价值引导,创造外部诱因调动和激发其参与实现经济和生态效用产出积极性和创造性的制度。

我国生态补偿财政领域的激励制度还有待完善,主要依靠以绩效考查数据设立浮动奖惩资金实现。重点生态功能区生态补偿财政施行最初,并不对生态绩效进行考察,仅针对当地的生态现状给予政策补贴,缺乏长效的激励措施。直到2012年根据生态环境改善或者恶化程度的转移支付资金浮动机制才得以提出,并且其对于生态环境绩效的考核标准更加科学客观。将生态因素纳入考核以浮动转移支付资金是符合生态补偿政策的内生动力的,并且只有将生态与绩效挂钩才能在一定程度上降低转移支付资金的挪用风险,扭转生态补偿重民生轻环保局面。此外,林业草原生态保护恢复资金、农业资源及生态保护补助资金等生态补偿资金项目的绩效考核,并不用于相应资金政策的浮动,而被用以作为责令改正的依据和信息公开的内容之一,激励力度还不够。

同时,绩效考核并非生态补偿转移支付领域所独有的财政激励形式,各类各环节的绩效考核贯穿行政全程,重点生态功能区所涉县域作为基层行政单位需要应对的检查考核任务繁重;虽然多头和细致考核对更好督促行政主体端正财政行为有一定意义,但多头考核和重复考查也将增加基层迎考负担,并不符合行政高效运转的要求。而仅将考核结果运用于财政资金浮动并未直击行政主体的利益痛点,无法充分释放其行政积极性和主动性。

三、重点生态功能区生态补偿财政中的监督与激励制度的完善

(一)整合和统一管理生态补偿资金项目,建立权责明晰的监控管理体系

整合现有生态补偿资金,统一管理包括生态补偿在内的生态环境保护项目。我国生态补偿领域法律规范所确定的生态补偿项目杂乱且存在重复交叉的情况,如林业草原生态保护恢复资金与重点生态保护修复资金等,亟须对生态补偿资金项目进行整合,我国也于近期颁布初步的规范性文件,如《关于加强生态环保资金管理　推动建立项目储备制度的通知》,要求按照“资金跟着项目走”的原则,建立起中央生态环保资金项目储备库制度。该制度将项目的审批评估等前期准备工作、资金预算编制工作,项目中期的动态监控以及预算执行等工作纳入统一的管理梯队,做好衔接,并及时将达到项目设置目标的资金项进行清理,实行动态管理。这无疑对于生态补偿专项工作的高效开展和资金运行的透明度提高来讲都具有进步意义。

(二)利用直达资金监控,促进资金运转规范透明化,挖掘社会监督力量

通过增加预决算透明度、调整补偿资金绩效考核项目双向促进资金运转规范化。对重点生态功能区县域的财政预决算数据进行查询就不难发现,在政府财政官网当中对于生态补偿资金的运用和流转并无公示,甚至有部分县域公示栏目预决算信息存在隐藏较深和信息不全面的问题,可见生态补偿资金预决算的透明度还不够高,更遑论当地居民对于生态补偿政策是否真正了解和关注。生态补偿资金的最终落脚点在很大程度上应在重点生态功能区所在县域居民个体身上,生态补偿是对居民发展权被限制之后的利益补偿,所涉居民对于生态补偿资金的运转有知情和监督参与的权利,预决算的低透明度并不利于保障该地域居民权利的实现。因此,一方面,应当增加生态补偿资金预决算的透明度,对支出项目予以动态跟踪并公示;近期中央财政部领导的直达资金监控系统建设工程即为支出项目监管提供了一个新的切入视角:为填补疫情冲击下基层各级政府的财政缺口、保证民生任务的顺利完成和实现,中央先后印发《中央财政实行特殊转移支付机制资金监督管理办法》《关于做好直达资金监控工作的通知》,探索建立一套能够确保有关资金直达市县基层、直接惠企利民的支付机制。该项直达资金采取"中央切块、省级细化、备案统一、快速直达"的分配原则,并且配合建立资金监控系统,对直达资金采取单独下达、单独标识的方式,并对受益对象进行实名制管理。虽然在直达资金支付机制探索建立初期还存在省级资金分配会考虑"无关因素"风险和同级政府争权夺利等风险,①但跟随直达资金监控系统研究和实践的深入,我国财政监督管理水平将得以进一步提升并惠及生态补偿资金运转效率。另一方面,也要加强对重点生态功能区生态补偿的政策宣传和引导力度,挖掘社会监督力量,畅通监督渠道。除通过施加外部压力监督资金有效运转外,还应在生态补偿资金考核当中加入资金运转透明度这一考核项目,激励地方政府提高生态补偿资金运转规范化程度。

(三)探索建立差异化绿色 GDP 政绩考核方式

我国自 2013 年开始,绿色 GDP 开始进入政绩考核视野;2014 年,全国 70 余个县市取消 GDP 考核政绩考量因素,近年来包括江苏省在内的多地探索实行绿色 GDP 考核制度,这无疑是生态环境保护在总体政策布局中占据高位的重要体现,是进一步提升国家治理体系和治理能力现代化的强烈信号。绿色 GDP,是指

---

① 参见苗庆红、钟明熹:《特殊转移支付机制的设计、风险及应对》,载北京大学公共治理研究所网站 2020 年 7 月 6 日,http://www.ggzl.pku.edu.cn/info/1111/1663.htm。

经环境核算调整后的国民经济核算结果，也就是在传统的国民经济生产总值（GDP）的基础上，把人类不合理利用自然资源与生态环境产生的资源消耗成本、环境退化成本和生态破坏成本进行扣减后的核算结果。但为使绿色GDP能更完整地代表生态环境治理要素，应当进行进一步完善，也即探索建立差异化绿色GDP，以促进重点生态功能区生态功能实现，将生态效益产出情况、生态环境保护状况亦纳入评价体系；特别是重点生态功能区所在地政府的政绩考核当中，根据不同区域主体的功能定位，对各项因素实行差别化的考核评价。[①] 这对于政府的资金运用方向将有重要的指导意义，将激励包括生态补偿等各项财政支持资金项目的真正落地。此外，我国特有的绩效管理涉及部门绩效管理、预算绩效管理、上对下绩效考评三种，包括多层级多类别的绩效考核，[②]存在多头考核和重复考核的情况，基层迎考负担较重。因此，除调整明晰化政府绩效指标外，[③]还应对现有各类绩效进行简化整合，对绩效考核予以整合简化和明晰，并将之与公务员晋升和管理机制相结合。还可以根据从政领域地域特点，建立有差别的政绩评价机制。

总之，“取之于民，用之于民”是财政要义所在。财政资金的高效精准施用既是政府治理能力的体现，也是对人民权益的尊重和维护。对于财政资金往来量大且频繁的生态补偿工程建设领域，如何设立科学合理的财政补偿制度体系以实现生态补偿目的，就成为关键所在。目前，我国重点生态功能区生态补偿方式以政府主导的财政补偿为主，已经颁布大量法律规范，积累了较丰富的实践经验和实践成果，但依然存在制度短板，相应财政体系的建立依然需要大量的理论与实践探索。建立包括财政手段在内的多元化生态补偿依然将是生态扶贫制度的主旋律。以财政补偿手段为基础的重点生态功能区生态补偿必将为生态建设添砖加瓦，实现生态环境资源的代际平衡与社会经济的可持续发展协同并进。

---

① 参见李国平等：《中国生态补偿的产权制度与体制机制研究》，经济科学出版社2020年版，第353页。

② 参见马国贤、任晓辉：《全面实施绩效管理：理论、制度与顶层设计》，载《中国行政管理》2018年第4期。

③ 参见贠杰：《科学有效的考评指标体系是干部政绩考核的生命线》，载《国家治理》2020年第44期。